THE SAW IN HISTORY

HENRY DISSTON & SONS
INCORPORATED
Keystone Saw, Tool, Steel and File Works
PHILADELPHIA, U. S. A.

O ensaio pessoal resolve na prática dilemas nas relações entre o mundo e o indivíduo. Desmente, por exemplo, que, em tempos turbulentos, questões públicas eclipsam aflições íntimas. Nessa vertente do ensaísmo, que tem em Virginia Woolf sua melhor expressão, umbigo não é finalidade, mas o ponto em que a experiência singular e intransferível se espraia pelo coletivo e por ele é contaminada. ☾ Um episódio de humilhação na infância lança uma luz surpreendente sobre o terrorismo quando escrutinado por Vivian Gornick, referência para o ensaísmo pessoal, e para Gabriela Wiener, que, nos percalços da vida de seu tataravô, de quem herdou o sobrenome europeu, revê as pilhagens arqueológicas do país em que nasceu, o Peru. ☾ Em "O mal que tenho", Igor R. Reyner recorre a Proust como antídoto para a autopiedade numa densa reflexão sobre dois enfrentamentos com o câncer. ☾ Também no registro biográfico, Yasmin Santos traça, em "Ladainha da sobrevivência", o percurso acidentado para a afirmação das intelectuais negras. ☾ É ainda na perspectiva pessoal, desta vez recriada por recurso literário, que Saidiya Hartman conta, em "A trama para acabar com ela", a vida de uma mulher sem nome e sem história que é todas as mulheres negras em toda a história. Nada que Gertrude Stein não tenha sugerido quando pensou numa "autobiografia de todo mundo". ☾ O EDITOR

INDEPENDÊNCIA
8 Heloisa Murgel Starling / Bruno Moreschi
Ideal degradado

16 Marcos Queiroz
Delírio de liberdade

24 Fabiana Moraes
Dependência completa

32 Bernardo Carvalho
Motociata ou morte

POLÍTICA
36 Fábio Zuker / Janaina Tschäpe
Tirano à procura de um autor

ENSAIO
50 Saidiya Hartman / Sungi Mlengeya
A trama para acabar com ela

CONCURSO SERROTE
62 Yasmin Santos / Dalton Paula
Ladainha da sobrevivência

76 Pedro Sprejer / Peter Solmssen
O agente esteta

ENSAIO VISUAL
96 Cildo Meireles
Desenhos africanos

ENSAIO PESSOAL
114 Igor R. Reyner / George Condo
O mal que tenho

142 Vivian Gornick / Jade Marra
Os sentidos da humilhação

156 Gabriela Wiener / Nicole Franchy
À sombra do *huaquero*

FILOSOFIA
170 Márcio Suzuki / Waltercio Caldas
O semelhante não é o que parece

LITERATURA
186 Walter Siti / Vaka Valo
O realismo é o impossível

1822
2022

Entre o grito de d. Pedro e a gritaria das redes sociais, das margens do Ipiranga à avenida Paulista, o Brasil pouco fez para honrar a ideia de Independência. Na certeza de que há quase nada a celebrar e muito a discutir nesses 200 anos, convidamos quatro intelectuais a refletir sobre brados pouco retumbantes. Heloisa Murgel Starling e Marcos Queiroz lembram como um conceito indissociável das noções de soberania e liberdade tem sido apropriado e distorcido. Fabiana Moraes e Bernardo Carvalho mergulham na distopia nossa de cada dia para mostrar os valores perversos que se confundem hoje com princípios básicos de emancipação. "Mas a história não está escrita nas estrelas", adverte Starling. "Ainda temos algum tempo para fazer nossas escolhas. E decidirmos juntos sobre o futuro."

Fragmentos 4, 5, 6, 7 e 8, da série O museu está fechado para obras, 2014
Bruno Moreschi em parceria com os pintores da praça da República e do Trianon-Masp (São Paulo) Marco Andrade Jr., Reginaldo Frazão, Carla Soares, Helena Trindade, A. Castro, Carlos Silverio, Mouser, Silvio Jr. e Vanderlei Marinho.

IDEAL DEGRADADO

Heloisa Murgel Starling

O dia 7 de setembro de 2021 foi atipicamente sombrio – um clima pesado e sufocante estava instalado nas ruas das principais cidades brasileiras. O presidente da República, Jair Bolsonaro, passou as semanas que antecederam a mais conhecida e celebrada data nacional instruindo abertamente seus seguidores a se mobilizarem em todo o país para dar "um novo grito de Independência". Na terça-feira, 31 de agosto, ainda mal desembarcado do avião presidencial, em Uberlândia, Minas Gerais, Bolsonaro cuidou de ensaiar seu dia de grande personagem histórico. Montou a cavalo, empunhou a bandeira do Brasil, reuniu-se ao grupo de apoiadores que o aguardavam num descampado próximo ao aeroporto, à beira da rodovia. Na sequência, ergueu um troféu à guisa de espada desembainhada. "A vida se faz de desafios", Bolsonaro ajeitou-se na sela para discursar: "Nunca outra oportunidade para o povo brasileiro foi tão importante ou será importante quanto esse nosso próximo 7 de setembro",[1] declarou.

A visita a Uberlândia durou pouco menos de 24 horas e tinha o propósito de inaugurar o serviço de captação e tratamento de água da cidade, mas Bolsonaro passou o dia empenhado em traçar uma linha direta com Pedro I. É preciso trazer "nova Independência" ao país, bradou horas mais tarde, do alto de um trio elétrico, em clima de comício. "Um homem, uma mulher sem liberdade não é ninguém. A liberdade é a origem para tudo." Tossiu, tomou fôlego e seguiu em frente: "Creio que chegou a hora de nós, no dia 7, nos tornarmos independentes para valer. [...] Nós vamos mudar os destinos do Brasil. [...] Não será levantando uma espada para cima e proclamando algumas palavras. No passado foi assim. Hoje, pela complexidade do que está em jogo em nossa nação, será um pouco diferente. [...] Vocês é que devem dar o norte aos que estão em Brasília. [...] Esse país irá para onde vocês apontarem. [...] Vocês estarão mostrando, no próximo dia 7, que quem manda no Brasil são vocês. Nós temos a obrigação de fazer aquilo que vocês determinam", conclamou.

Naquele dia 7 de setembro de 2021, centenas de pessoas foram às ruas, nas diferentes cidades do país, a pé e em carreatas, em resposta à convocatória de Bolsonaro. Era uma mobilização diferente. Não estava destinada a se esgotar na estratégia, vital para o governo, de manter o país em estado de tumulto constante. Tampouco pretendia ser apenas uma demonstração de força contra as instituições constitucionais dos demais poderes – Congresso Nacional e Supremo Tribunal Federal. As pessoas saíram de casa balançando faixas

---

[1] Para os discursos de Bolsonaro, ver: João Pedro Pitombo e Luís Cláudio Cicci, "Nunca houve oportunidade como essa, diz Bolsonaro sobre atos de 7 de setembro". *Folha de S.Paulo*, 01.09.2021, caderno Poder, p. A5; Gustavo Côrtes e Matheus de Souza, "Bolsonaro diz que apoiadores vão mostrar 'quem manda no Brasil' no 7 de setembro". *O Estado de S. Paulo*, Política, 31.08.2021. Disponível em: bit.ly/3tADvYI. Acesso em: 18.01.2022.

e cartazes em que se lia "eu autorizo, presidente" – e todos tinham uma ideia clara do que sua presença no espaço público significava. A multidão pretendia dar concretude política às suas próprias convicções autoritárias no formato de um "pronunciamento". O nome se refere a uma modalidade ritualizada de golpe de Estado cuja execução tem início no momento em que uma minoria, devidamente organizada em escala nacional, alega estar nas ruas com o propósito de manifestar em público aquilo que entende ser a essência espiritual permanente da nação: a "vontade expressa do povo".[2] Uma vez enunciada, essa vontade precisa ser imediatamente acolhida, protegida e cumprida pelas forças armadas, sua guardiã efetiva. Caso o movimento de dobradiça entre o desejo expresso pela massa e a resposta das tropas seja executado, o golpe de Estado vai se materializar com sucesso.

O "pronunciamento" de 7 de setembro de 2021 pode ter sido um fracasso definitivo ou uma amostra para o futuro. Mas havia ali algo inédito. Na palavra "Independência" o registro da liberdade está posto; esse é um de seus significados dominantes. Naquele dia, contudo, esse significado foi virado ao avesso – e o reverso da Liberdade é a Tirania. O Brasil nunca tinha visto nada igual. Até então, os governantes com vocação autoritária, que apostaram no patrocínio da Independência para seus governos, conseguiram, no máximo, manipular a data na tentativa de conjugar passado e presente, buscar legitimidade e fabricar uma base geradora de consentimento junto à população.

O patrocínio costuma dar certo. Em 1972, durante os festejos de celebração dos 150 anos da data que associamos à fundação do país, a ditadura militar executou uma gigantesca e bem-sucedida operação de apropriação do acontecimento histórico. Durante cinco meses, entre abril e setembro de 1972, uma grande urna contendo os restos mortais de Pedro I percorreu todas as capitais brasileiras, até o sepultamento solene, no Museu do Ipiranga, em São Paulo – um sucesso sem tamanho. As comemorações dos grandes eventos do Sesquicentenário, como a data foi então batizada, aconteciam embaladas por peças publicitárias que falavam em otimismo, orgulho e grandeza nacional, celebravam a diversidade e a integração racial brasileira, afirmavam a harmonia social e traziam como assinatura uma conexão direta entre o passado e o presente. Dom Pedro fez a independência política e, a partir de 1964, o governo dos militares, alardeava a propaganda oficial, estava realizando a independência econômica.

No papel de "mensageiro da Independência", Roberto Carlos mandou brasa numa

---

[2]. Para "pronunciamento" como modalidade de golpe de Estado, ver: Edward Luttwak, *Golpe de estado: um manual prático*. Rio de Janeiro: Paz e Terra, 1991; Newton Bignotto, *Golpe de estado: história de uma ideia*. Rio de Janeiro: Bazar do Tempo, 2021 (esp. capítulos 4 e 5).

dessas peças publicitárias. "É isso aí, bicho. Vai ter muita música, muita alegria. Porque vai ser a festa de paz e amor e todo brasileiro vai participar cantando a música de maior sucesso do país: 'Ouviram do Ipiranga as margens plácidas'." Milhares de pessoas foram às ruas para confirmar a linha imaginária que conectava Pedro I ao general Emílio Garrastazu Médici, então no seu terceiro ano na presidência da República. Crianças usavam chapéus de cartolina verdes e amarelos, agitavam bandeirinhas de papel, e muita gente saiu de casa para cantar a marchinha do "Sesquicentenário da Independência", composta por Miguel Gustavo, e, em especial, o refrão, matador: "É d. Pedro I!/ É d. Pedro do Grito!/ Esse grito de glória/ que a cor da História à vitória nos traz/ Na mistura das raças/ Na esperança que uniu/ No imenso continente nossa gente, Brasil...".[3]

A palavra "Independência" pode ser manipulada e até mesmo degradada; mas não é a-histórica. Significa soberania. Seu campo semântico supõe a criação de uma comunidade territorial com comando interno e autonomia em relação às potências estrangeiras, a fundação de um corpo político próprio – o Estado – e a capacidade de criar, alterar e revogar suas leis. "As Minas podiam viver independentes do governo de Portugal", explicava entusiasmado o alferes Joaquim José da Silva Xavier, o Tiradentes, em 1789, utilizando um argumento que prometia muito e cheirava a pólvora: "[As Minas] eram um país, como não havia outro, que tinham todas as riquezas em si e que não precisavam doutro país para sua subsistência [...]; poderiam ser uma República e conseguir a liberdade".[4]

O horizonte político de Tiradentes intencionava materializar República e Independência no "país das Minas Gerais", como ele costumava dizer. Não havia nada estranho nisso. Ao final do século 18, ninguém pensava ainda em uma unidade brasileira, por assim dizer; o nome "Brasil" servia para designar genericamente as possessões portuguesas na América do Sul. Mas as ideias de Independência que afloraram nas três grandes Conjurações – a Mineira, em 1789; a do Rio de Janeiro, em 1794; a Baiana, em 1798 – forneceram aos colonos um novo vocabulário político: "bom governo", "soberania", "justiça",

---

[3]. Para o Sesquicentenário da Independência, ver: Janaína Martins Cordeiro, *A ditadura em tempo de milagre: comemorações, orgulho e consentimento*. Rio de Janeiro: FGC Editora, 2015 (esp. pp. 49ss, 95-97, 115, 119-120).

[4]. Francisco de Paula Freire de Andrade, "2ª Inquirição – Rio, Fortaleza da ilha das Cobras – 25 de janeiro de 1790". *Autos da devassa da Inconfidência Mineira*. Brasília/Belo Horizonte: Câmara dos Deputados/Imprensa Oficial de Minas Gerais, 1982, v. 5, p. 180; "Inquirição de Testemunhas (I). Testemunha 4ª", *Autos da Devassa da Inconfidência Mineira, op. cit.* v. 1, pp. 155-156.

"bem comum", "direitos", "felicidade pública", "autogoverno", "América", "República", "Constituição", "liberdade". E não é difícil reconhecer o uso desse vocabulário no intenso debate público que deu forma política aos projetos de Independência idealizados pelo Rio de Janeiro e por Pernambuco durante as primeiras décadas do século 19.

Vista do Rio de Janeiro, a Independência concebeu a ideia de Império e preservou os interesses enraizados em torno do paço fluminense. Também incluiu a criação de um Estado centralizado à escala da América portuguesa e conseguiu impedir a fragmentação do território, sobretudo em comparação com a experiência da América espanhola – trouxe ao Império a adesão das províncias, ainda que com o uso da força. Implantar esse projeto foi mais complicado do que se costuma admitir – e não teve nada de pacífico. Vitoriosa, a Independência determinou a especificidade política do Estado que se formou no Brasil e de seu sistema de governo definido por uma monarquia constitucional representativa.[5]

O protagonismo de uma elite centralizadora em excesso e fortemente conservadora que manteve a escravidão, a monarquia e a dominação senhorial está na matriz da configuração do Estado brasileiro. Contudo, ao contrário do que defendia José Bonifácio de Andrada e Silva enquanto lustrava o sonho de uma monarquia constitucional gloriosamente implantada no país a partir do Rio de Janeiro,[6] a América portuguesa não alimentou nenhuma vocação incoercível de vir a constituir um vasto Império. Ademais, aspirações autonomistas brotaram por todo lado. Esse não era o nosso único projeto de emancipação, não estava escrito nas estrelas que o significado da Independência desembocaria na formação do Estado unitário, e a centralização nunca foi solução desejada em todas as províncias. Tem mais: no centro dos acontecimentos que culminaram na Independência, abriu-se um ciclo revolucionário que aconteceu bem longe da Corte fluminense, nas margens do Brasil, por assim dizer. Emergiu daí um projeto de soberania alternativo integralmente concebido em províncias cujas elites locais queriam autonomia para escapar ao controle tanto de Lisboa quanto do Rio de Janeiro.

5. Para os procedimentos de formação do Estado no Brasil, ver: José Murilo de Carvalho, *A construção da ordem: a elite política imperial. Teatro de sombras: a política imperial*. Rio de Janeiro: Civilização Brasileira, 2006.

6. Para os sentidos de independência, ver: Lúcia M. Bastos Pereira das Neves e Guilherme Pereira das Neves, "Independência", *in* João Feres Júnior (org.), *Léxico da história dos conceitos políticos do Brasil*. Belo Horizonte: Editora UFMG, 2014; Miriam Dolhnikoff (org.), *José Bonifácio de Andrada e Silva: projetos para o Brasil*. São Paulo: Companhia das Letras, 1998; Jurandir Malerba, *Brasil em projetos: história dos sucessos políticos e planos de melhoramento do reino. Da ilustração portuguesa à Independência do Brasil*. Rio de Janeiro: FGV Editora, 2020.

Foi "a outra Independência", escreveu o historiador Evaldo Cabral de Mello.[7] Em 1817, Pernambuco abriu o ciclo revolucionário da Independência, convocando a população a aderir a um programa de emancipação libertário e radical: federalista e ancorado na figura de um personagem de forte inspiração republicana – o "cidadão patriota". No dia 6 de março de 1817, a República foi implantada no Brasil – na cidade do Recife. Nos anos que se seguiram, os pernambucanos continuaram em pé de guerra. A província contestou o projeto de Império brasileiro encabeçado pela Corte instalada no Rio de Janeiro, com uma longa sequência de eventos políticos de natureza mais ou menos local. Como se tudo isso não bastasse, em 1824 Pernambuco hasteou novamente sua bandeira cravejada com representações da República e conjurou nova revolução. A Confederação do Equador reafirmou a autonomia da província, reimplantou a República e convidou os vizinhos do Norte a aderirem – Piauí, Ceará, Rio Grande do Norte, Alagoas, Sergipe, Paraíba.

Comemorar significa lembrar juntos. A palavra "Independência" carrega as lembranças do difícil percurso de uma ideia de país buscando tornar-se realidade, no longínquo século 19. Diz muita coisa sobre os brasileiros que um dia já fomos – ou poderíamos ser. Quem sabe, então, 200 anos passados, essa palavra nos ajude a imaginar algo sobre os brasileiros que queremos ser. Afinal, nós já conhecemos as circunstâncias em que seu significado pode ser degradado para servir à tirania. Mas a história não está escrita nas estrelas. Ainda temos algum tempo para fazer nossas escolhas. E decidirmos juntos sobre o futuro.

Heloisa Murgel Starling (1956) é historiadora e cientista política. Coordena o Projeto República, núcleo de pesquisa, documentação e memória vinculado à Universidade Federal de Minas Gerais, onde é professora titular de história do Brasil. É autora de *Ser republicano no Brasil Colônia* e, com Lilia M. Schwarcz, de *A bailarina da morte: a gripe espanhola no Brasil*, ambos pela Companhia das Letras. Na ***serrote***, publicou os ensaios "Se o impensável acontecer, mantenha a calma" (#**31**) e "General" (#**29**).

Nascido em Maringá (PR) e radicado em São Paulo, **Bruno Moreschi** (1982) é pesquisador e artista visual. A série *O museu está fechado para obras* foi realizada durante as reformas do Museu Paulista, quando a única obra que permaneceu no interior da instituição, vedada ao público, foi *Independência ou morte* (1888). Concebido em parceria com pintores da praça da República e do Trianon-Masp, o trabalho recria o clássico de Pedro Américo e destaca figuras populares que aparecem nas margens da pintura oficial.

---

7. Evaldo Cabral de Mello, *A outra Independência: o federalismo pernambucano de 1817 a 1824*. São Paulo: Editora 34, 2004.

DELÍRIO DE LIBERDADE

Marcos Queiroz

Independência. Palavra que demarca um evento, a história, o transcurso dos fatos. Ao que parece, lá se vão 200 anos. A espiral do tempo transmite o sabor e o peso das palavras – e também seus impasses. Como terrenos sagrados, palavras são campos de batalha povoados de mortos e vivos, numa eterna luta por sentido. São o começo e o fim do que pode ou não ser dito. Demarcam os limites da razão. Vejamos o exemplo da palavra "liberdade", pedra no caminho de um país que nasceu pedindo a bênção para a cruz do liberalismo e da escravidão.

A semana é a do 13 de maio de 1888. Multidão nas ruas de norte a sul do Brasil. Na capital, a maior aglomeração vista até então. O desfecho vitorioso para a falange abolicionista, que havia bons anos mobilizava corações e mentes. Dali em diante, finalmente, todos seriam livres. Liberdade universal era, afinal, o que estava na lei. Mas qual o peso e o sabor de tal palavra na perspectiva do tempo? Uma mãozinha de testemunhas oculares para lá de confiáveis pode nos ajudar.

"Todos respiravam felicidade, tudo era delírio. Verdadeiramente, foi o único dia de delírio público que me lembro de ter visto", escreve Machado de Assis cinco anos depois das comemorações pela abolição. "Era bom saber que a alegria que trouxe à cidade a lei da abolição de 1888 foi geral pelo país. Com aquele feitio mental de crianças, só uma coisa me ficou: livre! livre!", lembra Lima Barreto, que, no dia de seu aniversário de sete anos, acompanhou a festa nos ombros do pai. "Mas como estamos ainda longe disso! Como ainda nos enleamos nas teias dos preceitos, das regras e das leis!", corrige-se o autor de *Clara dos Anjos*, que não alimenta uma perspectiva otimista da história, com o tempo "matando aspirações, tirando perempções, trazendo desalento". Já Machado, sob o eclipse sombrio da República, desconfiava do futuro da liberdade no país do futuro, que em suas palavras inexplicavelmente olhava para a frente apagando o passado. O Bruxo temia que a memória da abolição repetisse a da independência, uma comemoração sem gente nem sentido, capturada pela "civilidade" oficial.[1] O recado é claro: na ausência do povo, a palavra "liberdade" se esvazia, perde peso e sabor.

Machado e Lima nos fazem pensar no que veio depois, como o tortuoso caminho da liberdade pós-1888. Mas também nos impelem

[1]. Sobre Machado e Lima no 13 de maio, veja: Renata Figueiredo Moraes, "O 'Dia Delírio' de Machado de Assis e as Festas da Abolição", *Machado de Assis em Linha*, São Paulo, v. 11, n. 23, pp. 34-53; Lilia Moritz Schwarcz, *Lima Barreto: triste visionário*. São Paulo: Companhia das Letras, 2017.

a olhar ainda mais para trás, a enxergar a sombra do 7 de setembro sobre o 13 de maio, que interpela os vínculos entre liberdade e independência. O peso e o sabor das palavras.

O ano é 1822, e o mundo ainda vive sob o impacto da Era das Revoluções. Já faz meio século que governos caem, formas políticas são alteradas, laços entre colônias e metrópoles são desfeitos, e ideias de liberdade e igualdade circulam como vento pelo Atlântico. Enganam-se os que pensam que o protagonismo é apenas das elites. Desde o final do século 18, com a Revolta dos Búzios (1798), passando pela Revolução Pernambucana (1817) e uma série de rebeliões populares, as classes subalternas brasileiras se apropriavam do momento revolucionário para dar sentido próprio à palavra "independência", associando-a ao combate contra a discriminação racial e os privilégios de classe. Por volta do 2 de julho da Bahia, a conversa ao pé do ouvido era que o país estava dividido em três partidos: o português, o brasileiro e o negro.[2] No berço do Brasil já despontava o grande paradoxo: os que falam em nome dos brasileiros falam contra a maioria da sua população – negros, indígenas e não brancos de toda sorte. Um haitiano que, como se verá logo adiante, sempre tem muito a dizer sobre o nosso país, atestaria: aí começa o Estado contra a nação.[3]

Projetos distintos no horizonte, portanto: a classe senhorial, em situação delicada, queria da independência a conservação do latifúndio e da escravidão, ao passo que dependia da força militar dos setores populares, compostos sobretudo por negros. Já estes, sabendo que o programa dos brancos nem sequer arranharia a lógica de dominação, estavam dispostos a radicalizar as ideias da época, mobilizando-se pela independência como sinônimo de liberdade e igualdade, independência como abolição. Os escravizados foram uma constante e pressionaram as forças políticas da época por uma independência indissoluvelmente vinculada ao fim do cativeiro. Aumento de fugas, alistamento em batalhões, formação de quilombos e o ciclo de revoltas escravas, que se estendeu até fins da década de 1830, descortinam uma paisagem muito mais convulsiva para o 7 de setembro do que as margens plácidas do Grito do Ipiranga. Era a vontade de acelerar a história, de antecipar o 13 de maio em mais de meio século.

2. João José Reis, "O jogo duro do Dois de Julho: o 'Partido Negro' na independência da Bahia", *in* João José Reis e Eduardo Silva, *Negociação e conflito: a resistência negra no Brasil escravista*. São Paulo: Companhia das Letras, 1989, p. 91.

3. Michel-Rolph Trouillot, *State against Nation: The Origins and Legacy of Duvalierism*. Nova York: Monthly Review Press, 1990.

O tempo foi, no entanto, refreado, prolongando o domínio da casa-grande, com um medo intenso preenchendo o sentido oficial da independência. Era o temor de que essa palavra abrisse as portas para uma revolução social, tal como acontecera no Haiti. As palavras de um agente francês, informante anônimo da Coroa portuguesa, em documento secreto escrito entre 1822 e 1823, refletem a angústia das elites da época:

> Finalmente: todos os brasileiros, e sobretudo os brancos, não percebem suficientemente que é tempo de se fechar a porta aos debates políticos, às discussões constitucionais? Se se continua a falar dos direitos dos homens, de igualdade, terminar-se-á por pronunciar a palavra fatal: "liberdade", palavra terrível e que tem muito mais força num país de escravos do que em qualquer outra parte. Então toda a revolução acabará no Brasil com o levante dos escravos, que, quebrando suas algemas, incendiarão as cidades, os campos e as plantações, massacrando os brancos e fazendo deste magnífico império do Brasil uma deplorável réplica da brilhante colônia de São Domingos.[4]

O medo branco era generalizado, compartilhado até por vozes supostamente reformistas, como a de José Bonifácio, o "Patriarca da Independência": "Se o mal está feito, não aumentemos, senhores, multiplicando cada vez mais o número de nossos inimigos domésticos, desses vis escravos que nada têm a perder, antes tudo que esperar de alguma revolução, como a de São Domingos".[5] A mensagem era clara: o Brasil nascia para negar o Haiti ou, em outros termos, para rechaçar os vínculos entre negros e direitos humanos. Se foi derrotado nos seus anseios de mudança – o Império viria a ser a grande nação negreira do mundo, contrabandeando criminosamente mais de 750 mil africanos –, Bonifácio saiu vitorioso no sentido mais profundo: o negro neste país, seja escravizado ou livre, é um *inimigo doméstico*, um *demônio familiar* ou, quando muito, uma *vítima algoz*. Brasil como antônimo de Haiti: o peso e o sabor da independência.

Com isso, um pequeno segredo foi forjado: fala-se de Brasil para esconder o próprio Brasil. O feitiço de desencarnar palavras. Esse segredo cresceu e transformou a mentira em pacto nacional. A mentira esparramou-se para além das instituições e discursos oficiais, virando um delírio coletivo. Como

---

4. João José Reis, *op. cit.*, p. 91.

5. José Bonifácio de Andrada e Silva, "Representação à Assembleia Geral Constituinte e Legislativa do Império do Brasil sobre a escravatura", *in Memórias sobre a escravidão*. Rio de Janeiro: Arquivo Nacional, 1988, p. 75.

todo delírio, aparentemente invertia os dados mais básicos e concretos da realidade. Antes de mais nada, a ilusão apagou da memória as contradições da independência. O medo do Haiti à brasileira, metáfora canalizadora do temor senhorial de uma nação de iguais, foi recalcado em uma narrativa oficial sem povo, sem projetos alternativos. O retrato dos "bestializados", da multidão que assiste a tudo bestificada. Pois, se não há espaço para o povo na história, o que se dirá das instituições? Ao menor sinal de democratização da memória e da política, lá vem um "cale-se!" – ou melhor, como diria Brás Cubas, "cala a boca, besta!".

O delírio transformou os crimes de uma elite saqueadora em interesse nacional e idílio social. Interesse nacional, diziam os próceres da nação, pois o Brasil, para ser Brasil, necessitava da escravidão, como hoje, dizem os ilibados analistas, depende de austeridades e reformas. Neste templo abençoado por Deus, é sangue humano que se bebe do Santo Graal da estabilidade fiscal, o mais metafísico dos cálices. E idílio social, pois a escravidão, diziam, não era exatamente escravidão – assim como hoje, dizem, a destruição de direitos sociais não é exatamente destruição.

Na roda-viva brasileira, perdura o encantamento necromante da linguagem desencarnada. Escravidão benigna, democracia racial, ditabranda, fascismo moderado, amaldiçoada jabuticabeira farta de frutos. O saquarema Carneiro da Silva lavrava o insidioso gosto dos termos vazios: "Eu tenho visto escravos que só têm desta condição o nome".[6] Quase um século depois, seria seguido por um Gilberto Freyre, para quem o negro brasileiro era "bom" e "fiel", pois, diferentemente do "desajustado" negro haitiano, foi tratado docemente pelo seu senhor.[7] Com tudo isso, não é tão difícil dizer que trabalho precário é igual a empreender e ser dono de si ("in-de--pen-den-te"), pois, se até um escravizado no século 19 ascendia na vida, por que você não iria fazer o mesmo? Ora, pois. Entenda: o escravo era livre, assim como o país e você, caro leitor, são independentes. Não seja bobo, não seja cativo das palavras. Da mesma forma, o Brasil não virou Haiti, tampouco virou União Soviética, Cuba, Venezuela ou China. Mas, ao que tudo indica, ainda é Brasil, certo? Independente, claro.

Segredos que viram mentiras, que viram delírios. Que transformam independência

---

6. Tâmis Parron, *A política da escravidão no Império do Brasil, 1826-1865*. Rio de Janeiro: Civilização Brasileira, 2011, p. 153.
7. Gilberto Freyre, *Nordeste: aspectos da influência da cana sobre a vida e a paisagem do Nordeste do Brasil*. São Paulo: Global, 2004, pp. 140-141.

em dependência, e vice-versa. Escrevendo das ruínas do santuário senhorial, Machado de Assis tão bem anotou esse sortilégio brasileiro. Uma elite mesquinha e infecunda (Brás, Bento, Rubião, Aires, os Aguiar), servil aos ditames econômicos (Escobar, Palha, Tristão) e culturais (Capitu, Sofia, Fidélia) de "forças estrangeiras".[8] Com desfaçatez, cinismo e prepotente senso de onipotência, essa elite é incapaz de lidar com a realidade e despreza a alteridade e a legalidade – por isso fez e faz do Brasil um não país, no qual o futuro é eternamente abolido.[9] Na sua alma, jaz o espírito de Jacobina, protagonista de "O espelho" que alucina quando os escravos de sua tia fogem. Ao olhar o seu reflexo, o personagem de Machado vê apenas uma imagem borrada, pois a projeção de si como sujeito independente depende do cativeiro dos negros, da manutenção eterna do povo na penumbra do tempo.[10] Jacobina é são enquanto casa-grande e senzala estão intactas. Jacobina desvaira com a possibilidade do quilombo, a liberdade que não é espelho.

O delírio começa nas fraturas do 7 de setembro e do 13 de maio, nos esconderijos da história. A farsa é o axioma nacional, o negacionismo mágico é nossa moda mais antiga no mercado das traições. Diante disso, o remédio parece estar nos refúgios da consciência oficial – delírio de liberdade contra o absurdo normalizado. Talvez esse delírio nos ajude a recobrar a razão, pois, afinal, não seria próprio da razão dotar palavras do seu verdadeiro peso e sabor? Aí está a Independência.

---

8. Para o triângulo geopolítico na obra machadiana, veja: John Gledson, *Machado de Assis: ficção e história*. São Paulo: Paz e Terra, 2003.
9. Para a ideia de futuro abolido em Machado, veja: Pedro Meira Monteiro, "O futuro abolido: anotações sobre o tempo no *Memorial de Aires*", in *Machado de Assis em linha*, ano 1, n. 1, jun. 2008.
10. Para análise do conto "O espelho", na qual essa conclusão é fortemente inspirada, veja: Acauam Oliveira, "Machado de Assis sob o olhar de seus pares", *Bravo!*, 24.06.2021; Idem, "Desapropriação amorosa", *Bravo!*, 10.09.2020.

Marcos Queiroz (1988) é professor do Instituto Brasileiro de Ensino, Desenvolvimento e Pesquisa (IDP), e doutorando em direito pela UnB, com sanduíche na Universidad Nacional de Colombia (Programa Abdias Nascimento) e na Duke University (Fulbright).

DEPENDÊNCIA COMPLETA

Fabiana Moraes

ALUGA-SE, na rua Direita n. 3, uma negrinha de 10 annos para casa particular, a qual tem muitas habilidades e é carinhosa para crianças, por 6$000 mensaes. (*Jornal do Commercio*, 1850)[1]

EXCELENTE APARTAMENTO COM 3 SUÍTES, ar-condicionado, dependência de empregada, churrasqueira na sacada, 165 de área útil, serviço de praia com 4 cadeiras e um guarda-sol. Pé na areia. (Zilda Imóveis, São Paulo, 2020)

Eu sou o povo. Tu representa a mim.
Tu é minha empregada.
Manifestante antivacina dirigindo-se à vereadora Bruna Rodrigues. (Câmara de Vereadores de Porto Alegre, 2021)

Toda palavra é cercada por uma miríade de interpretações e possibilidades. Mas, no Brasil, "independência" extrapola essa obviedade para alcançar lugares únicos, acalentados e decantados na alma, nos hábitos, na compreensão do que é certo, do que é normal, direito, mérito. Por isso, só é possível falar de independência, aqui, quando nos aproximamos de alguns clássicos nacionais responsáveis por forjar em nossa índole diversas certezas traduzidas e vivenciadas como se fossem régias. Nesse sentido, há um espaço que sintetiza nossas contradições e nossos desejos, nossa violência e nossos recalques, aquilo que foi – e ainda é – necessário para garantir a ordem e o progresso: a dependência completa de empregada.

Mais do que uma área na casa, do que um padrão de arquitetura que só há pouco começamos a discutir mais amplamente, a DCE é uma espécie de núcleo que conecta passado, presente e futuro. Nela, está a ama de leite que "salvava" suas sinhás do trabalho de manter os filhos vivos por meio da amamentação; está o retrato das famílias mais ricas que ainda hoje podem pagar por grandes apartamentos nos quais a dependência completa não só se mantém como é exigida; está, também, o Grande Espelho no qual podemos nos mirar de perto – sim, temos a chance – para nos repensar como país e superar nossa

---

[1] Aline Bezerra Lopes, "Negócios e negociações: a escravidão doméstica nos anúncios do *Jornal do Commercio* entre 1840-1850". Anais do XVII Encontro de História da Anpuh-Rio, 2016. Disponível em: www.encontro2016.rj.anpuh.org/resources/anais/42/1465602948_ARQUIVO_Negociosenegociacoes-AescravidaodomesticanosanunciosdoJornaldoCommercioentre1840-1850.AlineLopes.pdf. Acesso em: 19.01.2022.

anacrônica e histórica mistura de dependência, subjugo e exploração.

Um primeiro passo é fundamental para avançarmos nessa direção: falar sobre independência significa reconhecer que a nossa foi imensamente sustentada por uma cor e por um gênero, questão em geral deixada de lado como um traço doméstico, aparentemente alheio aos debates públicos relevantes. Mas foi dessa forma que conseguimos manter nossas casas limpas e com comida na mesa, fazer faculdade, trabalhar fora, ler, sair com os amigos, viajar, descansar, "vencer na vida" e parir filhos que também se tornariam patroas e patrões. O ciclo perfeito. Em parte, foi também por causa dessa sustentação – ou melhor, de seus custos e implicações – que apostamos alto e nos aventuramos, no voto, a namorar um fã da ditadura militar até conduzi-lo à Presidência do país. Ousaram tocar em nosso espaço íntimo, em nossas valorizadas e saudosas tradições, no quartinho escondido nos fundos da casa. Íntimo, é certo, mas também usado coletivamente – ora para controlar, ora para foder.

Nossa independência foi sustentada por uma cor e por um gênero: uma cor e um gênero assediados, explorados, controlados e fodidos.

"Apesar de a maior parte da historiografia sobre o sistema escravista se concentrar no estudo do trabalho masculino, o problema do trabalho doméstico feminino é inseparável da própria noção de escravidão. As índias [sic] foram as primeiras pessoas escravizadas pelos europeus no Brasil, adquiridas ou tomadas aos povos da costa em meio às transações com pau-brasil", escreve Marcus Carvalho, historiador da Universidade Federal de Pernambuco, sobre os primórdios de nossa querida independência, primeiramente mantida à base do trabalho cativo. "As instituições formativas do que conhecemos como escravidão, portanto, nasceram amalgamadas à subordinação feminina."[2]

A citada figura da ama de leite talvez seja a maior síntese dessa subordinação. Nísia Floresta, escritora e educadora potiguara, fez uma crítica à influência do escravismo na educação brasileira, sublinhando o hábito familiar de não amamentar os filhos como uma das práticas mais nocivas de meados do século 19. Para uma mulher branca e rica (ou melhor, para uma família branca e rica), alimentar o filho ou a filha através do peito era algo selvagem e pouco civilizado – características, é claro, tidas como naturais e inescapáveis entre as pretas. Além de consagrar o leite, estas muitas vezes consagravam também o

---

[2]. Marcus J. M. de Carvalho, "De portas adentro e de portas afora: trabalho doméstico e escravidão no Recife, 1822-1850", *Afro-Ásia*, n. 29-30, 2003. Disponível em: periodicos.ufba.br/index.php/afroasia/article/view/21054. Acesso em: 19.01.2022.

seu amor às crianças que não eram suas. Mas o cotidiano de cuidados, banhos, brincadeiras e carinho que estabelecia laços intensos podia ser facilmente rompido – não havia qualquer impedimento legal à venda ou ao abandono dessas amas na velhice.

Mantê-las em casa, à disposição, era o ideal: o controle era maior, assim como o tempo de folga para se dedicar à poesia, à contemplação, à música e a todas as atividades intelectuais supostamente inacessíveis a pessoas vistas como não civilizadas. Também eram maiores as oportunidades para assediá-las e estuprá-las. Portanto, o ideal era alugar ou comprar uma mulher, de preferência com filhos já crescidos e os peitos totalmente livres para seus futuros donos e donas. Melhor ainda se fosse uma jovem cujo bebê tivesse morrido. Haveria o leite e a "liberdade" da garota para se dedicar à família, a exemplo do que lemos no anúncio, citado por Carvalho, da "mulata sem filho", 16 anos, "criada recolhida" e "com bom leite de primeira barriga", posta à venda em 1845.

Apertemos agora a tecla FF: vamos pular para mais de um século após a assinatura da Lei Áurea de 1888. É 2009 e estou no Recife, trabalhando em uma redação, quando escuto uma conversa entre mulheres cujo tom de voz revela profunda indignação. Uma delas está especialmente emocionada: temia não conseguir manter sua "secretária", eufemismo usado como uma espécie de promoção da atividade doméstica (sim, preferimos utilizar um eufemismo a pagar hora extra). Isso porque a pessoa que cuidava de sua casa e de seus dois filhos morava longe, no interior de Pernambuco, e só voltava para ver a família a cada 15 dias. Dormia no trabalho, no quartinho do controle e frequentemente do assédio. Ganhava apenas um salário mínimo, o que também, provavelmente, a fodia. Não tinha filhos, o que a tornava, como a "mulata" de 1845, mais desejável para a casa. A delimitação de sua liberdade ao trabalho dedicado 24 horas por dia garantia a independência familiar da minha colega de redação, não exatamente para a contemplação e a poesia, como ficaria evidente. Comentei que um salário mínimo era muito pouco para uma profissional que estava sempre à disposição de uma casa, e uma certa incredulidade se estabeleceu. "Mas eu preciso dela, trabalho o dia todo, a semana toda. É bom ter uma pessoa para ajudar, para poder pelo menos um dia sair à noite com meu marido, tomar um vinhozinho, namorar, descansar." Eu nunca esqueci esse argumento: parecia tão normal, tão válido, tão inocente. Chegava a parecer amoroso. Como não concordar que uma mulher que trabalha oito horas por dia, mãe de duas crianças, deve ter direito ao descanso – à sua pequena independência?

O que se desenhava ali, naquele momento em que os direitos trabalhistas das empregadas começavam a ser discutidos com mais ênfase (embora a Proposta de Emenda à Constituição, a PEC das Domésticas, tenha sido assinada somente em 2015), era que a dependência completa de empregada ia se tornando um "luxo", e a arquitetura tradicional brasileira começava a rachar. Minha colega, que teria mais que o dobro dos custos para manter uma pessoa vivendo em sua casa e sempre à disposição, percebia que sua independência estava ameaçada. Assim como ela, milhões de brasileiras e brasileiros também se sentiram feridos: seus quartinhos, espaços tão íntimos, estavam sendo vilipendiados.

Em 2018, resolvemos nos vingar dessa interferência em nossa liberdade de maneira particular: atirando no próprio pé.

Michel Gherman, historiador e professor do Departamento de Sociologia da Universidade Federal do Rio de Janeiro, lembra que esse movimento foi iniciado muito antes, no momento em que botaram um pé institucional e regulador no quarto de empregada. Sim, é verdade que ele se deslinda a partir de 2013, nas manifestações de junho, mesclando-se a demandas coletivas (transporte público gratuito ou mais barato, por exemplo), rapidamente absorvidas por cartazes como "SOS BRAZIL against the bolivarian communist" e "out Foro of São Paulo". Mas é certo que o fenômeno nasceu com aquele tipo de questionamento, à primeira vista inocente, da minha companheira de redação. "A classe média vai entender a perda de privilégios como perda de direitos. Assim, os que estão perdendo privilégios se sentem perdendo direitos – e os que estão ganhando direitos são vistos como se estivessem recebendo privilégios", diz Gherman.[3]

Por isso foi preciso se insurgir: muita gente levou corpo e voz às ruas para reclamar da arquitetura do velho e bom apartamento – agora roída, rachada e muito cara para ser mantida. O cientista social Wendel Alves Damasceno abordou esse fenômeno relacionando o caráter conservador das manifestações pró-*impeachment* de 2015 e 2016 a questões estruturais de classe. Chegou à conclusão de que, entre a classe média, mudanças como cotas raciais, defesa mais intensa dos direitos humanos e, vejam só, aumento do custo de serviços como de pedreiros e empregadas domésticas não foram interpretadas como avanço, mas como tragédia. "Esses setores, afetados com redução de oportunidades de trabalho e achatamento de renda, viram essa

---

[3] Michel Gherman, "Fascismo e nazismo no Brasil atual", entrevista ao *podcast* Fora da Política Não Há Salvação, 23.10.2021. Disponível em: youtu.be/fY5OGFCnh_0. Acesso em: 19.01.2022.

valorização e proteção do trabalhador das classes mais baixas como um projeto de governo comunista, nos termos mais típicos, um projeto de governo bolivariano", escreveu.[4]

Graças aos nossos pedidos, ao nosso voto e a um vírus que não só não reduziu a desigualdade social global como a confirmou, o que se ouve agora é um acalanto: temos à disposição um exército de pessoas, plataformas e bicicletas, gente e coisas que garantem a nossa independência. Realizam nosso desejo de uma cerveja gelada às 2h da manhã ou uma limpeza nos banheiros sem muito esforço: "Contrate diaristas na sua cidade com poucos cliques", diz um dos tantos aplicativos voltados para serviços de faxina. Murilo Oliveira, Tacio Santos e Wendy Rocha, da Universidade Federal da Bahia, se debruçaram sobre as relações de dependência e controle nesse espaço digitalizado cheio de palavras amistosas e promissoras como "inovação", "sustentabilidade", "compromisso" e "futuro".[5] Esvaziadas, elas flutuam de um serviço para outro, de um CEO para outro, sem que se transformem em realidade para o exército de pessoas e bicicletas. "Ao passo que essas plataformas se denominam como empresas de inovação tecnológica e máxima eficiência econômica, afastam seus trabalhadores dos regramentos trabalhistas existentes e, em substituição a eles, é estabelecido um ambiente de autorregulação que os sujeita a uma condição de inferioridade em termos de proteção social", escrevem.

Estamos nos reciclando para alcançar o passado: é somente um novo momento de nossa busca pela independência a qualquer custo. Da nossa independência – ou, a depender de quem a sustenta, morte.

[4]. Wendel Alves Damasceno, "Classes e conservadorismo nas manifestações pró-*impeachment*", Ensaios, n. 10, pp. 9-28. Disponível em: periodicos.uff.br/ensaios/article/view/37208/21684. Acesso em: 19.01.2022.
[5]. Murilo Carvalho Sampaio Oliveira, Tacio da Cruz Souza Santos e Wendy Santos Rocha, "Os entregadores das plataformas digitais: controvérsias judiciais, autonomia, dependência e controle", Direito.UnB – Revista de Direito da Universidade de Brasília, v. 4, n. 2, pp. 63-84, 2020. Disponível em: periodicos.unb.br/index.php/revistadedireitounb/article/view/32391. Acesso em: 19.01.2022.

Fabiana Moraes (1974) é jornalista, professora e pesquisadora do Núcleo de Design e Comunicação da Universidade Federal de Pernambuco (NDC/UFPE). Assina uma coluna no site *The Intercept Brasil*.

MOTOCIATA OU MORTE

Bernardo Carvalho

"Ah, finalmente! Estou tentando faz o quê, uma hora? Na verdade, o problema começou às dez da noite. São cinco da manhã. Exato. Acordei às quatro, hora do suicídio, com o mesmo bate-estaca. Tem gente que chama de música. É um direito. Exato, direitos e deveres. Por exemplo: a boate aqui embaixo é uma caixa de som gigante, virada pro meu apartamento. Escancarada. Totalmente ilegal. É o que estou dizendo. O fundo fica aberto pra minha janela. Não adianta fechar. A janela é, sim, antirruído, as portas é que ficam escancaradas. É lá que eles vão fumar, nos fundos, com as portas escancaradas. Isso, isolamento acústico zero. Fora da lei, é o que eu repito há anos, em vão. Até parece que estou falando sozinho. Pra polícia é a primeira vez, depois de uma centena de vezes pra prefeitura. A cada nova reclamação eles anulavam a anterior. Pois é. E eu voltava pro início. Foi o que me disseram depois da centésima. Absurdo total. Pra eu parar de ligar. Só podia. Alguém tem que tomar uma providência, fazer cumprir a lei. O mesmo bate-estaca, direto, a noite inteira, ninguém aguenta. Cinco da manhã! Eu sei que tem outras pessoas no mundo. É exatamente o que estou tentando dizer. O que eu quero? Que autuem e, se possível, fechem essa porcaria. Sei lá, lacrem. Pra sempre. Alô? Sim, Sete de Setembro, feriado, Dia da Independência. Como é que é? Sim, liberdade, liberdade de expressão, de ir e vir, mas essa aqui está fora da lei. País independente também tem lei. No trânsito, por exemplo, se não houver lei, como é que fica? Livre pra atropelar. Como? Já é. Certo. Já é. Eles passaram a pandemia em silêncio, andavam sumidos, voltaram hoje. Tô sabendo. Vão sair ali da frente do estádio. Provavelmente, mas eles podiam ter escolhido outro lugar pra fazer a concentração, de preferência um lugar fechado, pra não extravasar todo esse entusiasmo independentista. Não entendi. Sei lá se está ventando. Como é que eu vou saber? O barulho sobe até a minha janela, com ou sem vento. Não, não tenho moto. Posso imaginar. Sim, a liberdade, a independência, certo. O vento batendo na cara. Mas, voltando à questão aqui, será que daria pra gente dar um jeito? Não está ouvindo? E agora? Ouviu? O bar está ilegal, não tem isolamento acústico. Boate, bar, como é que ninguém autuou até agora? Costas quentes. Só pode. Não estou insinuando. É a primeira vez que ligo pra vocês. Mas imagino que outros já ligaram antes, enquanto eu esperava, não? Não é possível que eu seja o primeiro, às cinco da manhã, não é possível que ninguém esteja ouvindo! Nenhuma reclamação? Tá todo mundo surdo? Já disse que não tenho moto e não sei o que é o vento batendo na cara, essa sensação maravilhosa de independência e liberdade, não faço a menor ideia, mas sei o que é não poder dormir. E o senhor? Sim, tortura, exato, na cara não, dentro do travesseiro, dentro da cabeça. Não é esse número? Desculpe, não entendi. Estou esperando faz uma hora. É ou não é? Ah, piada? Haha. Certo, auxílio psiquiátrico. Sim, engraçado. Gosto de gente com humor. Sim, o humor é tudo. Gosto muito. Então como é que a gente faz? É uma situação irregular. Entendo, sim, a Independência é um movimento de emancipação nacional e de soberania. Não discordo. Não, não vou. Parece que está marcado pras oito ou nove, na frente do estádio. Dez? Ah, ok. E até lá? O quê? Fico ouvindo o bate-estaca enquanto eles concentram forças e confraternizam no bar? Aliás, não programaram bafômetro pra motociata da Independência? Pois deviam. Não entendi.

Onde é que entra o capitalismo? Não é a independência do empreendedorismo que se comemora hoje. Também? Não é? É quando então? Quando é hora de dormir?! São cinco da manhã! Vermelhos? Ah, os comunistas. Sim. Tem vezes que é melhor perder a vida do que a liberdade. Ouvi, sim. Independência ou morte. Então, o senhor, que conhece história, deve saber daquela outra que diz que a liberdade de um termina aonde começa a do outro. Não, haha, quem sou eu! Também não foi nenhum comunista. É de um daqueles filósofos franceses. Esqueci. Por que eu iria inventar? Olhe, como é o seu nome? Ameaça nenhuma, curiosidade, liguei pra resolver um problema, queria saber com quem estou falando, fica mais pessoal, facilita a conversa. Pra não parecer que estou falando sozinho. Ponha-se no meu lugar. O quê? O capitalismo está sob ameaça. Sim, entendi. Não, não é hora de vacilar. Dia da Independência. De fato. E o bate-estaca? A hora do suicídio foi há uma hora. Não se preocupe. Cinco e dez agora, pra ser mais preciso. Vamos tentar evitar os equívocos e as ambiguidades. Sim, o bar é um empreendimento, mas eu também faço parte da economia nacional e não consigo dormir. É ruim pra economia nacional eu não conseguir dormir. Ruim pra força de trabalho. Toda independência é econômica. Foi o senhor que puxou o assunto. Foi o senhor que falou de ameaça ao capitalismo. Eu sei que é feriado. Como? Comunista não tem feriado. Verdade, terroristas. Olhe, pra ser franco, nas atuais circunstâncias, os únicos terroristas que eu gostaria de ver atrás das grades são os donos desse bar. Por que estaria ofendendo o senhor? Por acaso é sócio da boate? Então. Não estou insinuando nada. Não tem nada de desacato, por favor. Eu? Estraga-prazeres? São cinco da manhã! Também sou a favor. Longe de mim acabar com a festa da Independência, mas seria possível pelo menos dormir à noite, na véspera, pra poder desfrutar melhor da comemoração? Não é hora de fechar o olho? O senhor tem razão. Não, claro que não, vai escolher a motociata, por segurança, perfeito, mas não daria pra mandar uma patrulha nesse meio-tempo pra ver esse bar? Eu sei. É um momento crítico pro país. Alô? Quem? Os comunistas. Sim, claro, estão preparando um atentado pro Dia da Independência. Faz todo o sentido. Inteligência. Serviço de informação. Não, ninguém vai abrir mão da sua liberdade individual, o vento batendo na cara. Nunca. Mas e a música? Será que não dava pra talvez a gente pensar em mandar... Não estou querendo mandar em ninguém. Cada um é livre pra fazer o que quiser. Eu entendo, temos que levar em conta a questão da independência do empreendedorismo, mas não haveria uma prevalência da lei sobre... Prevalência. Não estou ofendendo. Nem insinuando. O capitalismo? É? As leis serão o quê? Hmm. O fim do capitalismo. As multas. Entendi. De modo que penalizar um estabelecimento que não respeita as leis equivaleria a um atentado comunista? Não, não, lógica perfeita. Não, não. Ironia zero. Seria destruir um negócio, um assassinato em massa, muitas vidas dependem desse negócio, ainda mais se a gente levar em conta toda a cadeia de produção etílica, da fábrica ao consumidor, já pensou? Ah, sim, também tem o lado psicológico. As pessoas precisam se divertir. No capitalismo. No comunismo, não, é diferente, tudo cinza e triste, só multa e imposto, não tem feriado. Não estou gozando. Estou acompanhando o raciocínio. Original, sim. Ou talvez não, depende. Depende de quantas pessoas repetem a mesma coisa e por quanto tempo. Como o bate-estaca. Será que não dava mesmo pra mandar alguém? Entendi. E no caminho pra motociata, não dava pro senhor dar uma paradinha? Também sou totalmente a favor da liberdade e da independência. Aliás, o que não entendi direito foi a sua escolha profissional. A polícia não está aí pra prender e fazer cumprir a lei? Uma o quê? Ah, sim, brecha na lei. Entendi. A lei dos comunistas, entendi. E a independência nisso? Não estou provocando. Estou procurando entender. Perguntar não ofende. Acabar com as leis comunistas, bingo. Taí uma boa solução. A Independência foi declarada porque ninguém mais aguentava pagar imposto. Nos Estados Unidos como aqui. O senhor sabe mesmo de história! Portugueses filhos de uma puta! É, professor, ninguém mais aguenta pagar imposto. Sabe que o dono desse bar aí deve pagar menos imposto que nós? Relativamente, sim. Posso te chamar de você? Você não disse o seu nome. Não estou chamando ninguém de burro. Sim, é a independência dele. Direitos dele, perdão. Sim, que ele conquistou. Construiu, exato. O mérito é dele. Será então, já que estamos de acordo em quase tudo, que a gente podia dar prosseguimento ao meu assunto? O do início. Temos aqui uma situação ilegal que pede a intervenção da polícia. Não, não conheço. Bom, aí depende do gosto do cliente. Agora quem está me ofendendo é você. Quando foi que eu pedi pra autuar a boate por injúria racista ou homofóbica? Quando foi que eu te ameacei? Então? Você está se adiantando. Posso continuar te chamando de você, né? Por enquanto, só peço que alguém ponha um fim nesse refrão. O bate-estaca. Exato. Não é pedir demais. Quem disse? Eu disse? Só disse que ia do gosto do cliente. Olhe, vamos voltar ao início então, vamos fingir que eu acabei de ligar, começar do zero, volto a chamá-lo de senhor, que tal? Boa noite, é da polícia? Como? Primeiro sequestram a bandeira e a independência, agora querem confiscar o meu sono. Perdão? Já está na sua hora? Claro, não vai perder a motociata da Independência por nada neste mundo. Se eu tivesse moto, também não perdia. Pena. Então, pra agilizar o procedimento, vamos fingir que acabei de ligar e que o que eu tenho a dizer vai soar como música aos seus ouvidos. Que tal? Alô? Opa! Milagre, atenderam! Boa noite, quer dizer, bom dia, desculpe, bom feriado, eu gostaria de prestar uma queixa. Estou tentando faz mais de uma hora. Já estava até imaginando uma conversa fictícia entre a gente. Tipo imaginação. Pra passar o tempo. Isso. Pra ensaiar. E pra me acalmar também. Mais de uma hora pensando em voz alta, falando com meus botões. Coisas. Sei lá. Que vocês fizessem parte de algum esquema. Haha. Sabe como é a cabeça da gente, né? Ainda mais com esse bate--estaca. Verdade. Hipnótico. Dá pra ouvir? Sim, feriado da Independência, dia de confraternização e descanso. Nem me diga! Na verdade, começou ontem às dez da noite. São cinco da manhã, cinco e vinte, pra ser mais preciso, e nada, nada neste mundo indica que vai parar. Como não pode agora? É dinheiro do contribuinte. Dinheiro de impostos, sim. A polícia é um serviço público. Dia da Independência da nação. Alô? Independência é o quê? Alô?! Alô?! É a sua!"

Bernardo Carvalho (1960) é escritor, autor de *O último gozo do mundo* (2021), *Simpatia pelo demônio* (2016) e *Nove noites* (2002). É colunista da *Folha de S.Paulo*.

Tirano à procura de um autor

Fábio Zuker

Obsessão pela morte e cultivo da violência fazem de Jair Bolsonaro candidato a um "romance de ditador" latino-americano

Janaina Tschäpe
Untitled (Portrait), 2019
Foto: Talita Zaragoza
Cortesia da artista e Fortes D'Aloia & Gabriel, São Paulo/Rio de Janeiro

Deitado em uma cama de hospital, com eletrodos para monitorar a frequência cardíaca e o que aparenta ser um balão respiratório, Jair Bolsonaro exibe seu torso nu. O short ou calça hospitalar surge muito abaixo do umbigo, pouco acima dos pelos pubianos. Pelo ângulo da foto, ponto de vista de alguém situado na ponta da cama, a seus pés, a barriga parece descomunalmente alongada, ocupando o centro da imagem. O presidente também parece esboçar um sorriso, levemente arqueado para baixo. É uma imagem grotesca.

Depois de atravessar, por dias a fio, uma crise de soluços que lhe causou uma dificuldade além da usual em articular frases, Bolsonaro se submeteu a exames e constatou uma obstrução intestinal – motivo para internação em Brasília e logo uma transferência para São Paulo. Não foi a primeira vez – e não seria a última – que circulou pelas redes uma imagem de Bolsonaro em estado de convalescência. Também não foi a primeira vez que as incertezas quanto ao destino do ex-militar e do país passaram pelo seu sistema digestivo. O próprio fenômeno Bolsonaro muito se valeu de um teatro do poder cuja força envolve o receio quanto à sua morte – como no caso da facada que perfurou o abdômen do então candidato à presidência.

A frequência de menções às vísceras do presidente e a predileção do próprio por expressões relacionadas ao trato digestivo e a seu mau funcionamento dão o tom daquilo que o envolve. O discurso que atrela o destino de uma nação ao corpo e à saúde do mandatário é uma mecânica de poder constitutiva de figuras autoritárias que pretendem tudo abarcar a partir da expansão sem limites de seu corpo. O tema foi objeto de clássicos da história como *Os dois corpos do rei*, de Ernst Kantorowicz, e *Os reis taumaturgos*, de Marc Bloch. E, também, de toda uma variedade de obras de ficção construídas a partir de personagens ditatoriais que pretendem ter suas vidas costuradas ao destino coletivo.

Na literatura latino-americana, o "romance de ditador" é um subgênero que recria, no plano ficcional, tiranos, caudilhos ou políticos populistas que permeiam a história da região a partir das lutas pela independência, ao longo do século 19 e adentrando o século seguinte. São páginas banhadas de sangue e testosterona, nas quais se retrata um mundo masculino, de violência e obsessão pelo poder. A origem do "romance de ditador" é comumente identificada a *Facundo, ou Civilização e barbárie* (1845), livro híbrido de ensaio, biografia e crônica que Domingo Faustino Sarmiento, jornalista e político que viria a ser presidente da Argentina, publicou durante exílio no Chile.

Sarmiento narra a violenta ditadura de Juan Manuel de Rosas como herdeira de um caudilho autoritário, Juan Facundo Quiroga. Trata-se de um ensaio sociológico acerca da história da Argentina, mas também de uma análise sobre os desafios de sua modernização e as formas de violência e barbárie que acompanham esse processo civilizatório. *Facundo* é ainda um elogio exacerbado dos valores civilizatórios europeus como único caminho para a modernização argentina – tese eivada de violência e racismo contra gaúchos e populações indígenas.

Essa linhagem de narrativas resultaria em pelo menos três clássicos: *O senhor presidente* (1946), de Miguel Ángel Asturias, *Eu, o supremo* (1974), de Augusto Roa Bastos, e *A festa do bode* (2000), de Mario Vargas Llosa. Figuras minúsculas com mania de grandeza, seus protagonistas vivem devaneios de poder em que tentam implicar o todo em si, fazendo confundir o país com seu próprio corpo. Não seria estranho, portanto, pensar em Jair Bolsonaro como personagem de um "romance de ditador" ainda não escrito.

O SUPREMO

Eu, o supremo é um bom ponto de partida para pensar, por contrastes, aproximações e distanciamentos, a imagem que o presidente eleito em 2018 construiu para si. O romance do escritor paraguaio gira em torno de José Gaspar Rodríguez de Francia – figura eminente da independência de seu país e Ditador Perpétuo da República do Paraguai – e de seu secretário e escrivão, Policarpo Patiños. Na cena inicial, o ditador toma conhecimento de um pasquim que, pendurado na porta da catedral de Assunção, satiriza um suposto decreto assinado por ele, determinando que, ao morrer, fosse decapitado – bem como que se procedesse ao enforcamento de servidores civis e militares do governo. Sinos convocariam a população à praça da República, onde a cabeça do ditador deveria permanecer em exposição por três dias seguidos. Depois de cremado, teria suas cinzas espalhadas no rio que corta a capital, enquanto seus correligionários seriam enterrados do lado de fora do cemitério, sem cruz nem nome.

O ditador determina uma operação para apurar quem está por trás da publicação do pasquim. Encontramos aí o mote da história, contada em múltiplas vozes e alternando narradores e estilos narrativos. Ora lemos o diálogo entre o Supremo Ditador e Patiños, ora seu caderno pessoal, em que reconta a história do país por meio de suas próprias memórias, e ainda as notas de um compilador dos documentos. A obsessão com a posteridade é um dos temas frequentes. Se o ditador é perpétuo, sua morte implica consequências de ordem política e metafísica: uma vez morto aquele que é a síntese de todo um povo, o que poderá existir depois? Qual o futuro do país quando morrer aquele que arroga para si o papel de mantenedor da liberdade?

Em *Eu, o supremo*, o corpo do ditador, coextensivo à nação, transborda seus contornos. A doença do homem é a própria enfermidade do país: "O governo está muito doente",[1] lhe diz, em determinado momento, um herborista a quem o Supremo confia um tratamento. Este lhe sugere, no que é considerado pelo ditador como um ato de absoluta insolência, que comece a considerar um substituto, alguém que lhe possa suceder. Impossível: "Minha dinastia começa e acaba em mim, em EU/ELE. A soberania, o poder, de que nos achamos investidos, voltarão ao povo a que pertencem de maneira imperecível."

[1]. Augusto Roa Bastos, *Eu, o supremo*. Trad. Galeno de Freitas. Rio de Janeiro: Paz e Terra, 1977.

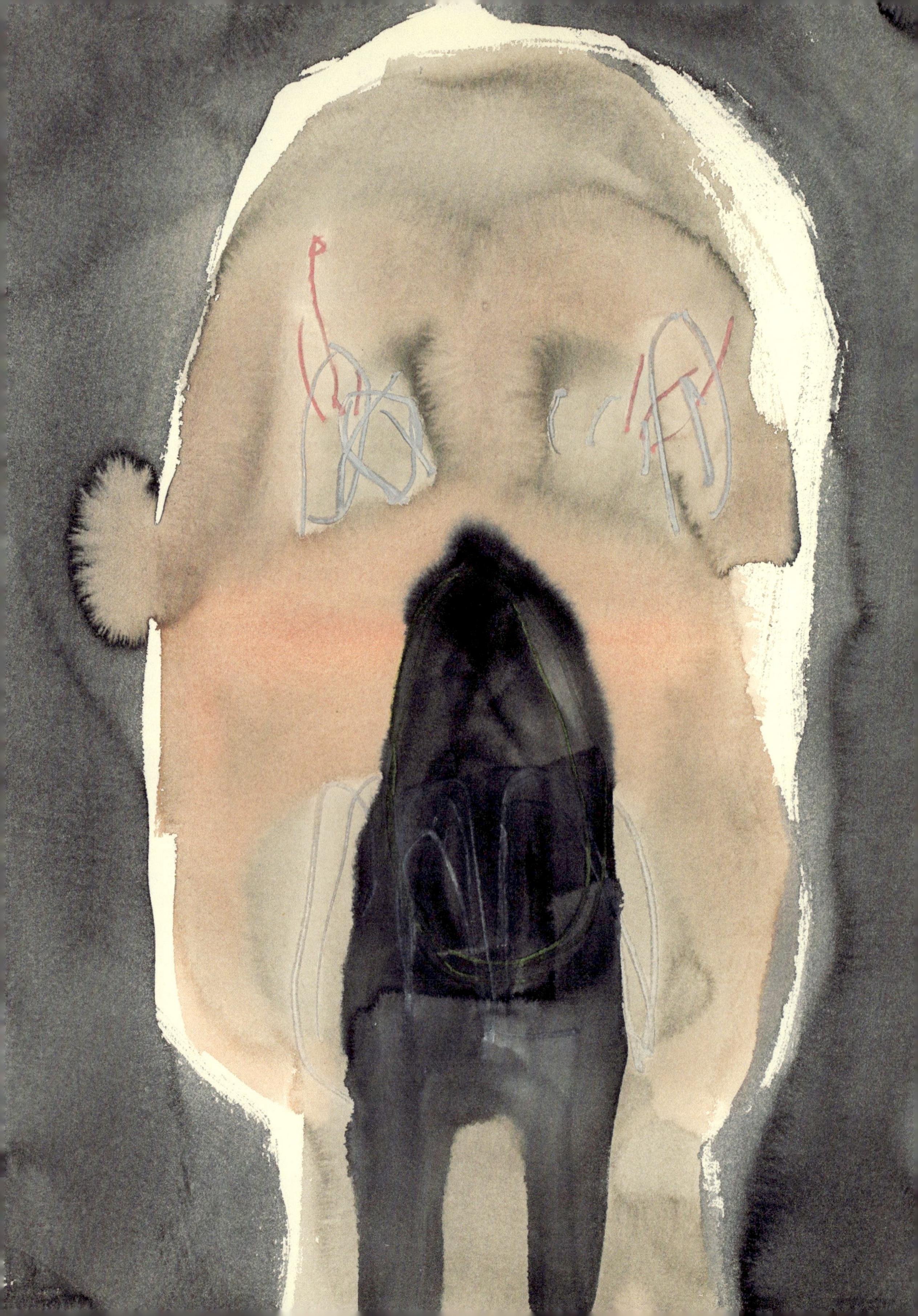

O povo, conclamado em seus discursos, é uma extensão de si. Referindo-se a uma fala de Alfonso, *el Sabio*, rei de Castela e Leão, o Supremo Ditador observa que tirano é, afinal, "aquele que, sob o pretexto de progresso, bem-estar e prosperidade de seus governados, substitui o culto de seu povo pelo de sua própria pessoa".

Seu corpo encontra-se por todos os lados. "Meus pulmões fazem ranger seus velhos foles rachados pelo peso de tanto ar que tiveram de inalar/expelir. De seu lugar entre as costelas, estenderam-se sobre mais de dez léguas quadradas, sobre centenas de mil dias." Em outro momento, o pajé guarani que o submete a um ritual de cura anuncia que o corpo do Supremo está vazio, que nada encontrou em seu interior para curá-lo, "mesmo que sopre até ficar sem fôlego, os espíritos auxiliares da cura não poderão penetrar já no vazio-sem-alma do corpo". A profecia traz uma verdade: o vácuo no interior daquele que ambiciona tudo preencher.

A inquietação do ditador agonizante sobre como se dará sua morte, o destino de seu corpo e o que acontecerá em seguida reaparece em diversos momentos do romance. Jean-Pierre Vernant sublinha que, na Grécia Antiga, a morte do combatente pode resultar em dois tipos de posteridade: de um lado, a bela morte, de preferência na luta, de modo a eternizar seu nome pelos tempos vindouros como alguém cujo assassinato viril é digno de ser honrado; de outro, o corpo ultrajado, dilacerado por cães, aves e peixes, cadáver insepulto, decompondo-se sob sol e chuva, "expulso da morte", "riscado do universo dos vivos, apagado da memória dos homens". Essa possibilidade desonrosa de deixar a existência é afastada no exato momento em que o herói decide pela morte gloriosa.

Não se pode conceber o bolsonarismo sem alguns desses elementos. O mundo para ele e seus asseclas é fundado numa concepção quase mística dos riscos permanentes da degeneração do país – a "chegada do comunismo" ou a "volta da corrupção" –, perigos contra os quais apenas o *mito*, e aqui os termos não são fortuitos, pode lutar. Como ele mesmo ameaça, tal batalha pode lhe custar a liberdade ou a própria vida, mas é ele quem se dispõe a se sacrificar pelo bem coletivo, tentando planejar para si se não a vitória, uma derrota gloriosa. E é para evitar essa derrota que Bolsonaro propõe a destruição do que chama "o sistema".

O único aspecto construtivo no bolsonarismo é o de sua própria imagem. O personalismo e a defesa patriarcal de seus

Untitled (Portrait), 2018
Foto: Talita Zaragoza
Cortesia da artista e Fortes D'Aloia & Gabriel, São Paulo/Rio de Janeiro

filhos é uma condição. Não há espaço para o coletivo. Aqueles que lhe são úteis em determinado momento são prontamente descartados quando deixam de sê-lo. Não se trata da lógica de um líder capaz de construir um partido forte que o sustente, como foi o caso do nazifascismo no século 20, ou de sua releitura por figuras como Viktor Orbán, na Hungria. Para Bolsonaro, só importa sua própria construção autoritária. E a figura de Bolsonaro é a única que cabe ser exaltada.

Em uma entrevista à televisão espanhola, Augusto Roa Bastos comenta suas intenções ao escrever *Eu, o supremo*. Ele fala de José Gaspar Rodríguez de Francia como um personagem histórico internalizado na vida paraguaia. Por isso, tomou-o como ponto de partida para uma obra de ficção em que tão importante quanto os referentes históricos precisos é a reflexão acerca do poder absoluto. "O que acontece com o poder absoluto frente à transitoriedade, frente à precariedade desse portador do poder absoluto, que é uma pessoa só?",[2] reflete o escritor, que lançou o livro em 1974, em Buenos Aires, onde passou uma das inúmeras temporadas vividas no exílio. Não tardou para que *Eu, o supremo* fosse lido como uma crítica ao general Alfredo Stroessner, ditador do Paraguai por tortuosos 35 anos, entre 1954 e 1989.

Em certo aspecto, o romance é o relato da autodefesa do Ditador Perpétuo, que o dita a Policarpo Patiños ou escreve sua própria versão da história, do papel que teria desempenhado na luta pela soberania do Paraguai. As memórias remontam a episódios da história política e à concepção do país como o coração de uma América do Sul formada por Estados independentes. Seus inimigos são os mais diversos: as forças de Buenos Aires e dos impérios europeus, o Brasil ou mesmo a ameaça de uma invasão por Simón Bolívar. Em outros momentos, o ditador dialoga com personagens históricos que cruzaram seu caminho, ávido por defender seu lugar na história. Há também uma polifonia de notas de rodapé que sobrepõem ficção e realidade, muitas vezes denunciando a violência do regime.

O que mais me fascina na obra são os devaneios do Supremo, reflexões sobre a doença, a proximidade da morte e uma meditação obsessiva sobre o poder. "O que é importante, ao menos em igual medida, é essa paixão pelo absoluto, que é um dos mais velhos pesadelos da espécie humana", diz o autor na mesma entrevista à televisão espanhola. "Essa busca pelo absoluto, por meio da ação política. Por meio do poder

[2] Esta e outras traduções da entrevista de Augusto Roa Bastos são traduções livres minhas.

econômico. Por meio, inclusive, da paixão mística. A necessidade de alcançar o absoluto." A figura de Gaspar Rodriguez permite ao autor adentrar o funcionamento do autoritarismo, em um experimento narrativo cujos pontos de contato com o plano não ficcional extrapolam o contexto paraguaio.

O BODE

Outro "romance de ditador" que faz uma radiografia da dinâmica quimérica de produção de uma figura temível e violenta, excêntrica e afetada, é *A festa do bode*. Nele, Mario Vargas Llosa retrata o regime de tortura e violência, a pomposidade exacerbada e os trejeitos do general Rafael Leónidas Trujillo, da República Dominicana, como uma espécie de protótipo do frágil ditador latino-americano. O leitor acompanha o Generalíssimo no dia em que será assassinado, em 1961, imerso nas memórias que marcaram seus 31 anos de tirania. Em outro plano narrativo, seus assassinos o aguardam, recordando os motivos que os levaram a organizar a emboscada. Há ainda a história de Urania Cabral, que vive exilada nos Estados Unidos e, aos 49 anos, retorna à República Dominicana para visitar seu pai doente, aliado do tirano.

Ao rememorar o passado num delírio paranoico, Trujillo busca justificar todas as violências, torturas e atrocidades que cometeu. Em nome da luta contra os comunistas e da integridade da República Dominicana, o Generalíssimo defende os assassinatos mais cruéis, como a verdadeira caçada aos haitianos que cruzavam a fronteira – República Dominicana e Haiti compartilham a ilha de São Domingos. Também as torturas mais ignóbeis encontram sua razão de ser em Trujillo, como reconhecem os militares ao se referir a Johnny Abbes, o temível chefe de seu serviço secreto: "O coronel pode ser um demônio; mas é útil ao chefe: tudo de ruim é atribuído a ele, e a Trujillo só o que é bom. Que favor melhor podia fazer? Para um governo durar 30 anos, é preciso ter um Johnny Abbes para enfiar a mão na merda. E o corpo e a cabeça também, se for necessário. É bom que ele se queime. Que concentre o ódio dos inimigos e, às vezes, dos amigos."[3]

Em seu narcisismo, Trujillo trata de mitificar a própria história. Defende uma suposta superioridade na exacerbação da formalidade, como a obsessão com os mínimos detalhes dos

3. Mario Vargas Llosa, *A festa do bode*. Rio de Janeiro: Objetiva, 2000.

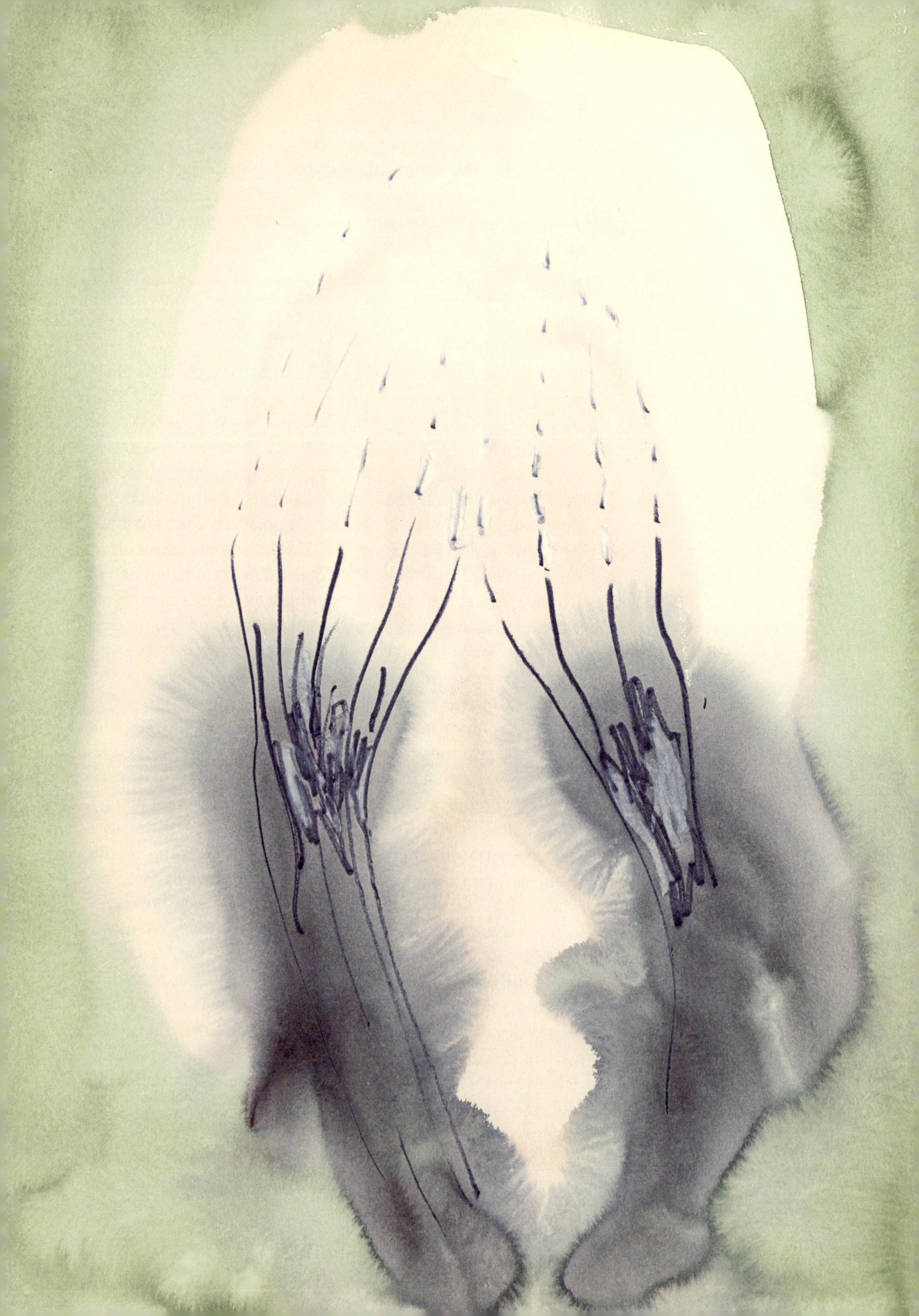

uniformes de seus subordinados – o menor desvio de quepe, gravata ou botão poderia desencadear a fúria do ditador. Essa fantasia megalômana aos poucos torna-se esdrúxula: a verdadeira tara pelos *marines* norte-americanos e a ilusão de ser benquisto e protegido pelos Estados Unidos – em que pesem as sanções norte-americanas via Organização dos Estados Americanos (OEA) – se misturam a cenas que expõem seu orgulho de jamais transpirar em público. "Trujillo nunca sua. Em pleno verão, ele usa aqueles uniformes pesados, tricórnio de veludo e luvas, e não se vê um brilho de suor na sua testa."

Escrutinar Bolsonaro a partir desse amálgama de frustrações, trejeitos e clamor por grandiosidade permite compor uma imagem bem precisa do aspirante a ditador. Diferentemente do Trujillo de Vargas Llosa, o delírio de grandeza do líder brasileiro passa ao largo do cultivo afetado dos modos. É patente o seu esforço em constituir-se como alguém a quem se teme, mas o resultado parece ser o de uma figura tosca. Seu modo de falar é exasperado, quase aos berros, com frases pouco concatenadas e ausência de tom grandiloquente. Já suas vestimentas parecem calculadamente desleixadas – Bolsonaro posa para fotos presidenciais calçando chinelos e vestindo calça esportiva com terno. E mesmo aquilo que gosta de aparecer comendo, com predileção por churrascos e pão com leite condensado, não insinua nenhum tipo de refinamento. O orgulho de Bolsonaro é ostentar o comportamento antissistema: impedido de frequentar restaurantes em Nova York por não ter se vacinado contra a covid-19, comeu pizza nas calçadas da cidade antes de falar na Assembleia Geral da ONU; pelo mesmo motivo, ficou isolado dos demais líderes globais em uma reunião do G20 em Roma. Tudo é parte da constituição de seu personagem; Bolsonaro bebe da temática da exclusão e se projeta como pária. Ele traz em si a revolta da escória. Aqueles que Anne Applebaum, em sua análise do surgimento de regimes autoritários ao redor do globo, identifica como pessoas ressentidas, em certa medida fracassadas, em comparação àqueles aos quais o sistema resguarda cargos-chave.[4]

Com o histórico do baixo clero da Câmara dos Deputados, Bolsonaro vende-se como alguém que pôde observar ao longo de anos o funcionamento do sistema. Essa posição proporcionaria um ponto de vista a partir do qual alguém que esteve lá, mas não compactuou com as regras, fala a "verdade". Daí o paradoxo inerente a seu projeto político de destruição: estar

4. Anne Applebaum, *Twilight of Democracy: The Seductive Lure of Authoritarianism*. Nova York: Doubleday/Penguin Random House, 2020.

Untitled (Portrait), 2019
Foto: Talita Zaragoza
Cortesia da artista e Fortes D'Aloia & Gabriel, São Paulo/Rio de Janeiro

na posição de presidente, ser anti-*establishment* e, como bem ressaltou o cientista político Marcos Nobre,[5] identificar a democracia como o próprio sistema a ser destruído.

[5.] Marcos Nobre, *Ponto-final: a guerra de Bolsonaro contra a democracia*. São Paulo: Todavia, 2020.

O TORTURADOR

Em uma das primeiras cenas de *O senhor presidente*, indigentes vivendo na rua presenciam o assassinato de um militar e são torturados para que digam quem cometeu o crime. Sua verdade, aquilo que testemunharam, não importa. O que devem dizer já está definido de antemão pelos torturadores. Estes se valem dos corpos dos torturados para conseguir imputar, mediante confissão, o crime a quem desejam. Mosco, o pedinte cego e sem pernas que presenciou o crime, se nega a aceitar a mentira que os torturadores almejam tornar verdade. É torturado e pendurado numa corda.

Miguel Ángel Asturias produziu um romance experimental com influências surrealistas, marcado, entre outros aspectos, por descontinuidade narrativo-temporal, escrita fragmentária, sobreposição entre sonhos e realidade e uso de onomatopeias. Embora os personagens que retrata, a época e o local em que transcorre o romance não sejam explicitados, o escritor guatemalteco faz referência à ditadura de Manuel Estrada Cabrera, que dominou seu país entre 1898 e 1920. A tortura, que encena a ficção de um poder total, atravessa toda a narrativa, um terror contínuo que a todos toca e do qual não se pode escapar.

Na visão de mundo de Bolsonaro, a tortura é instrumento para moldar a realidade infligindo dor aos corpos dominados, técnica tão antiga quanto sinistra. Se é possível identificar em Bolsonaro um traço de carinho por alguém que não seus filhos, essa afeição é direcionada a personagens do universo da tortura, como os ditadores Augusto Pinochet e Alfredo Stroessner e Carlos Alberto Brilhante Ustra, militar brasileiro condenado por participação na tortura. Para o presidente, que demonstra verdadeira nostalgia da tortura, o único poder legítimo emana dos calabouços. A megalomania é, aqui, destrutiva.

A reivindicação aberta da tortura como forma de conduzir a política num governo democraticamente eleito se tornou visível sobretudo durante a pandemia. Se a crise sanitária acentuou a violência e as desigualdades já existentes, também tornou patente o prazer de Bolsonaro diante da morte. Ao zombar da falta de ar daqueles que desenvolvem casos mais graves da doença ou incentivar o uso de medicamentos ineficazes, Bolsonaro encarna um verdugo, gargalhando em um porão obscuro enquanto brutaliza outros corpos. A tortura coletiva tomou a forma de um experimento mengeliano, baseado numa concepção eugenista da ciência, segundo a qual os mais fortes sobrevivem e a morte de centenas de milhares é tida como um custo aceitável.

PERSONAGEM SEM AUTOR

Embora não tenham faltado ditadores – nem livros que refletem ou tematizam as ditaduras que o Brasil atravessou ao longo do século 20 –, não parece existir uma obra literária que se encaixe nessa categoria de "romance de ditador". Jair Bolsonaro emerge, no entanto, como forte candidato ao protagonismo.

Tenho tentado demonstrar aqui que algumas das obras dessa tradição literária se valem de experimentalismos formais para narrar a violência. Vaivéns temporais, sobreposição de vozes e de devaneios ou fluxos de pensamento a partir de eventos históricos criam, no plano ficcional, uma sensação de ausência de entendimento por parte de quem vive regimes tão brutais, sugerindo a impossibilidade de encadear fatos e elucidar uma realidade que parece pouco crível. É como se as convenções linguísticas e narrativas não bastassem para retratar o absurdo que se vive num regime autoritário.

Uma obra que tenha Bolsonaro como personagem poderá herdar alguns dos procedimentos narrativos dessa tradição literária para emular, na ficção, a errática construção política que o sustenta. Na concretização de seu projeto de país, o presidente dá variadas inflexões a uma série de elementos consagrados do modelo ditatorial. Num ambiente político vacilante, sob permanente ameaça de uma ruptura democrática definitiva, percebem-se traços de ditaduras clássicas do século 20: o ódio às minorias, o culto ao líder, o discurso explicitamente violento, militarista e misógino, o elogio à tortura, o uso de desinformação e a proliferação de grupos armados paralelos às forças policiais estatais.

Em comparação com os personagens de Roa Bastos, Vargas Llosa ou Asturias, Bolsonaro não é, *ainda*, um ditador. Uma de suas singularidades consiste em cultivar essa incerteza a partir da desestabilização de todo referencial concreto sobre o que está acontecendo no país. Suas falas e encenações, performadas com certa periodicidade, criam a atmosfera de um golpe em construção, na iminência de se efetivar. Mas o concorrente a tirano logo recua. Diante da repercussão negativa de suas bravatas golpistas, tenta reduzir suas ameaças a momentos intempestivos de destempero.

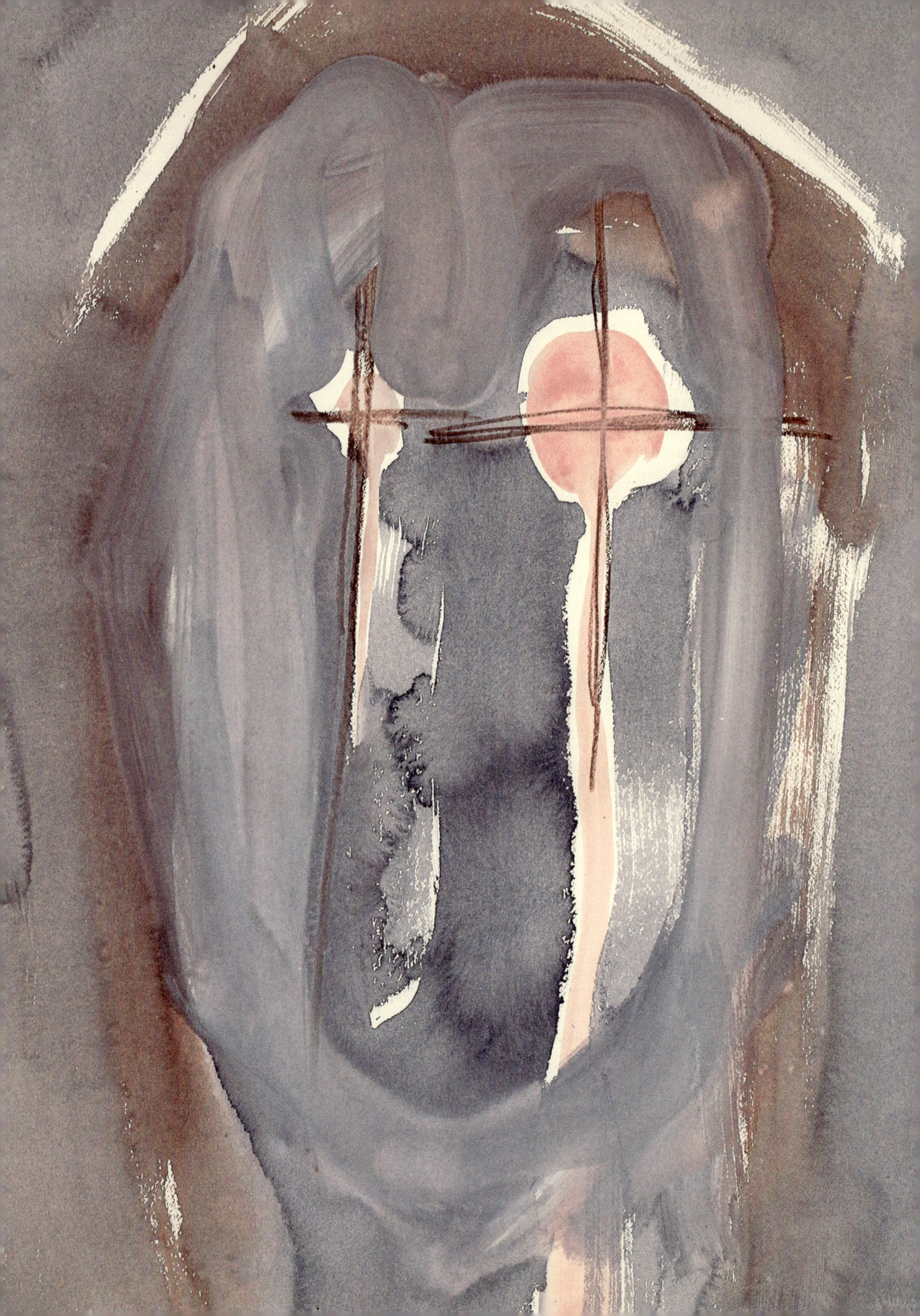

A impossibilidade de verificar se há ou não um golpe em curso converte-se no próprio golpe. A volatilidade da situação política criada por esse movimento é o motor da erosão da vida comum do país. Mecanismo que conta aqui com um novo elemento em sua engenharia da destruição: uma miríade pulverizada de produtores de desinformação, em grande parte estimulada pelo próprio presidente, alimentando o ambiente de incertezas que torna qualquer relação com os acontecimentos opaca. Uma contribuição original de nossa tenebrosa realidade para a linhagem do "romance de ditador" poderia tomar como base, precisamente, essa máquina de ofuscamento e violência.

Se tudo der errado para Bolsonaro, ou seja, se ele não se perpetuar em sua aventura autoritária como um ditador clássico, continuaremos sem um personagem à altura do subgênero. Ainda assim, tudo indica que a defesa escancarada da violência e da tortura como instrumentos e valores de transformação social tenha criado raízes na sociedade, com o bolsonarismo sobrevivendo ao seu criador. Embora, como personagem, Bolsonaro talvez continue à procura de um autor, no mundo real ele já é de alguma forma vitorioso por ter associado aos seus delírios o destino da nação.

Untitled (Portrait), 2019
Foto: Talita Zaragoza
Cortesia da artista e Fortes D'Aloia & Gabriel, São Paulo/Rio de Janeiro

Fábio Zuker (1989) é antropólogo e jornalista especializado na cobertura de conflitos socioambientais e violações de direitos humanos. É autor dos livros *Vida e morte de uma baleia-minke no interior do Pará e outras histórias da Amazônia* (Publication Studio SP) e *Em rota de fuga: ensaios sobre escrita, medo e violência* (Hedra).

Nascida na Alemanha, criada em São Paulo e hoje radicada em Nova York, a artista visual **Janaina Tschäpe** (1973) transita há mais de 20 anos entre pintura, desenho, escultura, fotografia e vídeo.

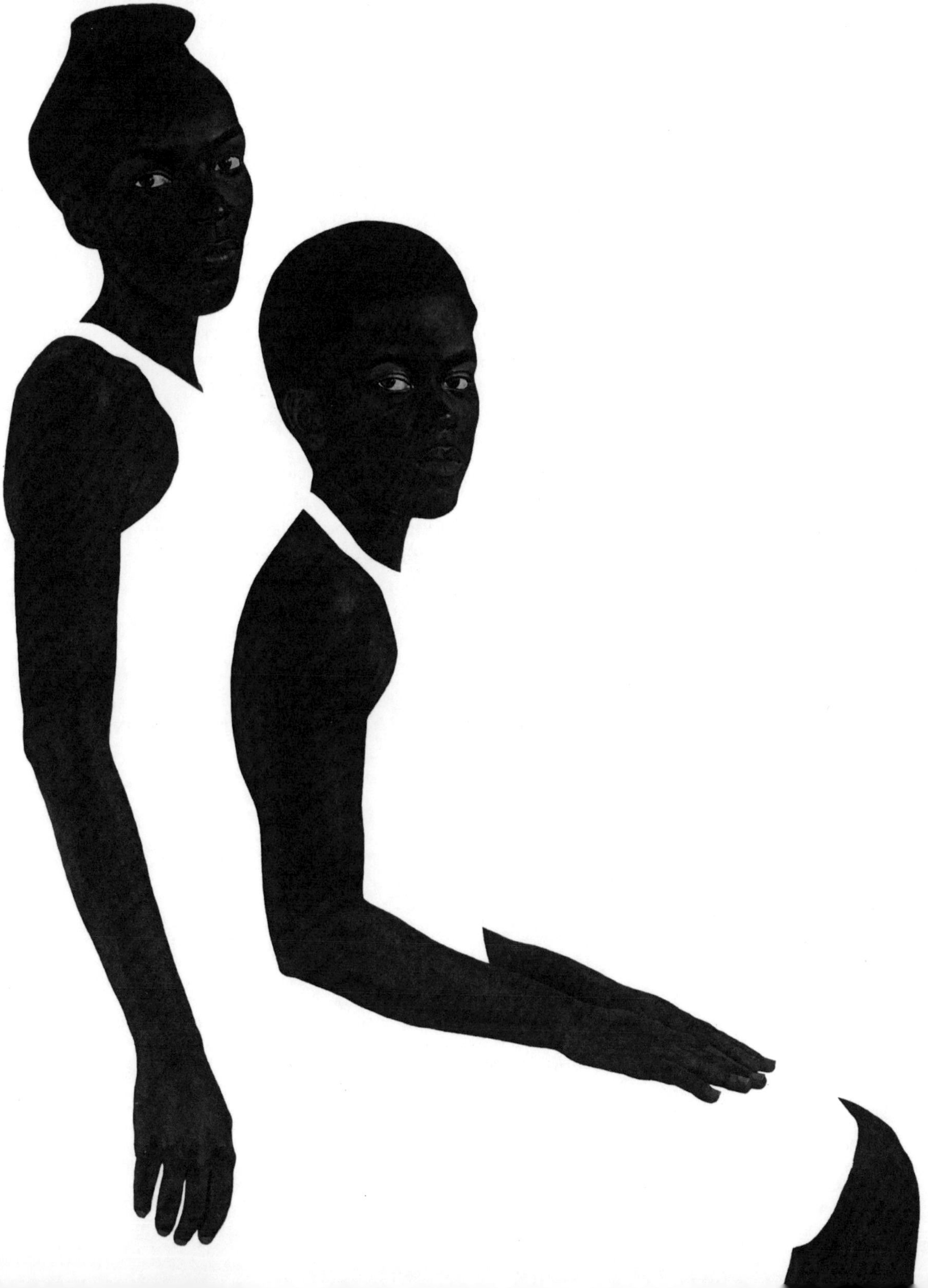

A trama para acabar com ela

Saidiya Hartman
pinturas de Sungi Mlengeya

A trama para acabar com ela começa com o domínio dele. Começa no século 15 com uma bula papal, com um filósofo em sua mesa, caneta na mão, enquanto classifica o mundo em categorias de famílias e espécies. Começa com um recibo de venda, com uma matéria no jornal que enumera os crimes dela, com uma anotação acrescentada ao arquivo: ela responde às perguntas com facilidade, mas parece idiota; começa com um cartaz de "procura-se" que reduz a vida dela a uma única palavra – "condenada". A trama para acabar com ela começa com um homem em seu escritório, escrevendo um volume sobre as Américas, as espécies, as faunas, as raças, é um compêndio ilustrado com desenhos botânicos, planos arquitetônicos, projetos de casas de fazenda e uma imagem da epiderme dela vista no microscópio. A trama para acabar com ela começa com a violência da razão. Começa com uma entrada no livro-caixa que a cataloga como a número 71, uma garota miúda, e o nome dela é apagado para sempre. Começa quando a tripulação do navio a estupra. Começa com o natimorto, com os abortivos, com a criança perdida no mar, com bebês não amados, com cálculos de mortalidade materna, com fórmulas negativas de valor, com a queda do valor dos imóveis, com índices de massa corporal alarmantes, com as epidemias, com estatísticas criminais, com os vícios, com a remoção das nações indígenas, com a Trilha das Lágrimas, com a travessia do Atlântico, com as Décadas de Decepção, com a Al-Nakba, com a Dança dos Fantasmas, com a Matança do Gado. Começa com as palavras de Cassandra ignoradas, com o silêncio de Filomela, com as profecias de Nongqawuse, com Rebecca Jackson evocando espíritos, com cartas escritas às pressas em porões. A trama para acabar com ela começa com o cerceamento. Ela vai parar rapidamente nesta lista: a sesmaria dele, a propriedade dele, os imóveis dele, o engenho dele, os hectares dele, a fronteira dele, a cerca dele, a família dele, a esposa dele, o rebanho dele, a égua parideira dele, a escrava dele, a ama de leite dele, a puta dele, o mundo dele.

A trama para acabar com ela começa com o homem, a soberania, o sujeito, o senhor de si, o corpo padrão, o gênero, o razoável, o neurotípico, começa com a hierarquia vertical da vida, com a distribuição desigual da morte, com as enunciações "eu penso" e "eu sou" e "eu tenho" e "eu desejo", com os possessivos "meu" e "minha", com o portanto e o daqui para a frente, com o aumento futuro, com a santificação da propriedade,

The Hems of Our Skirts, 2020

com o mapa do território, com o mandato que diz cai fora daqui e afirma que não há lugar para ela em lugar nenhum, com a ordem judicial que declara que ela é uma invasora e uma ocupante ilegal, com a hipoteca para os pretos, com o despejo, com nenhum humano envolvido.

A trama para acabar com ela começa com ela, dela, ele, dele, meu; com o estupro nas terras cedidas aos escravos para cultivo, com o fato legal de que ela pertence a ele, com a promessa de que ele vai ser justo com ela, com as coisas sussurradas à noite, com o nome dela e dos filhos dela registrados no inventário da fazenda (junto de arados e pás, chicotes e arreios), com o gráfico que lista as características animais dela de um lado e as humanas de outro.

A trama para acabar com ela começa quando ele dorme com a melhor amiga dela, quando ele abusa da filha dela, quando ele se recusa a usar camisinha, quando ele a força a transar no alojamento dos calouros. A trama para acabar com ela começa com o pedido e a aliança, com o belo casamento, com o olho roxo e o lábio cortado, com as promessas de nunca mais fazer isso de novo, com a solidão que deixa doente, com o tédio e a vergonha, com as traições em série. A trama para acabar com ela começa com ele reivindicando o feto, com o útero transformado em uma fábrica, com o corpo dela como uma ferramenta para o futuro dele, para os lucros dele. Começa com os esforços dele para destruí-la. Começa quando ele a chama de minha puta, quando ele diz que ela é maldosa, quando ele jura que vai fazer o tempo voltar atrás, quando ele aperta a boceta dela, quando ele a machuca lá embaixo. Quando ele berra: minha, minha, minha.

A trama para acabar com ela começa com direitos invioláveis, com liberdade e felicidade, com a santificação da propriedade. Começa quando ela aprende a pronunciar as palavras "senhor" e "sinhá". Começa com a venda dos cavalos, dos bois e dos irmãos dela. Começa com mulata e moreninha. Começa quando ela aprende a concordar balançando a cabeça, sem dizer uma palavra. Quando ela responde prontamente a todos os nomes com que a chamam negligentemente, sem nenhum cuidado. Quando ela se acovarda como se ainda houvesse algo a perder.

A trama para acabar com ela começa com a transição da coleta para a agricultura. Começa com a casa e a monocultura e a fábrica. Começa com conceitos imperiais como "densidade populacional" e "*terra nullius*" e "a Nova Jerusalém". Começa com o comércio nas Índias Ocidentais e o tráfico na África. Começa com a doença da realeza. Começa com o bridão na boca e o açoite nas costas dela. Começa com a pecuária e as economias de escala. Começa com a carga dos navios negreiros, com escravos nativos, com a servidão por contrato aos brancos, com a acumulação primitiva. Começa com o Destino Manifesto e com um plano para exterminar todos os brutos. Começa como genocídio do povo dela, com a mentira de que ela teria desaparecido.

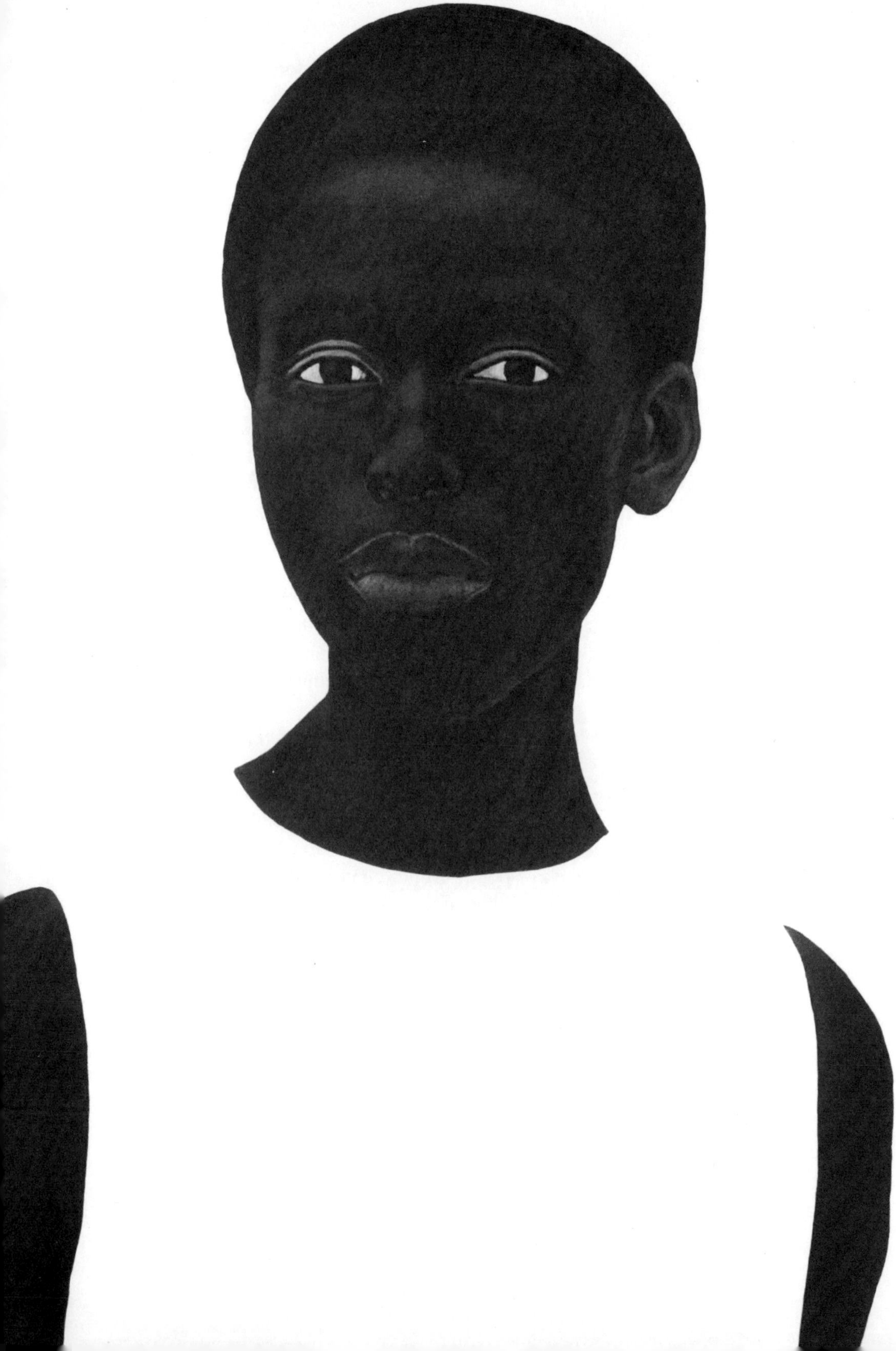

A trama para acabar com ela começa com orações pelo abrandamento do cativeiro e por um programa de melhorias e por uma sociedade para a proteção de negros, nativos, aborígenes, crianças e cães. Começa com o partido reformista e o governo de coalizão. Começa com a ideia de salvá-la de si mesma, com um esquema para treiná-la para uma vida melhor, com o programa de autoaperfeiçoamento, com o reformatório, com o campo de detenção. Começa quando a assistente social leva o filho dela, quando o médico a esteriliza, quando o centro de detenção oferece treinamento para a cidadania, começa quando a educação se torna obrigatória para crianças nativas. Começa com professores brancos no ensino fundamental. A trama para acabar com ela começa com um decreto, com um tratado comercial, com uma decisão soberana, com um breve relato da destruição das Índias, com uma ordem executiva, com uma ordem de remoção, com a carta de alforria dela, com uma declaração que determina que ela não possui bens, com a cessação de todas as hostilidades, com um plano de nova colonização.

A trama para acabar com ela começa com as cercas e os animais nos currais, com a lei do pai, com patronímicos que identificavam os verdadeiros herdeiros, com os bastardos deserdados. Começa com a existência dela como um objeto passível de ser propriedade. A trama para acabar com ela começa com os cartazes colocados nos perímetros de terra cercada: "Não entre"; "Invasores serão punidos"; "Perigo"; "Entre por sua conta e risco".

A trama para desfazê-la começa com a Constituição, que oferece a ela direitos que nenhum homem branco se vê obrigado a respeitar, que a designa eternamente como uma alienígena, uma forasteira, uma estrangeira e uma combatente inimiga. A trama para acabar com ela começa com o chão debaixo de seus pés sendo removido. Começa com proclamações, eventos decepcionantes, com servidão em tudo menos no nome, com a sobrevida.[1] A trama para acabar com ela começa com o contrato social, com o voto de casamento, com o sonho do Estado, com o romance romântico, com o desejo de ser soberana, com a cobiça por uma fatia do bolo. A trama para acabar com ela começa com a medida do homem, com transações e trocas financeiras, com o cálculo do valor necessário para que ela garanta a própria liberdade, com a assunção da virgem, com o sonho

---

[1]. Em *Perder a mãe*, Saidiya Hartman criou a expressão "sobrevida da escravidão", para se referir às desigualdades socioeconômicas que perduram apesar da abolição da escravatura e têm consequências até hoje, como "acesso limitado à saúde e à educação, morte prematura, encarceramento e pobreza". [N. da T.]

Rahel, 2019

americano, com o nacionalismo romântico, com perspectivas de futuro, com a raiva cozinhando em fogo baixo.

A trama para acabar com ela começa com o envio dela como carga, com o lugar designado a ela no fundo, com o estado interminável de derrota, com a capacidade dela de ainda suportar o pior. A trama para acabar com ela começa com o enegrecimento do mundo. Com ser agredida, humilhada, desonrada e estuprada. Com ser expulsa. Começa com o muro, com a cerca eletrificada, com o míssil teleguiado, com o embargo, com os helicópteros policiais e os drones militares procurando por todos aqueles fora do lugar ou em fuga. Começa com o golpe seco na nuca, com ser impedida de respirar, com a recusa de apagar o cigarro.

A trama para acabar com ela começa com a castidade, a fidelidade, a virtude e a submissão. Começa com a troca do pai pelo marido, com a verdadeira mulheridade, com a propriedade dela, com as Filhas da Confederação, com as Filhas da Revolução, com a aposta na supremacia branca, com o feminismo neoliberal e o ajuste estrutural, com uma candidatura ao governo.

A trama para acabar com ela começa com a falta de recursos e o Estado de Direito. Começa com a Grande Cadeia dos Seres, começa com ela relegada ao círculo mais baixo, começa com a senciência restrita dos animais e dos brutos, começa com *commodities* que falam. Começa com os direitos do homem e do cidadão, com o juramento à bandeira, com as estrelas e listras, com a cruz de ferro, com o sonho de pertencimento, com a divisão entre nós e eles, com as margens de lucro e de retorno, com o amor a Deus e à pátria, com a pistola com cabo de madrepérola, com o desejo por segurança, com a guerra necessária, com a cerca de madeira branca, com a reforma da previdência e a previdência privada, com o portfólio de investimentos, com Balenciaga, com a gentrificação dos prédios antigos, com as leis que regulam música alta, festas de rua, churrascos em frente de casa e reuniões na porta dos prédios depois que anoitece.

A trama para acabar com ela começa quando eles a expulsam da cidade, quando eles fazem a exposição *Black Radical Brooklyn* no Museu de História Natural, quando todos os integrantes do grupo de *funk* são garotos brancos, quando restaurantes falsos de *soul food* em Bushwick servem *xacxuca* e *sriracha*, quando alguém picha *tattarattat* num muro em South Jamaica. Quando eles eliminam da cidade renovada todos os sinais do que ela e seu amado povo adoram, então começa a trama.

A trama para acabar com ela começa com o advento da companhia de seguros, com as expectativas de perdas e a minimização de riscos, com a pilhagem em países de merda. Começa com um fundo de *hedge*, um perfil de crédito inadequado, um portfólio, com os bens imóveis transmitidos por várias gerações, com um monopólio de recursos públicos, com o fluxo do capital global. A trama para acabar com ela começa com a afirmação mas eu sou uma pessoa decente, mas não é minha culpa, mas eu trabalhei duro pelo que conquistei, mas eu não sou responsável, mas nós não conseguimos encontrar uma candidata qualificada, mas há boas pessoas dos dois lados, mas a liberdade de expressão dos fascistas também deve ser protegida.

A trama para acabar com ela começa com a palavra "consentimento", com um orgasmo fingido, com gozar sozinha em segredo, com gozar em silêncio, com querer mais, querer com mais vontade e que dure mais tempo, com não querer de jeito nenhum, com querer demais, com não querer o bastante, com o desejo em si.

A trama para acabar com ela começa com acordos de ursos-polares brancos. Começa com o sobrinho dela espiando dentro do armário, com os gritos dela na cara do menino. Começa com os homens abrindo as pernas dela. Começa com o estupro corretivo. Começa com um atalho pela viela, com um pacote no correio, com um estranho oferecendo um chocolate, com batidas na porta da frente. Começa na casa de uma amiga. Começa na cama dela. Começa com a promessa de não contar para ninguém.

A trama para acabar com ela começa com os "negros de verdade" e *gatekeepers* e representantes do Estado e organizações não governamentais e o Bureau of Native Affairs e a Comissão da Verdade e da Reconciliação e o Tribunal Penal Internacional. Começa com as mãos dela erguidas para o juramento, estendidas para a saudação, com a humilhação dela no quartel, com vestir o uniforme, com cantar o hino, com a assinatura de um juramento de lealdade. A trama para acabar com ela começa com o voto, com a promessa, até que a morte nos separe, com marcar as respostas adequadas, com a língua mordida, com a espera pela vez dela, com as entranhas reviradas e o olhar intimidado, com não falar porra nenhuma. A trama para acabar com ela começa com uma posição fetal, com as mãos ao alto, com as palavras "por favor, por favor".

A trama para acabar com ela começa com um homem que parece presidenciável, que diz as palavras certas e as pronuncia de um jeito que elas soam tão doces, então a esperança e a mudança parecem possíveis e alcançáveis – e não uma mentira. A trama para acabar com ela começa com um homem que parece presidenciável, que fala como um idiota, que aperta bocetas e ofende crioulos e chicanos. A trama para acabar com ela começa com a execução de hipotecas, com a crise hídrica, com penas de morte aplicadas pelo Estado, com derivativos e desregulamentação, com a mineração de dados. Começa com o petróleo e o oleoduto, começa com a prata e o ouro e os diamantes, com combustíveis fósseis e fraturamento hidráulico, começa com furacões na terra, quando as tropas chegam na fronteira, começa com o muro, com a prisão, com o campo de refugiados.

A trama para acabar com ela começa com o entendimento de que ela não pode defender os próprios filhos, ou proteger seu bebê quando a polícia

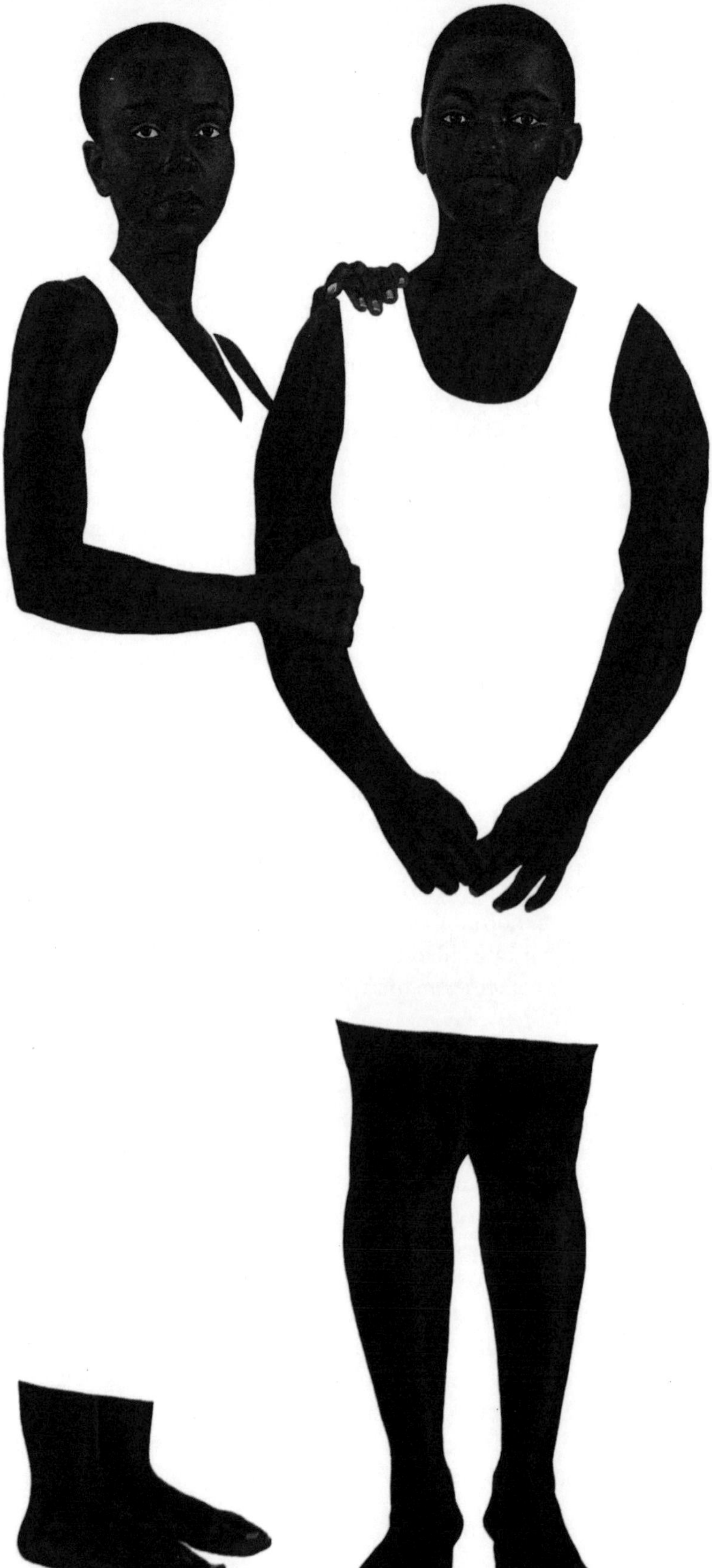

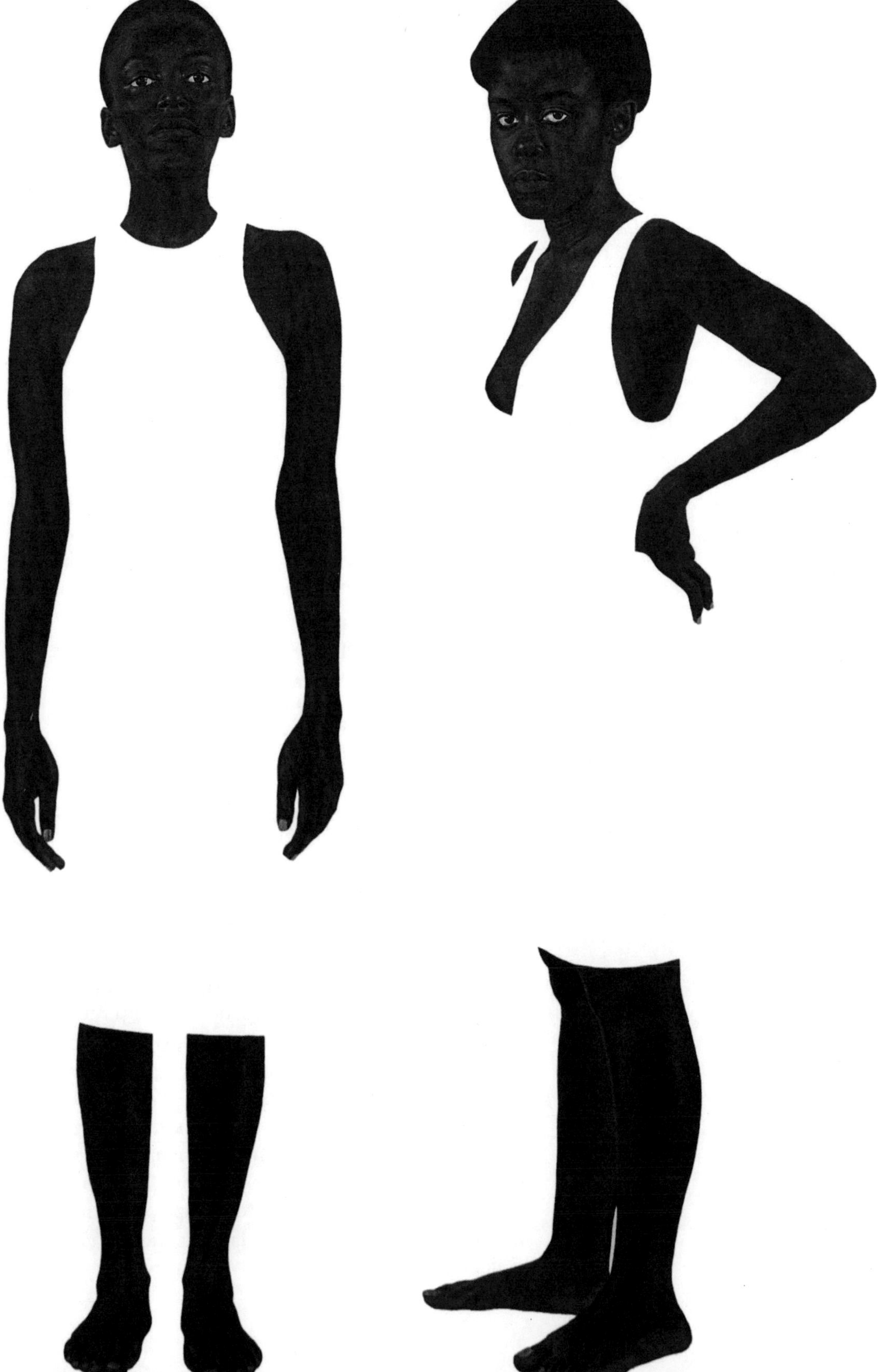

2. Em *Cenas de sujeição*, Hartman reflete sobre como os corpos de mulheres escravizadas estavam expostos a diversos tipos de violência, especialmente a sexual. O termo "ferida irreparável" se refere a uma condição que não pode ser curada, pois as violências se repetem indefinidamente, e também às formas como o saber médico do século 19 patologizava os corpos de mulheres negras, ignorando as inúmeras agressões a que eram submetidos. Assim, para o saber produzido ignorando a escravidão como um contexto, a existência da mulher negra se confunde com ter uma ferida irreparável. [N. da T.]

Four Friends, 2020

arromba a porta da frente, ou defender a casa quando a Glock 22 mira o peito dela, nem gravar a morte que ela prevê. A trama para acabar com ela começa com a situação de uma ferida irreparável.[2]

———

O desfazer da trama é uma ação discreta. Quase nunca é reconhecido como algo que exista e certamente nunca como algo importante. O desfazer da trama é atribuído a agentes estrangeiros e agitadores forasteiros e arruaceiros e comunistas. O desfazer da trama não coloca a mulher no lugar do homem nem derruba a hierarquia para se tornar a hierarquia. Não substitui o Estado mau pelo Estado bom ou troca o vilão pelo homem do povo. Não cria uma história de líderes e seguidores na qual ela assume um papel de protagonista. O desfazer não é para a sua diversão, nem mesmo para o seu benefício.

O desfazer se desenrola quando ela não é muito notada, avança a passos de tartaruga, é atiçado por uma persistência silenciosa, é alimentado nos buracos das árvores e no Dismal Swamp, é mantido em segredo ao não deixar rastros de habitação humana.

O desfazer da trama começa porque ela não vai fazer mais porra nenhuma. Ela não será um pássaro na gaiola, não será a mulher negra no atril, uma negra exemplar, uma engrenagem na máquina.

O desfazer da trama começa quando tudo foi tomado. Quando a vida se aproxima da extinção, quando ninguém será poupado, quando tudo o que resta é nada, quando ela é tudo o que resta. O desfazer começa com uma poção colocada em uma sopeira de prata que ela vai servir à mesa, com atos de sabotagem e destruição, com ócio e destituição. O desfazer da trama começa com ela mudando o curso, com um caminho errante, com ela se perdendo no mundo. O desfazer começa com uma fuga para a floresta, com uma liberdade extremamente perigosa, com aquilombamento, com o caminhar para dentro d'água. Não começa com proclamações ou constituições ou decretos ou apelos ou um lugar à mesa ou uma vez no jogo. O desfazer da trama não começa se ajoelhando, não começa com cédulas ou balas, ou com uma declaração para o tribunal, ou com uma petição, ou com uma demanda por reparação, nem com as palavras de ordem: sem justiça, sem paz. Começa com a terra debaixo dos pés dela. Começa com todos eles reunidos no rio e prontos para atacar, com todos eles reunidos na ocupação urbana, com todos eles se preparando para serem livres na clareira. Eles não dizem o que sabem: todas as coisas serão mudadas. O desfazer da trama começa com a língua fugitiva dela, com as mãos estendidas dela, com as canções compartilhadas em terras ocupadas e territórios onde não eram livres, com promessas de amor que movem a luta, com a visão de que *essa terra infeliz pode não ser o que parece.*

Saidiya Hartman (1961) é uma das principais referências contemporâneas em estudos afro-americanos. Professora de inglês e literatura comparada em Columbia, recebeu em 2019 a Genius Grant da Fundação MacArthur, prestigiada bolsa concedida a acadêmicos e criadores de maior destaque em seus campos de atuação. É autora de *Perder a mãe* (Bazar do Tempo), *Vidas rebeldes, belos experimentos* (Fósforo) e *Cenas de sujeição* (Crocodilo/Bazar do Tempo). "A trama para acabar com ela" foi publicado na série Notes on Feminisms, editada pela Feminist Art Coalition, plataforma transdisciplinar que reúne mais de 100 museus e instituições sem fins lucrativos nos EUA.
Tradução de **Stephanie Borges**

Em seu trabalho, a pintora tanzaniana **Sungi Mlengeya** (1991) destaca figuras de mulheres negras para refletir sobre as lutas e conquistas de suas personagens.

MENÇÃO HONROSA / CONCURSO DE ENSAÍSMO *serrote*

Ladainha da sobrevivência

Yasmin Santos

Escrevo para honrar a luta de meus ancestrais, para de certa forma vingá-los, numa cultura em que a vida intelectual é interditada às mulheres negras pelo racismo e pelo patriarcado

Dalton Paula
Minha primeira visita à Nova York A, 2018
Foto: Paulo Rezende

Lembro que na casa dos meus avós maternos havia uma estante de mogno com alguns poucos livros. Repetiam todos um padrão específico de cor: vermelho-grená, verde-musgo e listras douradas. Aqueles exemplares não estavam ali para serem lidos – eu mesma não me lembro de tê-los folheado uma única vez sequer. Na estante, o objeto mais cobiçado era a TV, que ao longo das décadas ia sendo trocada por um modelo mais novo. Nela, minha avó assistia às novelas, às corridas de Fórmula 1, vibrava com as conquistas da seleção feminina de vôlei e lamentava uma derrota do Flamengo no futebol. Tudo na Globo; ela passou a ser fiel à emissora. Quando o controle caía nas mãos dos netos, começava a profanação. Enquanto a matriarca cochilava no sofá, as crianças assistiam a novelas mexicanas, *Chaves*, programas de auditório. Dizem que, na calada da noite, rolava de tudo, até série americana. Puro desrespeito.

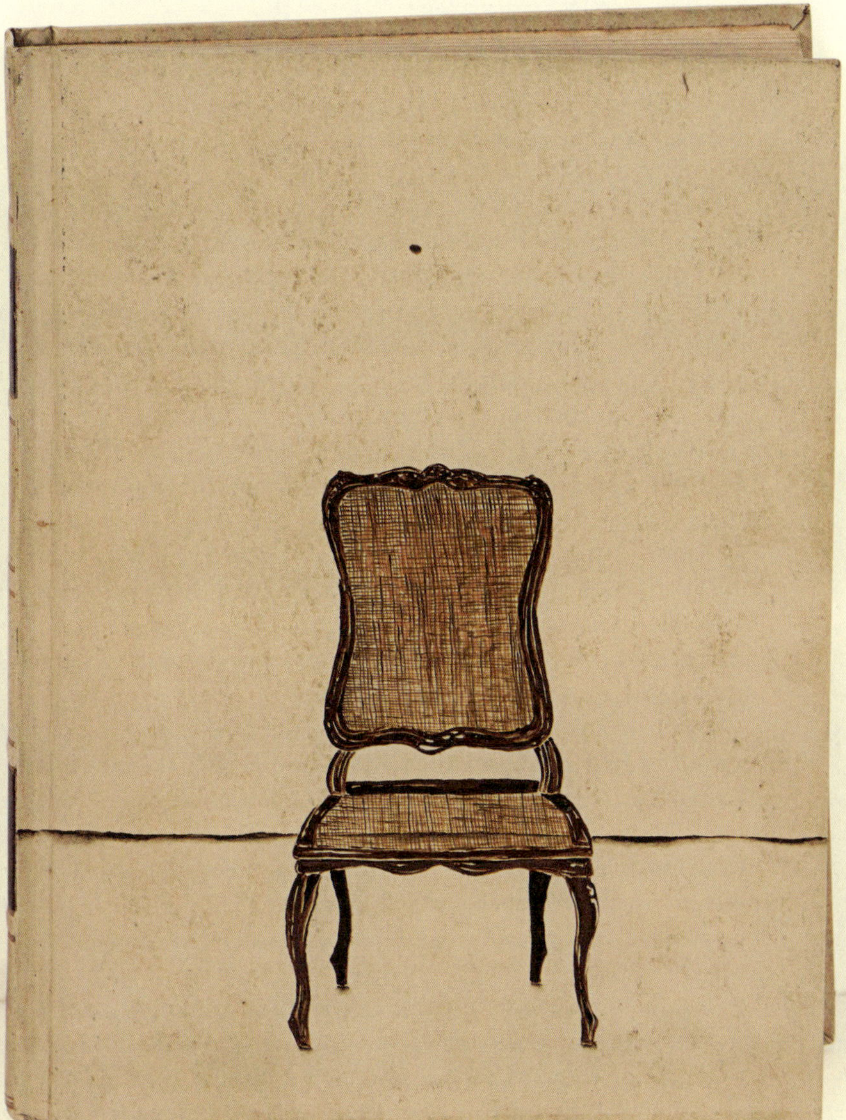

A disputa pelo controle da TV contrastava com a desatenção à pequena coleção de livros, exibida algumas prateleiras acima. Intocáveis, pareciam de alguma forma distantes da nossa realidade. Se não da minha, certamente da de minha avó, que, embora desejasse, nunca pôde lê-los. Parecia fazer pouco sentido que tantas letras habitassem a casa de um casal de analfabetos. Passei muito tempo imaginando que os livros tivessem função meramente decorativa, já que nunca havia visto alguém recorrer a eles. Nem mesmo os filhos e netos, custosamente letrados.

Mas é quando me permito olhar em perspectiva que as ideias se conectam. Aqueles livros não estavam ali para representar gostos literários, *status* intelectual ou personalidade. Eles simbolizavam um desejo, uma vontade de futuro, aquilo que todo pai deseja para um filho: que a próxima geração possa viver uma vida confortável, com menos limitações do que a sua. Foi preciso um tempo até que eu pudesse entender o poder que aqueles livros exerciam sobre mim.

Ainda que eu não tenha crescido rodeada de muitos livros, nunca me faltaram palavras, mesmo que meu repertório inicial não fosse assim tão diverso. Eu gostava das palavras tanto quanto gostava dos números. Curiosa, gostava de observá-los, as letras e os algarismos, em plena mutação. Formando novas sílabas, novos números. Saber que ainda havia muito o que aprender era um consolo. Eu, a típica criança sabichona, até queria saber tudo, mas também sabia que, se de tudo soubesse, não restaria nada no mundo a aprender. Essa é uma daquelas percepções que só crianças conseguem ter. Adultos, vez ou outra, acabam envelhecendo mal. Logo no início da faculdade de jornalismo, uma professora passou um sermão nos alunos, dizendo que nosso vocabulário devia ter menos de 200 palavras, supostamente inferior ao da sobrinha dela, que ainda era bem menina. Eu, com meus 18 anos, nunca me senti tão humilhada. Cheguei a ensaiar um compilado de todas as palavras que conhecia. De vez em quando ainda me pego calculando quantas palavras tem o meu vocabulário, mas sempre desisto nas primeiras dezenas.

Lembro um dos primeiros livros que ganhei. Veio numa coleção com dez livros de histórias para crianças. Como era de esperar, todas traziam uma fábula rimada. A primeira delas era sobre Otávio, um cavalinho notável. Relia essa história diariamente e sonhava com o dia em que teria fôlego para ler todas as dez histórias, uma depois da outra. Em pouco tempo, sabia recitá-la sem precisar consultar o papel. Antes de aprender a ler, minha mãe diz que eu balbuciava palavras e inventava histórias com muito afinco enquanto rasgava os jornais e rabiscava páginas de revistas.

Quando meus pais perceberam essa minha vontade, logo correram para comprar livros. Se eu não estava lendo, estava escrevendo. Muitas vezes, apenas repetindo palavras. Fingia ser secretária, atendente, caixa de supermercado – profissões que eu conhecia – e anotava no papel dados inventados sobre

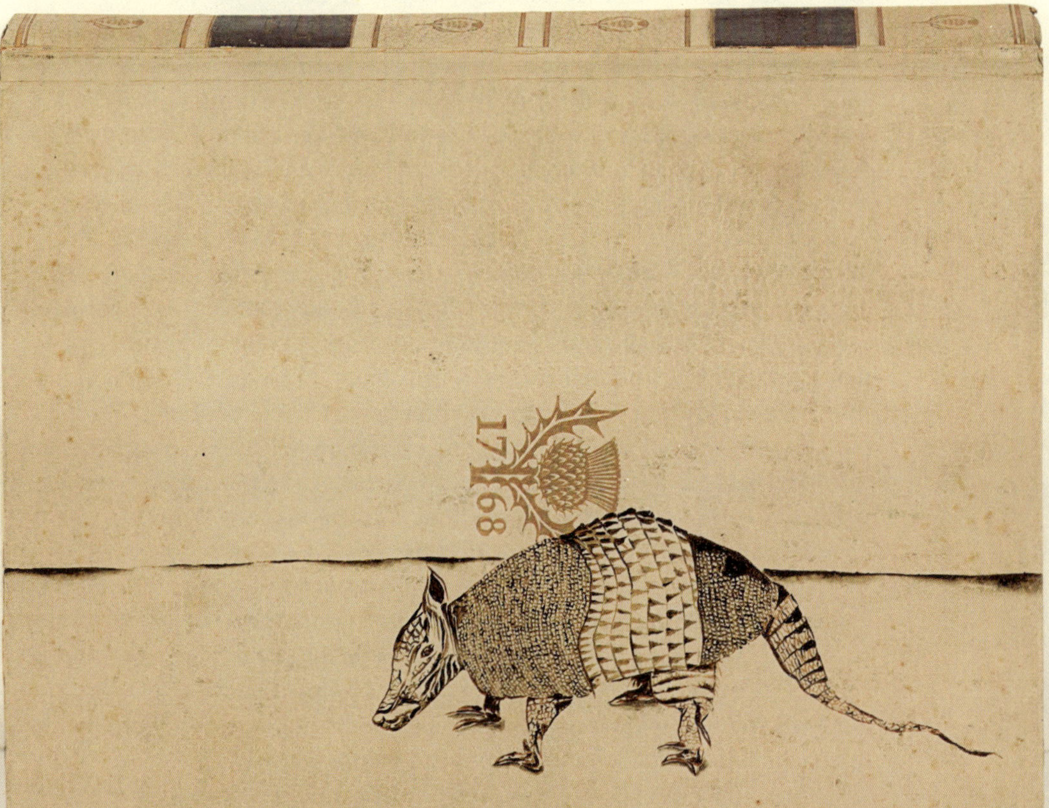
1768

minhas bonecas, somava o valor de suas compras. Quando não era isso, copiava a letra de canções que meus pais ouviam. Hábito que, anos depois, se tornou artifício para sobreviver às aulas tediosas.

Essa pequena digressão parece ser uma resposta fácil para a questão com que me vejo às voltas na quarentena: por que gosto tanto de ler? E, se gosto tanto, por que não tenho conseguido? A resposta para a primeira pergunta é genérica: porque sou curiosa, porque tenho afeição pelas letras, porque gosto de imaginar novos mundos. Eu gosto e pronto.

Poderia aqui recorrer a Virginia Woolf. Ela oferece duas respostas, a depender de quem pergunta. Aos moralistas, sugere altruísmo: ajudamos a colocar obras-primas no mundo, incentivando escritores e tornando os livros ruins impossíveis. Para aqueles que, como ela, se perdem em meio às páginas, a resposta é curta e soa a confissão: ler nos dá prazer: "É um prazer complexo e um prazer difícil; varia de época para época e de livro para livro. Mas ele é suficiente." Esse caráter orgástico da leitura também aparece numa troca de cartas entre Gustave Flaubert e *mademoiselle* Leroyer de Chantepie. O autor de *Madame Bovary* escreve que o único meio de suportar a existência é embriagar-se de literatura, como numa orgia perpétua.

E, aqui, não poderia falar do erótico sem citar Audre Lorde. Em seus estudos sobre o tema, a poeta caribenho-americana via o erótico como poder e, por isso, ele teria sido suprimido da vida das mulheres no mundo ocidental. O erótico, ela escreve, é um lugar entre a incipiente consciência de nosso próprio ser e o caos de nossos sentimentos mais fortes. É um senso íntimo de satisfação o qual, uma vez que o tenhamos vivido, sabemos que podemos almejar. Tendo experimentado a completude desse sentimento e reconhecido seu poder, não podemos, por honra e respeito próprios, exigir menos que isso de nós mesmas.

Lorde reivindica o lugar do gozo, que pode surgir por meio da música ou da dança, enquanto se monta uma estante de livros, se escreve um poema, examina-se uma ideia. A poesia, ela nos diria depois, não é um luxo. O erótico, para ela, acontece de muitas maneiras, a primeira delas ao se compartilhar intensamente qualquer busca com outra pessoa. A partilha do gozo, seja ele físico, emocional, psíquico ou intelectual, é uma ponte que diminui o medo das diferenças e pode ser a base para a compreensão mútua.

Tenho me questionado tanto sobre a leitura porque, em algum momento, vi o prazer se desvencilhar das palavras, que viraram mera obrigação. Comecei a sentir que tinha passado a gostar mais de livros do que de ler. Assim como o gozo da leitura, ter um livro nas mãos sempre esteve associado a poder, principalmente quando a cor de sua pele dita a percepção sobre sua intelectualidade. Em dado momento, vi-me menos como leitora do que como colecionadora, empolgada em completar mais uma centena de exemplares, em preencher mais um espaço na estante. Até quando lia queria que os números das páginas corressem o mais rápido possível. Pouco me interessava a

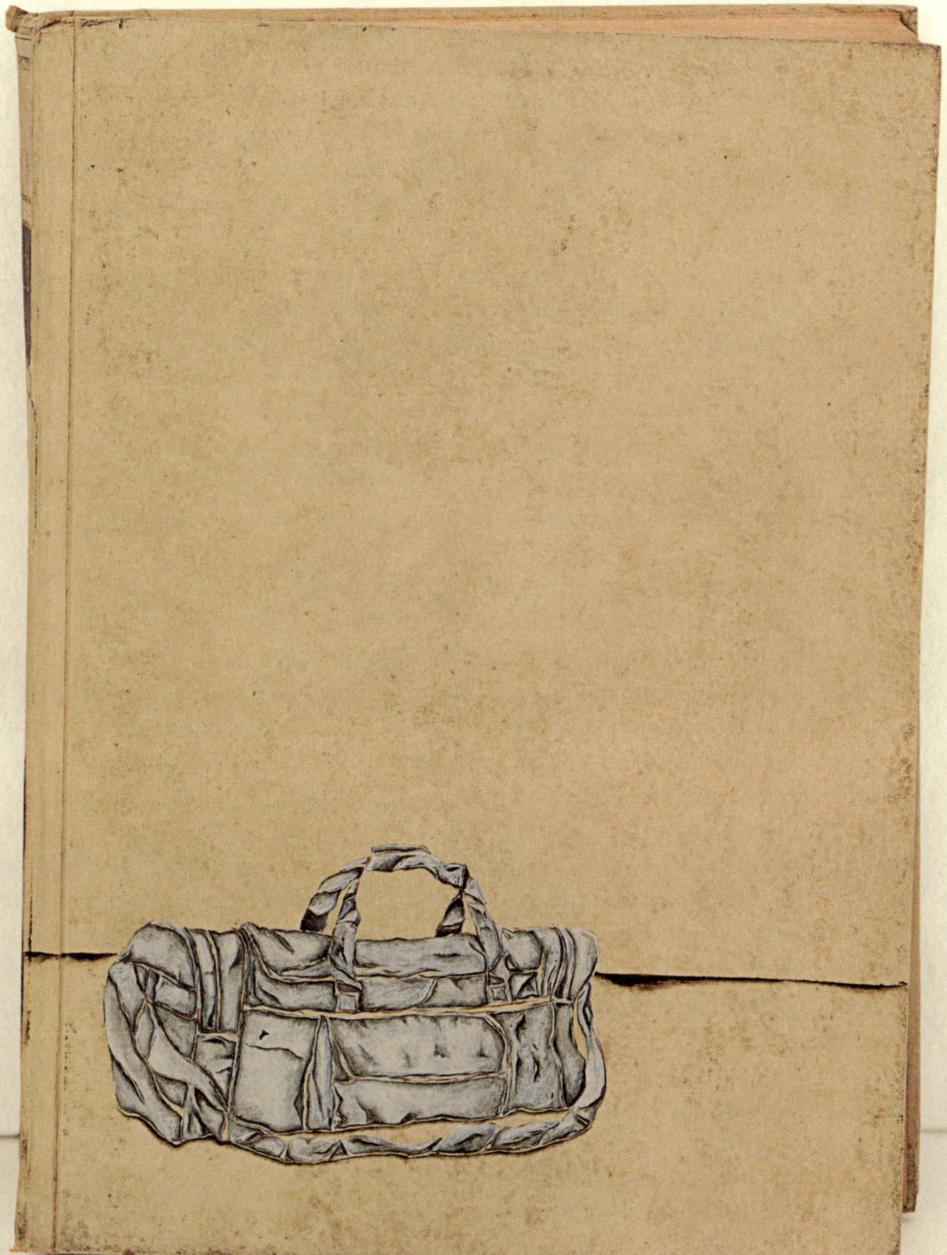

história. O prazer – quando vinha, e se vinha – surgia miúdo entre uma frase e outra, numa construção bonita de palavras. Queria era poder dizer que li 50 livros em um ano, que estou lendo um livro por semana. Mas nenhum sentimento genuíno pode ser determinado por uma convenção social. Nenhum gozo vem da obrigação.

Passei a usar esse amontoado de livros que me cercam como prova incontestável da minha intelectualidade. Era por isso que eu, inocentemente, recitava a história do cavalinho Otávio, almejando o reconhecimento dos meus pais, da tia da escola. A despeito da falta de familiares leitores, eu lia – e muito. Agora, na estante do meu quarto, na casa dos meus pais, os livros que moldaram a minha adolescência ficam escondidos. Tenho vergonha de admitir que a saga *Crepúsculo*, de Stephenie Meyer, rondou meu imaginário por tanto tempo. Depois dela, emendei em livros de tudo quanto é espécie. Por modismo, me aproximei de alguns títulos e também me afastei deles. Um ano depois do final da saga, bastava ouvir o nome de Edward Cullen, o vampiresco par romântico de Bella Swan, para que meus olhos revirassem.

Precisei de um tempo até entender que eu estava em busca de um ideal que nunca poderia alcançar. Querendo participar de uma festa em que sempre seria a penetra. O primeiro semestre na faculdade foi crucial para que eu compreendesse que nunca seria uma intelectual – seja lá o que isso signifique. Enquanto eu parecia ter perdido tempo com os romances água com açúcar de Meyer, meus colegas já tinham lido *Orgulho e preconceito*, *A metamorfose*, *Madame Bovary*. Nem *O Pequeno Príncipe* eu havia lido. Sentia que me faltavam todas as referências. Mas não era só eu que estava em desvantagem.

Há um sentido de intelectualidade que está diretamente ligado à cultura do patriarcado e do privilégio. No Brasil, intelectual é homem branco, preferencialmente oriundo de família escravocrata. Mulheres negras que rompem com esse paradigma raramente são reconhecidas como intelectuais. São professoras, autoras, escritoras. No máximo, "pensadoras". Intelectuais, jamais.

Pode-se recorrer aos números: as ações afirmativas nas instituições federais de ensino só foram adotadas em 2012. De lá para cá, são menos de dez anos acolhendo estudantes negros e formando intelectuais Brasil afora. Se olharmos para os professores, mulheres negras com doutorado representam menos de 3% do corpo docente do país. Mas intelectualidade nem sempre esteve associada a um diploma. O nível de exigência pode ser incrivelmente baixo dependendo de sua ascendência.

Carolina Maria de Jesus nasceu em Minas Gerais em 1914. Teve apenas dois anos de estudo, suficientes para que aprendesse a ler e a escrever. Nos anos 1930, mudou-se para São Paulo e passou a trabalhar como catadora de papel. Começou a relatar seu dia a dia, suas reflexões, angústias, dores e a poesia que via na vida em cadernos que encontrava pelo lixo. Fez deles seus diários. Um desses cadernos foi transformado em livro e publicado em 1960 – *Quarto de despejo: diário de uma favelada*. Dali em diante, a vida de Carolina nunca mais foi a mesma. A obra, que teve uma tiragem inicial de dez mil exemplares, esgotou já na primeira semana de lançamento. Hoje, a soma dos exemplares vendidos ultrapassa um milhão. Foi o primeiro livro sobre a favela, a fome, a miséria, escrito pela perspectiva de quem viveu isso de perto. Carolina foi uma precursora nas letras nacionais. Traduzido para 14 línguas, *Quarto de despejo* é uma das obras brasileiras mais conhecidas no exterior. Carolina foi saudada por alguns dos principais escritores de sua época, entre os quais Manuel Bandeira e Clarice Lispector. Ainda assim, seu nome não pertence ao cânone. Suas análises sobre a desigualdade no país e a realidade na favela são desconsideradas. Ela mal era aceita como uma escritora, quiçá considerada uma intelectual. *Quarto de despejo* foi resgatado para o grande público apenas em 2017, 40 anos após a morte de Carolina, quando passou a ser leitura obrigatória para os vestibulares da Universidade Federal do Rio Grande do Sul (UFRGS) e da Universidade Estadual de Campinas (Unicamp). Seus escritos, entretanto, nunca deixaram de ser discutidos em rodas e encontros de movimentos negros.

Me vejo pensando que uma intelectual negra só o é para a sua comunidade, principalmente se ela resolver falar de si mesma. Lélia Gonzalez foi uma intelectual, ativista política, professora e antropóloga brasileira. Uma das fundadoras do Movimento Negro Unificado. É referência para qualquer um que pesquisa o feminismo negro ou escreve a respeito. Angela Davis e Patricia Hill Collins estão entre as referências internacionais no tema que beberam em sua fonte. Numa de suas passagens pelo país, a autora de *Mulheres, raça e classe* pediu ao público que lesse Lélia e disse ter aprendido muito mais com Lélia do que nós, brasileiros, poderíamos aprender com ela, Davis. No entanto, as produções de Lélia nunca tinham sido reunidas por uma grande editora brasileira. Um compilado de entrevistas e artigos só seria publicado em 2018 pela União dos Coletivos Pan Africanistas com o título *Primavera para as rosas negras* – ou seja, estudantes e pesquisadores se uniram para que não só o legado mas a obra de Lélia permanecessem vivos. Só em outubro de 2020, a Zahar, editora do grupo Companhia das Letras, lançaria *Por um feminismo afro-latino-americano*, uma coletânea de seus ensaios e intervenções.

Os exemplos não terminam aí. Poderia falar também de Maria Firmina dos Reis, primeira mulher a publicar um romance no Brasil em 1859. *Úrsula* é um livro audacioso para sua época, que explora a humanidade dos personagens negros escravizados e tece críticas ao regime escravocrata. Por que não é citado nas aulas de literatura? Por que, quando intelectuais negros ganham proeminência, seus nomes ficam presos ao cercadinho da literatura marginal, periférica, suburbana, negra? É, de fato, uma literatura que parte desses lugares sociais, mas por que não é tratada simplesmente como literatura? Por que essas autoras não são consideradas intelectuais?

Como a professora Giovana Xavier costuma dizer, faz parte de nossa tradição negra transformar margens em centros. E assim, em 2014, Giovana fundou o Grupo de Estudos e Pesquisa Intelectuais Negras na Universidade Federal do Rio de Janeiro. Do grupo, nasceu a disciplina Intelectuais Negras e, em 2017, um *e-book* com o mesmo nome, publicado pela editora Malê. Curioso como agora pode parecer antiquado, brega até, reivindicar o lugar da intelectualidade. Assim como se tornou *démodé* cursar uma faculdade. "Não perca tempo com isso. Seja o seu próprio chefe, empreenda!", eles dizem. Não seria, em muitos casos, apenas uma nova forma de dizer a trabalhadores informais, precarizados, para continuarem em seu cercadinho? Dando uma falsa sensação de independência trabalhista e financeira amparada por uma filosofia meritocrática que desconsidera a desigualdade social brasileira?

Reivindicar-se como intelectual, nesse contexto, é reivindicar-se como sujeito. Quando nós, mulheres negras, assim reivindicamos umas às outras, rompemos com o epistemicídio que continua tentando apagar as obras, o pensamento e as trajetórias de mulheres ancestrais como Lélia Gonzalez, Carolina Maria de Jesus, Maria Firmina dos Reis, Beatriz Nascimento, Azoilda Loretto da Trindade, Luísa Mahin, Tia Ciata, Mãe Menininha do Gantois, Mãe Stella de Oxóssi, Mãe Beata de Iemanjá.

O conceito de intelectualidade de algumas delas pode não caber dentro de um padrão branco ocidental que preza pelo que Grada Kilomba chama de uma acumulação (fálica) de títulos. Mas todas, sem exceção, se encaixam perfeitamente na definição rigorosa de Kabengele Munanga, antropólogo brasileiro de origem congolesa: "Intelectual é um cientista que influencia na mudança da sociedade humana. Você pode ser um cientista que passa a vida no laboratório, mas não se incomoda com os rumos da sociedade. É cientista, sim, mas não é intelectual."

Vez ou outra me pego pensando em minha tataravó materna, cujo nome não lembro. Acho que minha avó nunca sequer o mencionou. Sempre a imagino sentada numa cadeira de palha, com um espaldar redondo e cheio de desenhos. Como se fosse um trono ou um assento de terreiro. Não sei ao certo de onde me vem essa imagem. Minha avó nunca falou nada a respeito, e eu, até o momento em que escrevo este texto, nunca fui a uma festa ou qualquer tipo de celebração de religiões afro-brasileiras.

Talvez a resposta esteja – agora consigo recordar brevemente – na casa de minha tia-avó paterna, Lurdes, que foi mãe de santo. Era em seu quintal que parte da família se reunia para celebrar

Minha primeira visita à Nova York B, 2018
Foto: Paulo Rezende

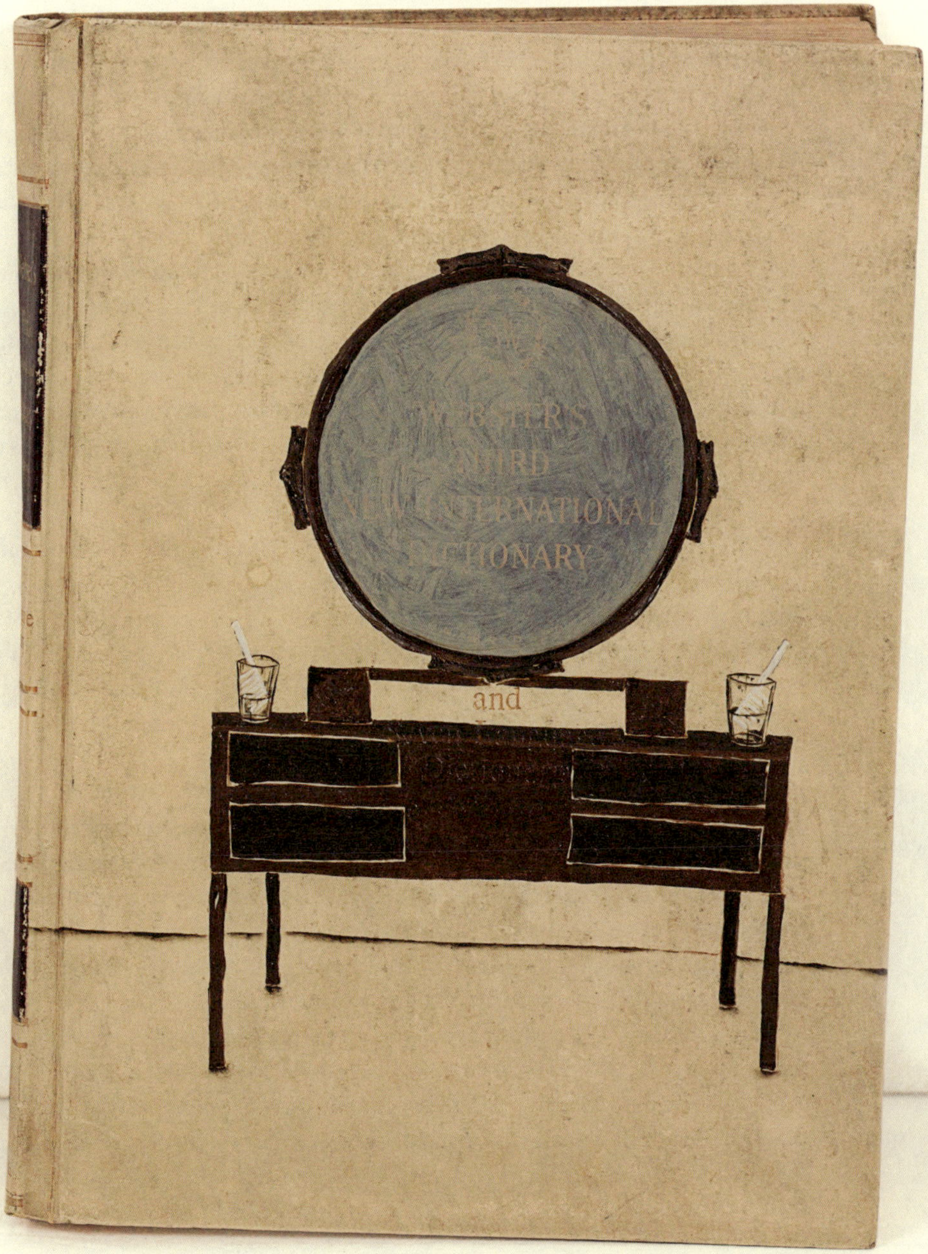
and

aniversários e datas comemorativas. As rodas aconteciam naquele mesmo chão de ardósia em que eu, menina, corria de um canto a outro perseguindo e sendo perseguida por um primo, ainda mais menino que eu. Lá havia uma cadeira dessas, um pouco mais simples do que aquela em que imagino minha tataravó materna sentada, com minha vó Alayde aos seus pés, ouvindo uma história de bem longe e de tão perto.

Engraçado pensar em trono. Não costumo dizer que descendo de reis e rainhas. Gosto de pensar que a linha da qual desponta a minha história começou de forma bem mais diversa: talvez com arquitetos, homens e mulheres que usavam seus saberes para planejar casas, tendas e cabanas em suas aldeias, vilarejos e cidades; estilistas, homens e mulheres que imaginavam roupas feitas de tecidos naturais, que se inspiravam na natureza para criar e costurar estampas diversas; médicos, que dominavam o conhecimento das ervas e seu poder de cura, que faziam partos; escritores, que escreviam palavras ao vento, que repassavam suas histórias às novas gerações, que mantinham vivos a mitologia de sua cultura e seus entes queridos. E pode ser que eu esteja me referindo apenas a pedreiros, costureiras, curandeiros, contadores de histórias. Na verdade, não sei com que palavras essas pessoas se denominavam numa África pré-colonial. Posso estar até subestimando a ciência. Mas lá nos idos dos séculos 15 ou 16, Auguste Comte, pensador que fundou uma das correntes filosóficas nas quais se baseia a ideia de uma ciência pura, objetiva, imparcial e impessoal, não começava sequer a engatinhar sobre a Terra.

O que faço aqui é um exercício de inversão que, de fato, pode soar anacrônico, mas é um esforço para que se entenda a diversidade ceifada pelo colonialismo. Resgato minha ancestralidade compreendendo que posso ter descendido de uma pequena agricultora ou de uma conhecida curandeira. Gostaria de ter respostas mais precisas sobre meu passado, assim como os amigos que fiz na faculdade conseguem contar as trajetórias de seus tataravós imigrantes rumo ao Brasil. Tudo o que tenho são porões de navios, com cheiro de vômito, fezes, sangue e corpos em decomposição. Tudo o que tenho é esse cheiro pútrido, o som da chibata, a imagem das ondas se rebelando contra a quantidade de corpos negros que não sobreviveram à derradeira viagem e foram despejados ao mar.

Olhar para a história é tão doloroso que, em boa parte da minha vida, preferi focar no presente e naquele passado próximo. Se eu, que cresci com o amparo dos meus pais, tendo o que comer e o que vestir, e pude estudar, temo o que o passado pode me revelar, imagine a minha avó.

Mas a história é como uma flecha. Não, melhor, deixe-me recorrer à filosofia africana: a história é *sankofa*, um pássaro com os pés firmes no chão e a cabeça virada para trás, segurando um ovo no bico. O ovo simboliza o passado, demonstrando que o pássaro voa para a frente, para o futuro, sem esquecer do passado. "*Sankofa*", palavra de origem *twi* ou axante, pode ser traduzida simplesmente como "volte e pegue", e surge do provérbio ganês "*se wo were*

1768

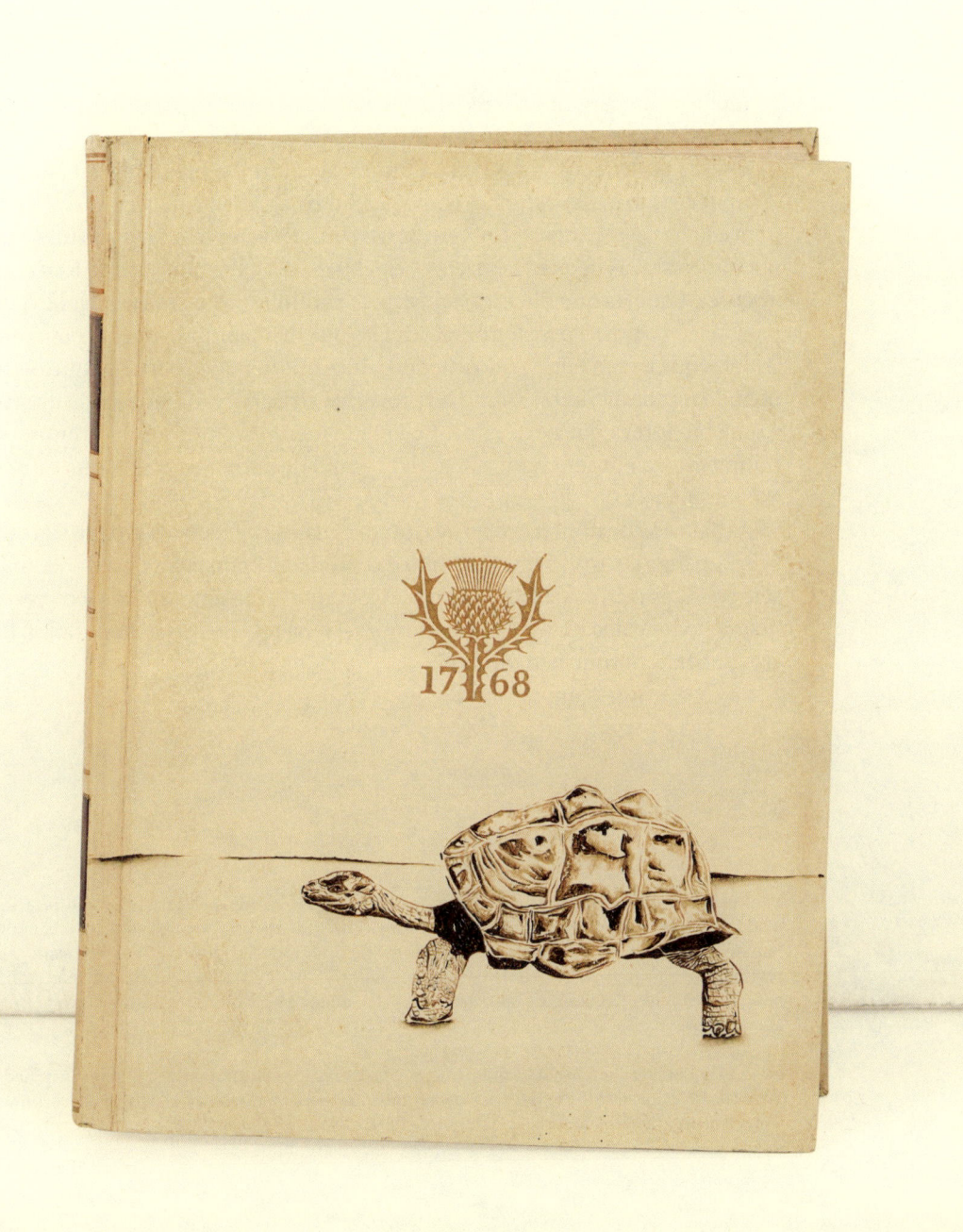

fi na wo sankofa a yenkyi" (algo como "não é tabu voltar atrás e recuperar o que você esqueceu/perdeu"). Estou olhando para trás para poder construir um futuro com consciência da minha história, do meu lugar social. Escrevo, portanto, para honrar a luta de meus ancestrais, para de certa forma vingá-los? Sim. Escrevo porque as palavras lhes foram negadas? Talvez. O que quero dizer é que escrevo com a consciência da importância do meu ato. Mas escrevo, escrevo mesmo, sobretudo, porque é onde me encontro. É o meu cordão umbilical. É onde me sinto acolhida, onde minhas lágrimas podem jorrar livremente, onde o meu sorriso brota. Todo o processo de escrita me é muito caro. A elucubração constante, a pesquisa, as respostas que surgem miúdas no meio da confluência de perguntas, a redação que nunca é igual ao planejado, a edição que me ajuda a reorganizar e encontrar novas respostas.

Queria poder sentar aos pés da minha avó, ouvi-la contar suas histórias, aprender como matar galinhas, como plantar rosas, jabuticabas, como costurar uma colcha de retalhos, fazer vestidos, cozinhar carne assada, mingau. As pequenas coisas, as pequenas tarefas, aquelas do dia a dia que a gente leva com a gente e aquelas que são esquecidas pelo caminho, aquelas que a gente liga para mãe, tia, prima para lembrar, aquelas que dizem muito, que dizem tanto, aquelas que fazem falta. Tudo que sei parece muito pouco perto do que perdi quando minha avó se foi. Como no provérbio africano, cada ancião que morre é uma biblioteca que se queima. Eu era tão menina. Tinha ainda 12 anos. Na minha pressa em ser criança, não tive tempo de anotar as coisas que minha avó me ensinava.

As palavras de minha avó nunca foram escritas, mas ressoavam em sua voz. Seguiam, rígidas, o princípio africano da oralidade. Eram amáveis e duras, mas sempre ditas com acalanto e ternura. Agora que estou aprendendo a escrever, queria poder colocá-las no papel, eternizá-las na tela do meu computador. Escrevo apenas porque não sei dizer.

Yasmin Santos (1998) é jornalista, escritora e editora. Carioca, cresceu pelas ruas do subúrbio. É formada em jornalismo pela Universidade Federal do Rio de Janeiro (UFRJ) e especializada em direitos humanos pela Pontifícia Universidade Católica do Rio Grande do Sul (PUC-RS). Teve passagens pela revista *piauí* e *Nexo Jornal*, além de ter textos publicados na revista literária *Quatro Cinco Um* e na *Folha de S.Paulo*. Em 2021, foi homenageada pela Câmara Municipal de Salvador com o Prêmio Maria Felipa.

Nascido em Brasília e radicado em Goiânia, o artista plástico **Dalton Paula** (1982) participou da Bienal de São Paulo em 2016 e de exposições como *Histórias afro-atlânticas* (Masp e Instituto Tomie Ohtake, 2018) e *Enciclopédia negra* (Pinacoteca de São Paulo, 2021).

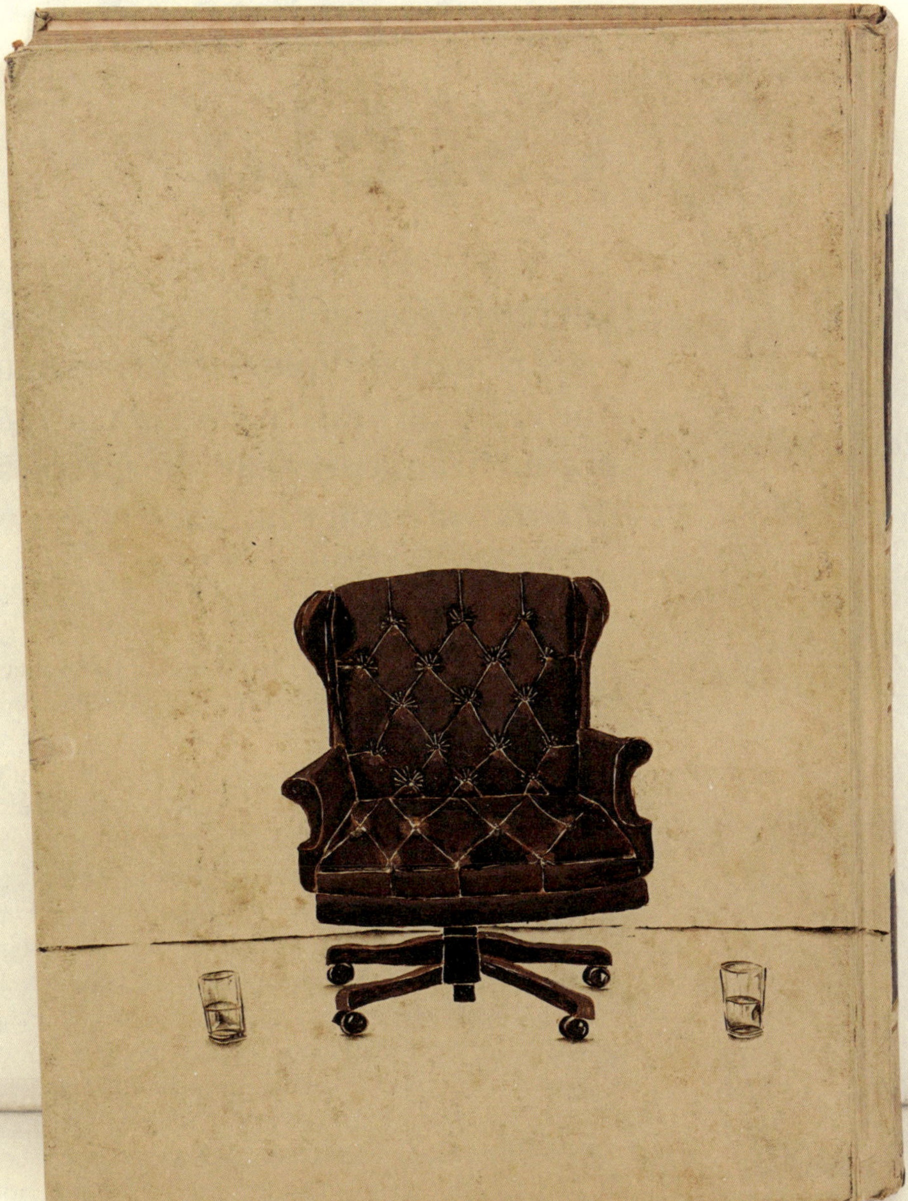

MENÇÃO HONROSA / CONCURSO DE ENSAÍSMO *serrote*

O agente esteta

Pedro Sprejer

Em relatórios confidenciais, fotografias e um romance, diplomata americano que viveu no Brasil na década de 1960 produziu uma peculiar interpretação do país sob o golpe militar

Peter Solmssen
Imagens do fotolivro *São Paulo*, 1970
Cafezinho

O Departamento de Estado norte-americano considerou a cantora Nara Leão uma ameaça em potencial à ditadura militar e aos interesses do país no Brasil. Um documento confidencial ainda inexplorado pela historiografia dos anos de chumbo revela interesse inédito dos Estados Unidos no cenário cultural brasileiro da segunda metade da década de 1960. Datado de 22 de junho de 1966, "Social Protest in the Arts" é um relatório de seis páginas com descrições e comentários a respeito de algumas das principais obras e artistas do período, com ênfase na relação entre a cultura e o panorama da política brasileira pós-1964. O documento faz parte do enorme acervo de papéis diplomáticos desclassificados pelo governo norte-americano e relacionados no projeto "Opening the Archives: Documenting United States-Brazil Relations from the 1960s-1980s", uma parceria entre a Brown University e a Universidade Estadual de Maringá. Trata-se do único dossiê do acervo dedicado às manifestações artísticas brasileiras do período.

É PROIBIDO
CARTAZ

O relatório discorre principalmente sobre música popular, mas toca também em temas relacionados a teatro, cinema, humor e jornalismo. Quem assina o *draft*, ou seja, a versão inicial do relatório, é o diplomata Peter Solmssen, então funcionário da embaixada dos Estados Unidos no Rio de Janeiro. Homem de sólida formação cultural, filho de imigrantes alemães que se mudaram para os Estados Unidos durante a ascensão do nazismo, Solmssen se converteria, alguns anos depois de deixar o Brasil, numa das maiores autoridades em diplomacia cultural de seu país, chegando a comandar um *bureau* governamental especialmente dedicado ao tema. Apaixonado por música brasileira, autor de relatórios confidenciais e agente dos interesses norte-americanos na área da cultura, Solmssen ainda é personagem obscuro, à espera de maior atenção.

Voltaremos a ele, mas antes examinemos o relatório. Datilografado, carimbado e classificado como confidencial pelo prazo de três anos – e com acesso restrito por mais 12 –[1] o documento foi revisado por outros três diplomatas. Quem o aprova é Phillip Raine, *chargé d'affaires* da embaixada e autor de *Brazil, Awakening Giant*, livro publicado em 1974. Os nomes de Solmssen, Raine e de outros diplomatas se repetem em muitos documentos do período. Presume-se que faziam parte de um corpo de funcionários responsáveis, entre outras missões, por avaliar e interpretar a realidade do país nos primeiros anos da ditadura.

Na primeira página de "Social Protest in the Arts" lê-se a frase que resume e justifica o tempo e o esforço dedicados a compreender o que se passava no cenário cultural brasileiro: "Embora o protesto social por meio da arte não tenha uma tradição especialmente forte no Brasil, essa forma de expressão política se tornou mais evidente após a revolução de 1964".[2] Mesmo que a arte de inclinação mais explicitamente política, de caráter anti-imperialista e revolucionário, já marcasse presença nos palcos e arenas de debates universitários desde fins dos anos 1950, é correto dizer que o documento captava a efervescência das atividades da esquerda cultural e seu sucesso em alcançar um público mais amplo.

"Embora os praticantes dessa arte sejam sobretudo idealistas e sinceros, sua motivação é provavelmente mais intelectual e estética do que militante", argumentam os diplomatas na hipótese central do documento. "Assim, embora o grupo de protesto continue a se manifestar contra a censura estrita imposta

[1] O relatório pode ser consultado no seguinte link: repository.library.brown.edu/storage/bdr:346036/PDF.

[2] Estados Unidos da América, Bureau of Inter-American Affairs, "Social Protest in the Arts". Rio de Janeiro, 1966, p. 1.

às artes performativas pelo governo, não é provável que eles tentem desenvolver oposição pública à repressão tornando-se mártires."[3] O termo utilizado é radical: mártir é aquele que oferece o próprio corpo a uma causa ou luta. Não haveria por aqui tal determinação, o que é apresentado como motivo de alívio. Falando sobre arte, engajamento político e martírio, desse modo o relatório revela-se, em sua primeira página, um documento da cultura e da guerra ou, parafraseando Walter Benjamin, da barbárie. Se o filósofo alemão intuiu a história de sangue e dominação por trás de todo patrimônio cultural, podemos nos perguntar quanto da história da cultura pode ser encontrado em meio à biblioteca babilônica de documentos secretos produzidos pelos aparatos de informação do poder.

[3.] *Ibidem*.

—

Durante o período em que vive no Brasil, onde chega em 1965 vindo de uma estada na Indochina, Peter Solmssen não se ocupa apenas dos afazeres diplomáticos. Munido de uma câmera fotográfica, ele registra a vida nas ruas do Rio de Janeiro e de São Paulo. Também realiza filmetes em Super 8.[4] O material que produz no Brasil, sobretudo fotográfico, está longe do amadorismo – a bem da verdade, Solmssen havia sido fotógrafo da *Life*, revista na qual trabalhara depois de graduar-se em Harvard ao lado de medalhões como Alfred Eisenstaedt e David Douglas Duncan.

Não sabemos a razão pela qual ele abandonou a fotografia profissional e decidiu retomar os estudos, formando-se em direito pela Universidade da Pensilvânia. Em meio a essa mudança de rumos, o futuro diplomata ingressou na marinha, lutando na Coreia (1950-1953). Sua juventude será marcada, assim, pelo trabalho fotográfico, pelo estudo artístico e jurídico e, por fim, pela guerra.

No Brasil, as lentes da Konica Auto-Reflex de Solmssen conseguem captar imagens marcantes e inusitadas dos cotidianos carioca e paulista. Na contraluz, um homem passeia à beira-mar em traje de executivo. Em uma das mãos, a maleta; na outra, os sapatos. Um casal se olha numa calçada; ela parece triste. Uma pequena e desordenada multidão cruza uma rua movimentada e cheia de Fuscas. As fotos são expressivos flagrantes de modos de ser e estilos de vida dos anos 1960. Há ironia e apreço

[4.] Um bom resumo do trabalho fotográfico de Solmssen pode ser encontrado em: www.alexsolmssen.com/Other/Fotos-do-pai/n-KBhcv.

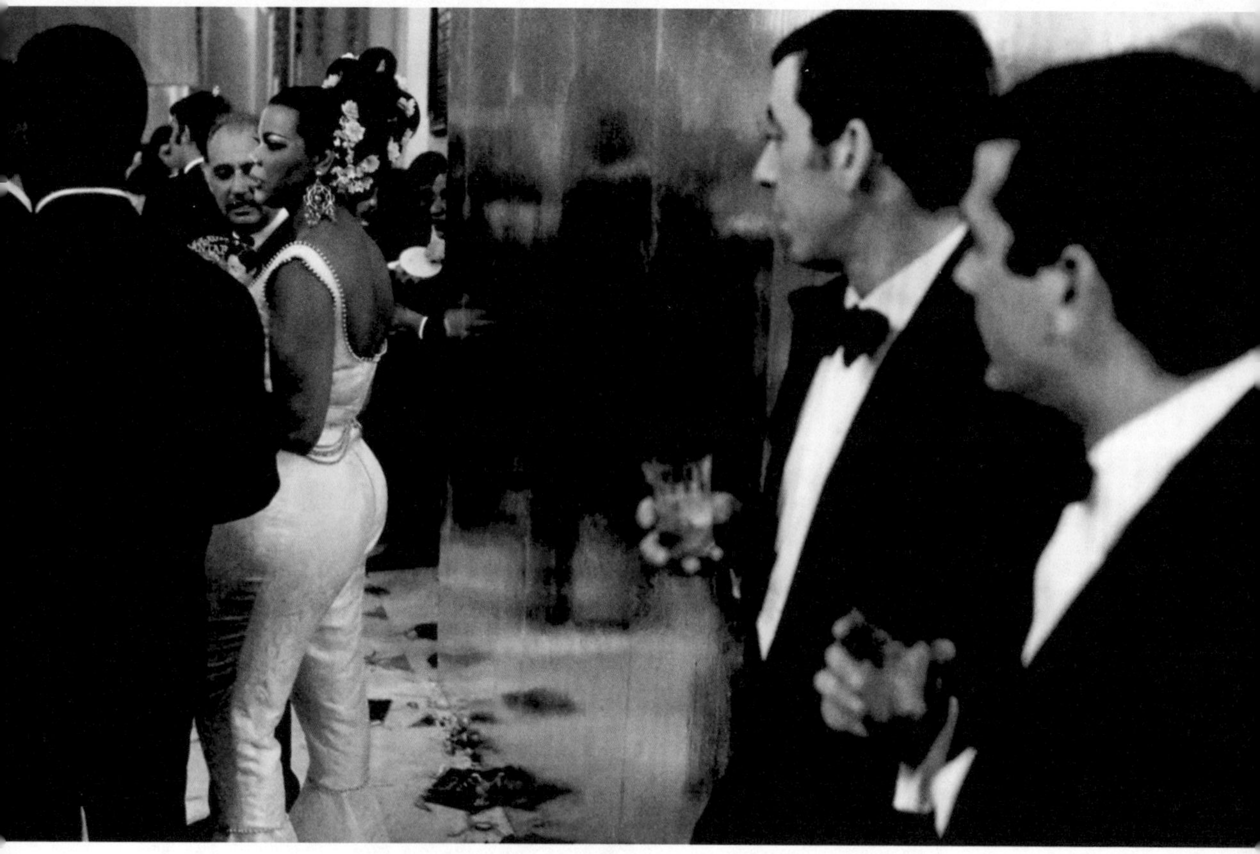

Carnaval paulista

pelas formas. O impagável penteado rococó de uma madame loura que olha através de um binóculo – provavelmente numa corrida de cavalos. Um idoso encurvado apoiado num cajado esperando para atravessar a rua caótica. Num coquetel, dois homens de *smoking* olham furtivamente na direção de uma mulher negra. Como bom estrangeiro, ele ainda clica o Carnaval e as cerimônias religiosas afro-brasileiras. Solmssen cataloga, computa e tece, à sua maneira, panoramas socioculturais. De certa forma, as imagens constituem dossiês sobre aquele Brasil.

—

"Social Protest in the Arts" começa com uma afirmação categórica: o Brasil não contara, até então, com uma tradição de uso da arte como "meio de expressão política". Num breve histórico das relações entre arte e protesto por aqui, o documento cita um gênero popular como o "desafio", arte performática de repentistas nordestinos que viajavam pelo interior levando notícias e abordando fatos políticos em suas rimas. Destaca também as sátiras musicais do menestrel Juca Chaves, notando que, diferentemente do protesto social, fazer troça com governantes parecia ser algo popular no país havia muito tempo. Para os agentes do Departamento de Estado, porém, o que merecia um acompanhamento mais detalhado era o cenário musical da segunda metade dos anos 1960.

Que canções sobre o sofrimento da população sertaneja e/ou de negros escravizados despontassem entre os maiores sucessos comerciais; que essa música não mais se limitasse a um público específico; que uma jovem cantora reunisse carisma e consciência política – tudo isso sinalizava que a maré poderia mudar a qualquer momento. Cuba era logo ali. É compreensível, portanto, que, para os analistas, quem representava algo próximo de uma ameaça à ordem vigente não fossem os compositores da chamada canção de protesto, mas sim a figura de Nara Leão, descrita da seguinte forma no relatório: "Assim, embora seja tentador comparar a brasileira Nara Leão com Joan Baez, por se tratar de uma jovem cantora, não muito bonita, de canções de consciência social, talvez seja mais correto dizer que ela representa a fusão de Joan Baez e Connie Francis em uma só. Na verdade, as canções com conteúdo social têm em geral dominado o célebre movimento da bossa nova."[5]

5. Estados Unidos da América. Bureau of Inter-American Affairs, *op. cit.*, p. 2.

Um híbrido de Joan Baez, a grande voz feminina da canção *folk* engajada, e Connie Francis, estrela da música comercial dos anos 1950; uma *superstar* com simpatias socialistas. O documento ainda cita um fato recente envolvendo Nara que havia chegado às manchetes dos jornais. Em uma entrevista para o *Diário de Notícias*, no mesmo ano de 1966, a cantora declarara: "Os militares podem entender de canhão e metralhadora, mas não pescam nada de política". Furibundo, Arthur Costa e Silva, então ministro da Guerra, ameaçou enquadrá-la na Lei de Segurança Nacional. Em reação, a classe artística pressionou para que a empreitada autoritária não fosse levada adiante. O inquérito de fato não vingou, mas o episódio não deixou de funcionar como um aviso de que posicionamentos como aquele não seriam mais tolerados. Para os observadores norte-americanos, o ocorrido demonstrava a "extrema sensibilidade dos militares em relação a críticas". Aparentemente, não vislumbravam naquele momento, ou, ao menos, não viam necessidade de comunicar aos superiores a ameaça autoritária contida no gesto de intimidação do ministro. No item seguinte do relatório, a apreciação sobre a censura já em voga no cinema também é inteiramente neutra. Relata-se apenas, como parte da realidade.

O relatório mencionava outra preocupação: o risco de uma fusão bem-sucedida entre o engajamento esquerdista, a sofisticação musical e a cultura de massas. Embora ainda fossem cantados, continuava o documento, os sucessos da bossa nova – com suas garotas, praias e noites estreladas – estavam sendo substituídos por canções com um pouco mais de "pegada na batida e um pouco mais de mensagem no texto". Edu Lobo é apresentando como um jovem protegido de Antônio Carlos Jobim, espécie de herdeiro politizado da bossa nova. A análise do cenário cultural não chegava a trazer motivos para deixar, outra vez, os porta-aviões norte-americanos de sobreaviso. Embora despertasse preocupação, a popularização de ideias tidas como revolucionárias pela música esbarraria no fosso que separava a identificação com um imaginário político contido nas canções e a ação de resistência concreta nas ruas: "O brasileiro médio é bastante apático em relação à própria participação em qualquer protesto ativo, mas não há dúvida de que percebe a situação como geralmente ruim, então talvez esteja encantado por ter alguém protestando por ele".

A Sierra Maestra não estava tão perto assim, por enquanto.

—

Aposentado da diplomacia já há muitos anos, em 2018 Peter Solmssen publica o romance *The Brazilian Affair*. Numa postagem na rede social Pinterest, sua esposa Kathleen esclarece que a obra fora escrita "50 anos atrás, na Inglaterra, após retornar do Brasil". Não há registro do lançamento do livro na década de 1960, e é possível que se trate de um projeto artístico abandonado e retomado muitos anos depois. A obra é protagonizada por Henry Eliot – assim como Solmssen, um diplomata no Rio. A história se passa nos anos 1960 e está repleta de referências ao cenário político e cultural do período. Eliot é um diplomata devotado, com uma visão do Brasil que alterna sedução e desencanto. A história gravita em torno do caso extraconjugal de Eliot com a brasileira Liliana, tendo como pano de fundo intrigas políticas e, com o desenvolver da trama, o sequestro do embaixador norte-americano, em 1969.

Parte da rotina de Eliot é frequentar festas na alta roda carioca. Em uma delas, oferecida por uma influente fazendeira num casarão colonial fluminense, ele se vê acometido de um sentimento de mal-estar um tanto difuso:

> A tranquilidade, a elegância e o calor eram tênue e inexplicavelmente ofensivos para Henry Eliot. Não que lhe faltasse o apreço pela beleza – era um grande admirador do verdadeiro estilo. Nem era algo tão simplista quanto o contraste entre esse requinte e a pobreza avassaladora das favelas cariocas. Possivelmente era tudo muito rico para seu sangue da Nova Inglaterra, como os doces enjoativos de abóbora que estavam sendo servidos em bandejas de prata do século 18.[6]

6. Peter Solmssen, *The Brazilian Affair*. E-book, sem editora, não paginado, 2018. Tradução própria.

A ostentação incomoda Eliot, ainda que, aos seus olhos, associar o luxo da aristocracia carioca à miséria do país pareça um raciocínio demasiadamente fácil. Nesse e em outros trechos, a visão do personagem sobre a realidade brasileira é calcada no ceticismo em relação à elite e ao discurso da esquerda. Percepção que parece partilhada pelo autor da obra.

Há em "Social Protest in the Arts" um comentário sobre o famoso *Opinião*. Estrelado por Nara, João do Vale e Zé Kéti, o espetáculo é descrito como sendo "talvez o ponto alto" do "*folk* de protesto" brasileiro. As contradições não fogem ao olhar dos observadores estrangeiros, que destacam a presença de um público exclusivamente de classe média, disposto a pagar caro pelo ingresso e a frequentar, em dia de semana, um show que começava já de madrugada. A produção do espetáculo, por sua vez, é acusada de receber dinheiro do Partido Comunista Brasileiro e devolver a ele parte da bilheteria. Não ficamos sabendo os motivos pelos quais o relatório nem sequer cita a participação de Zé Kéti e João do Vale – os dois artistas negros e de origem popular são sumariamente ignorados no documento.

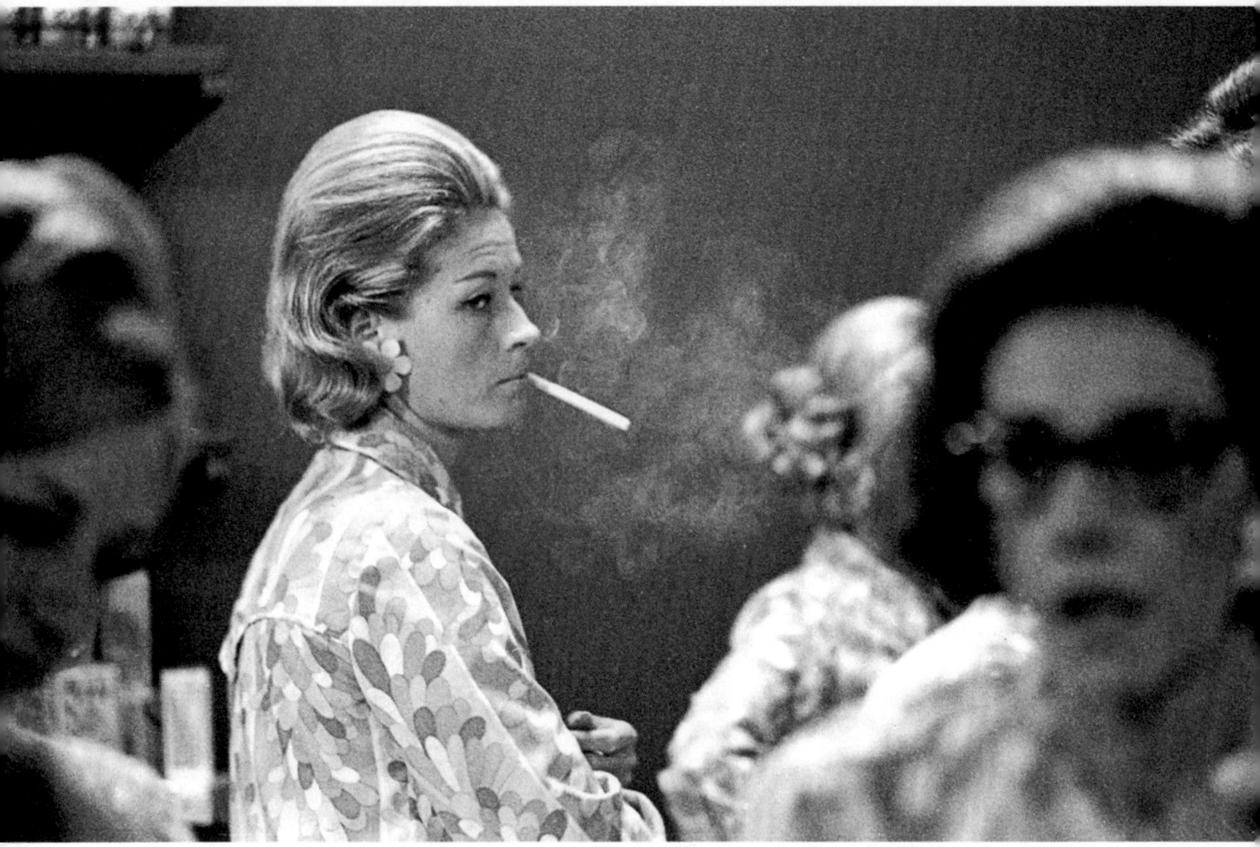

A tendência de as manifestações artísticas de viés esquerdista ficarem restritas a um circuito fechado na década de 1960 não passou despercebida por teóricos ligados a correntes da esquerda. Em "Cultura e política, 1964-1969", ensaio de 1970, Roberto Schwarz analisa detalhadamente o panorama cultural e ideológico daquele momento. Para Schwarz, apesar do golpe de 1964, a esquerda continuou mantendo uma relativa hegemonia no campo cultural brasileiro. Longe de ter sido liquidado nos primeiros anos de ditadura, esse setor conseguiria conquistar um público cativo e plenamente identificado com um ideário socialista de viés nacionalista e anti-imperialista. Com forte presença no teatro, no cinema, na música e na poesia, esse movimento cultural, avalia Schwarz, eclodiu e se consolidou como uma "espécie de floração tardia, o fruto de dois decênios de democratização, que veio amadurecer em plena ditadura".[7] Tudo indica que os norte-americanos monitoravam tal florescimento de perto.

7. Roberto Schwarz, "Cultura e política, 1964-1969", in *O pai de família e outros ensaios*. Rio de Janeiro: Paz e Terra, 1978, p. 82.

Em 2012, na abertura da exposição de fotografias *Brazil in the Sixties*, Peter Solmssen concede uma entrevista ao *San Francisco Gate*. O ex-diplomata, que hoje mora na costa da Califórnia, revela ao jornal alguns detalhes sobre sua relação com o Brasil e as motivações de sua vinda ao país em 1965:

> Meu avô e meu pai passaram muito tempo no Brasil, mas isso não teve nada a ver com a minha ida para lá. Foi pela música e, para a minha sorte, ela estava em plena floração na época, [...] foi por interesse profissional também, já que essa música era na verdade fruto de um intercâmbio cultural: África com o Brasil, África com jazz americano, jazz americano com samba brasileiro etc.[8]

8. www.sfgate.com/art/article/Brazil-in-the-Sixties-Peter-Solmssen-2614420.php.

Como muitos norte-americanos sofisticados daquela época, Solmssen era um fã da bossa nova e de Tom Jobim, a quem diz ter conhecido justamente no avião que o trouxe ao Brasil – cena que não cairia mal num filme de espionagem. Alguns anos antes, em 1962, a moderna música brasileira encantara o público que lotou o Carnegie Hall, em Nova York. Os músicos foram recebidos na Casa Branca por Jacqueline Kennedy em pessoa, sendo claro o interesse dos Estados Unidos

Mulher relaxando em um intervalo durante evento beneficente

em estreitar laços culturais com o Brasil mais uma vez, como o haviam feito durante a Segunda Guerra. Foi, contudo, por mérito próprio que a bossa nova conquistou o mundo. Alguns anos depois, enquanto "The Girl from Ipanema", na voz de Astrud Gilberto, galgava posições rumo ao segundo lugar nas paradas de sucesso da *Billboard*, o porta-aviões Forrestal atravessava a costa do Caribe em direção ao Brasil, com a missão de apoiar o golpe de Estado no país, como peça-chave da operação Brother Sam.

Se em "Social Protest in the Arts" Jobim é tratado com deferência, "pilar da bossa nova", apreciação muito diferente é dispensada a Vinicius de Moraes – apresentado, com um travo de ironia, como o "poeta laureado do protesto social", assim como Nara, longe de ser um "homem do povo". O relatório levanta suspeitas de que o poeta acusava "intermediários" de terem ficado com a maior parte do rendimento internacional de "The Girl from Ipanema" apenas para despistar cobradores de impostos. E, ainda, de que enaltecia a própria imagem como um injustiçado por aproveitadores estrangeiros.

Tanto no relatório quanto no romance, a censura não é algo reprovável, mas uma prática nos limites da normalidade, um dado de realidade. Em *The Brazilian Affair*, Solmssen expõe as opiniões de seu protagonista, Henry Eliot, sobre as decisões do mundo da diplomacia. No entender do personagem, toda orientação política é o resultado e uma escolha entre alternativas concretas e, muitas vezes, entre alternativas desagradáveis. Num mundo conturbado, à beira de um novo conflito, o pragmatismo impera. E aqui podemos especular que as restrições a Vinicius tenham origem tanto nas declaradas simpatias socialistas do poeta quanto em sua personalidade, a própria negação do pragmatismo.

Apesar de grande fã de jazz e de cinema, Vinicius esteve longe de ser um admirador incondicional dos Estados Unidos. Tendo servido na missão diplomática brasileira em Los Angeles durante a segunda metade dos anos 1940, ele terminou a temporada americana envolto em melancolia e saudades do Brasil. Em cartas e poemas do período, exteriorizou seu desapreço por certos elementos do *éthos* norte-americano. Se o poeta era, antes de mais nada, um artista no meio diplomático, usando as possibilidades que o ofício lhe trazia para conhecer outros artistas pelo mundo, Solmssen era um diplomata no meio artístico. Os intercâmbios culturais o

Mulheres trabalhando em evento beneficente

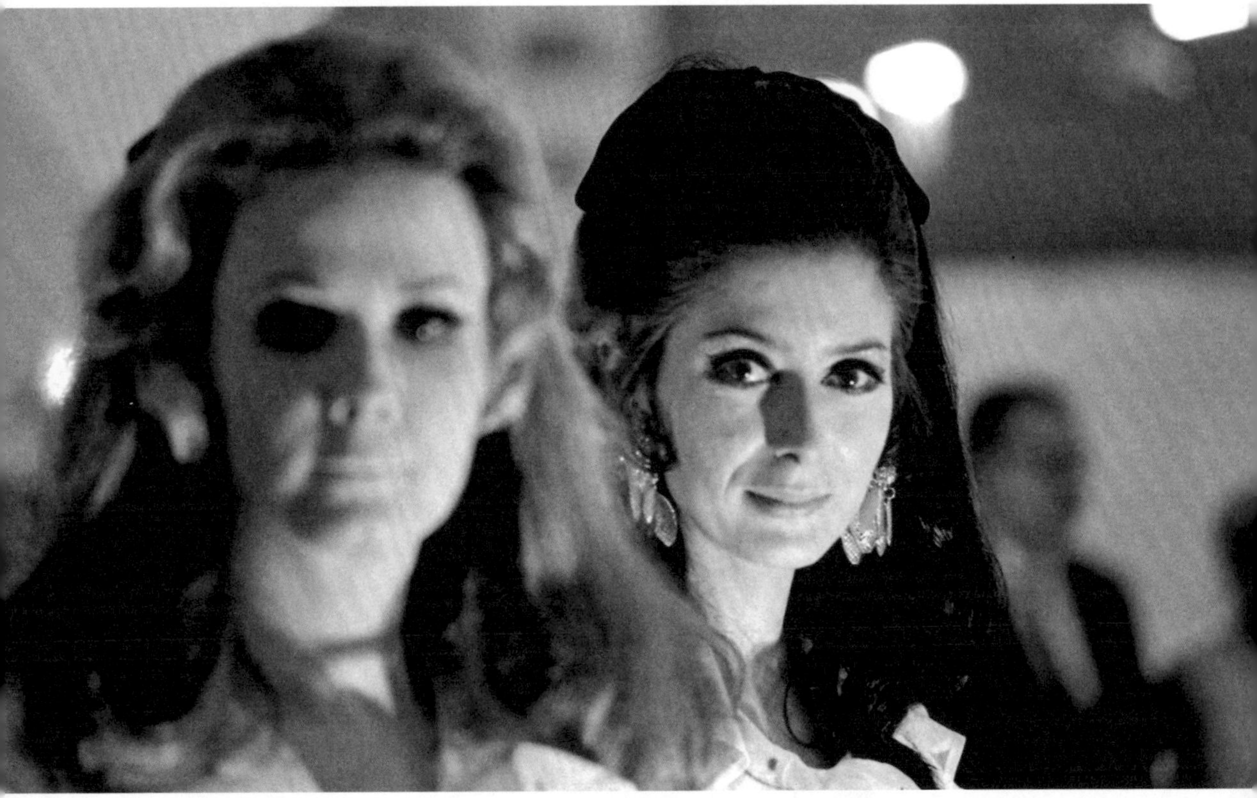

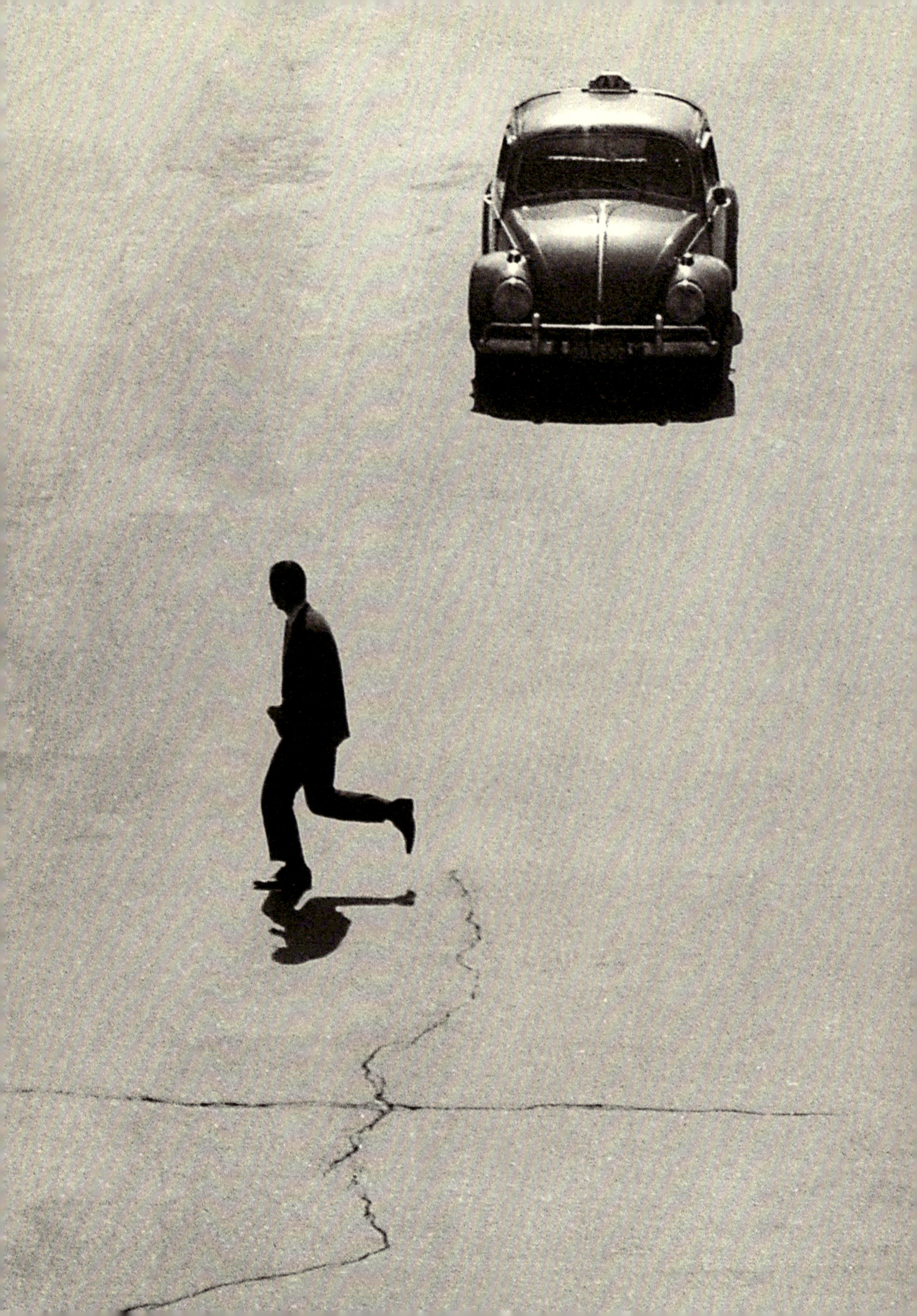

interessavam não apenas como manifestações artísticas, mas como eventos geopolíticos.

Em significativas passagens do romance, Solmssen retrata a relação ambígua e até hostil entre os generais brasileiros e os representantes da diplomacia norte-americana. Ainda hoje, a colaboração de Washington com a ditadura é um tema sensível e repleto de lacunas. Num ensaio preciso sobre essa questão, os historiadores James N. Green – que liderou o projeto "Opening the Archives" – e Abigail Jones analisaram as diferentes versões apresentadas ao longo das décadas pelo ex-embaixador Lincoln Gordon a respeito do golpe de 1964 e do papel desempenhado por seu país.[9] A sensação que fica é a de que Gordon jamais revelou toda a verdade e realizou um esforço contínuo para limpar a própria biografia diante de novas revelações que surgiam aqui e ali. De acordo com Green e Jones, a documentação incompleta sobre o período deu a Gordon um certo espaço de manobra para impor, sem muitos obstáculos, suas diferentes versões da história.

Tal qual Solmssen, Gordon trazia em sua formação acadêmica o selo de Harvard, onde chegou a lecionar política antes de assumir um posto diplomático na Europa do pós-guerra. Em 1961, Gordon foi nomeado embaixador no Brasil, cargo que deixaria em 1966. O brasilianista Thomas Skidmore descreveu a mentalidade de Gordon como "um produto da Guerra Fria" empenhada em "garantir que o Brasil não se tornasse comunista".[10]

Nos anos que antecederam o golpe, Gordon, que sempre chamou a ruptura democrática de "revolução", fez chegar a Washington a avaliação de que João Goulart, apoiado por uma esquerda anti-imperialista, pavimentava o caminho para o autoritarismo, ecoando o discurso e a visão defendida pelos militares e empresários brasileiros golpistas no período. Por mais de uma década, o ex-embaixador negou terminantemente a existência da operação Brother Sam. Apenas em 1975, após o surgimento de documentos que comprometiam Washington, Gordon se viu forçado a admitir a ação, ainda que tentando atenuar seus contornos intervencionistas.

Aparentemente, as percepções políticas de Solmssen e Gordon estavam alinhadas em alguns pontos, sobretudo no ferrenho anticomunismo e na forma pragmática de compreender a relação dos Estados Unidos com a ditadura militar. Gordon jamais realizou uma autocrítica pública sobre sua participação

9. James N. Green e Abigail Jones, "Reinventando a história: Lincoln Gordon e as suas múltiplas versões de 1964", *Revista Brasileira de História*, v. 29, n. 57, 2009, pp. 67-89.

10. Thomas Skidmore, *apud ibidem*, p. 68.

no golpe de 64. Aqui devemos lembrar que a admissão do colaboracionismo com governos autoritários sempre foi algo raro de se ver. Em geral, faz-se de tudo para esconder e relativizar um passado comprometedor, sobretudo quando há graves crimes de Estado em jogo.

Hoje é sabido que o governo norte-americano não apenas monitorou o cenário cultural mas colocou nesse tabuleiro suas próprias peças, financiando um potente e bem-sucedido aparato de propaganda anticomunista em forma de pseudodocumentários, produzidos no período anterior ao golpe pelo Instituto de Pesquisa e Estudos Sociais (IPES). Um dos funcionários do alto escalão do IPES era o escritor Rubem Fonseca. Quem dirigiu muitos desses elaborados filmetes foi outro fotógrafo estrangeiro, o francês Jean Manzon. Há indícios, embora não conclusivos, de que pelo menos alguns dos roteiros eram do próprio Rubem.

Como mostrou a historiadora Laura de Oliveira, os Estados Unidos chegaram a financiar a publicação de livros de ficção científica de viés anticomunista no Brasil.[11] O programa secreto de *sci-fis* ideológicos – o que, se não fosse fato comprovado, mais pareceria uma paródia do clima paranoico dos anos da Guerra Fria – e os filmes de Manzon alcançaram um vasto público e são fundamentais para a formação de um sentimento anticomunista e de apoio ao golpe militar. Na obscuridade, os poderes em disputa utilizaram a cultura como arma política, numa luta desigual. É nesse contexto de disputa que os diplomatas empreendem a análise do relatório, no esforço de detectar em que medida a arte poderia ser usada como arma nas mãos do inimigo.

[11] Laura de Oliveira, *Guerra fria e política editorial: a trajetória das Edições GRD e a campanha anticomunista dos Estados Unidos no Brasil (1956-1968)*. Maringá: Eduem, 2015.

Em sua vida entre o Rio e São Paulo, onde atua como adido cultural, Solmssen parece desfrutar de algum acesso a artistas de sucesso. Suas lentes também enquadram a cena musical do período. Ele clica Caetano, Gil, Roberto Carlos, Tom Jobim. Disporia ele de contato mais próximo com artistas brasileiros? Seria absurdo pensar num agente infiltrado na cultura? Ou viveria cercado de compatriotas parecidos com Henry Eliot? Em *The Brazilian Affair*, o personagem mora numa casa no Leblon, bairro carioca que o narrador chama ironicamente "American slum", favela americana, onde diplomatas *yankees* levam uma vida pacata.

O Leblon já teve de fato uma grande favela, hoje extinta. A Praia do Pinto cobria uma generosa fatia do bairro e chegava até as margens da lagoa Rodrigo de Freitas. Numa das fotografias mais intrigantes e belas de Solmssen, uma mulher negra de saia, camisa e lenço brancos segura uma vara de pescar diante do magnífico espelho d'água da lagoa. Numa canoa, um homem lança uma rede de pesca. A presença das duas figuras na vastidão do céu refletido na lagoa produz um contraste de contornos religiosos. No canto, ainda se veem palafitas, provavelmente da antiga comunidade, devastada por um incêndio suspeito e removida pelo poder público em 1969. Na outra margem, avista-se a favela da Catacumba, incendiada em 1967 e 1969 e varrida do mapa em seguida – a maior parte dos moradores de ambas as favelas seria alocada em moradias precárias em bairros periféricos.

A fotografia de Solmssen não poderia ser enquadrada como "arte de protesto social", mas não deixa de comportar um elemento político. O diplomata a serviço dos interesses imperialistas fiadores da ditadura brasileira é também o autor de uma imagem que retrata o fosso social do Brasil e anuncia, de certa maneira, uma tragédia hoje esquecida – como seriam tantas outras. Se o relatório "Social Protest in the Arts" é um documento do poder sobre a cultura, o flagrante de Solmssen não deixa de ser, independentemente de suas intenções, um documento da cultura sobre os crimes de Estado no Brasil.

Em julho de 1970, a *Fotocine*, revista editada pelo Foto-Cine Clube Bandeirante e a Confederação Brasileira de Fotografia e Cinema, publica um pequeno texto elogioso a respeito de *São Paulo*, fotolivro de Solmssen sobre a cidade. A matéria revela que parte das fotos havia sido exibida no Masp e que o lançamento do álbum chegara a reunir "numeroso público". O livro é celebrado como, "sem favor, o melhor documentário sobre a nossa capital já editado", e seu autor, agora radicado em São Paulo, é apresentado como diplomata, advogado, ex-fotógrafo profissional e "flautista nas horas vagas". Pela matéria também ficamos sabendo que Solmssen estava de partida para Boston, onde se dedicaria a um curso de especialização na renomada Fletcher School of Law and Diplomacy.

—

Em 1976, Tutancâmon visitou os Estados Unidos. Pelos três anos seguintes, a múmia do faraó egípcio esteve em seis dos maiores museus do país, arrebatando um público de mais de um milhão de pessoas. O impacto da exposição foi tão retumbante que deslanchou um fenômeno de moda batizado de

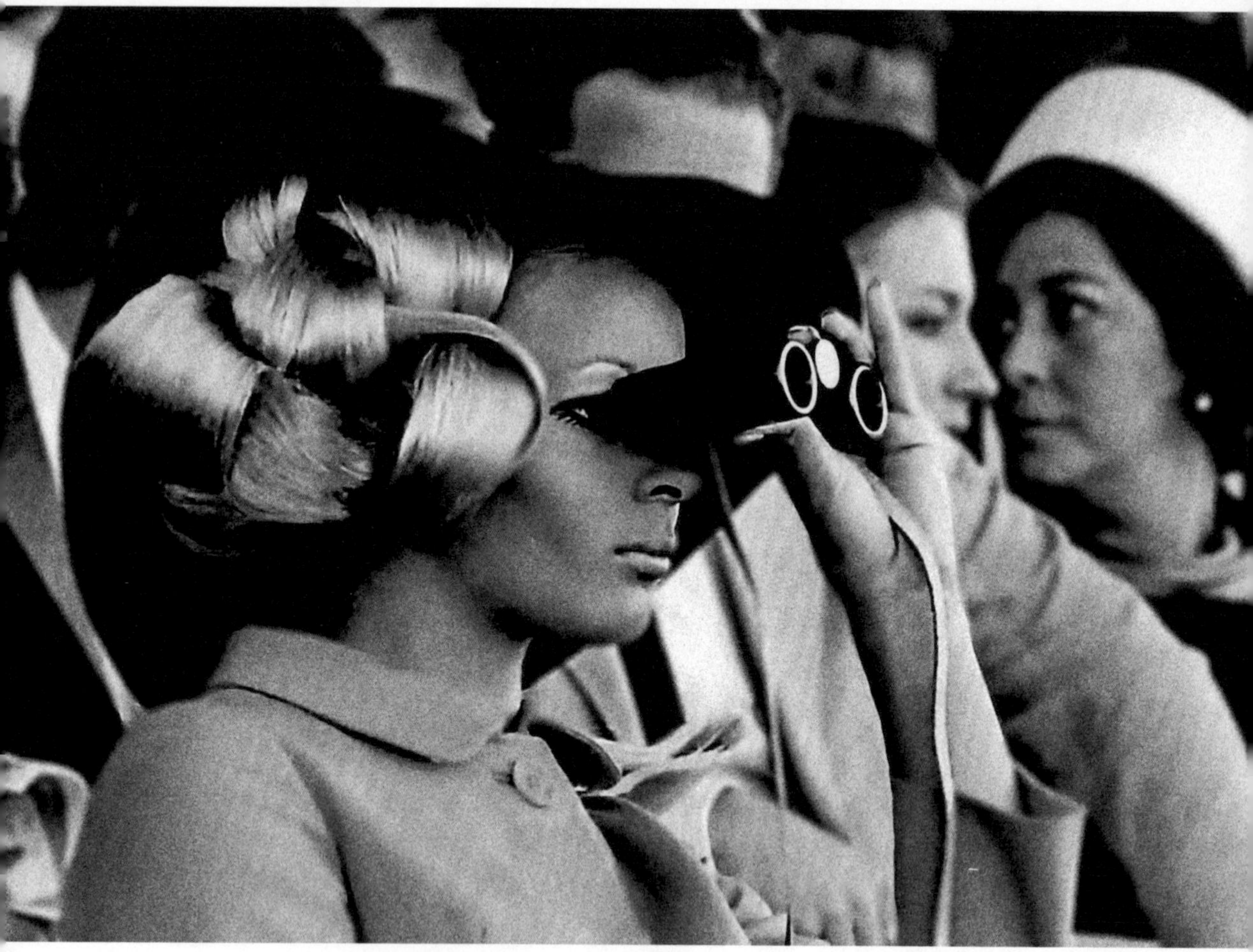

"Tut-Mania", o qual, de acordo com a *Vanity Fair*, influenciou de Elizabeth Taylor a Andy Warhol, com reflexos no cinema e na música pop.[12]

Tendo regressado a Washington anos antes, ocupando um alto cargo no Escritório de Assuntos Artísticos Internacionais, Peter Solmssen foi apontado como um dos responsáveis pela viabilização da exposição. Do ponto de vista geopolítico, a mostra teve como pano de fundo um movimento de aproximação entre os Estados Unidos e o Egito, antigo aliado da União Soviética, fato decisivo na reconfiguração do tabuleiro militar do Oriente Médio naqueles anos.

Em 26 de setembro de 1976, no alvorecer da Tut-Mania, o *New York Times* publica o artigo "Os intercâmbios artísticos são um jogo de propaganda?".[13] No texto, além da *Treasures of Tutankhamun*, são citadas exposições de relíquias arqueológicas chinesas e "extravagâncias russas". Todas têm algo em comum: o dedo de Solmssen. A ele é atribuída a função de "conselheiro das artes" do Departamento de Estado, função apontada como estratégica para a política internacional de Nixon.

Primeiro diplomata a assumir tal posição, Solmssen é descrito como um "Mr. Fixit", ou seja, um solucionador de problemas, um "homem alto, moreno e discreto, como convém a um negociador". Sua tarefa é, ele mesmo explica, construir pontes entre o mundo das artes e o da burocracia internacional, aproximar nações, fortalecer alianças. O artigo apresenta a exposição egípcia como um dos grandes momentos da carreira de Solmssen. Talvez a maior concretização de suas ideias a respeito dos intercâmbios culturais, como ele observa: "Se quisermos fazer julgamentos políticos inteligentes sobre os chineses, por exemplo, devemos entendê-los totalmente, não apenas sua política atual. Lidar com os chineses sem entender o impacto de sua herança cultural é limitar nossa visão."

—

Em 2000, Solmssen se aposenta do cargo de presidente da University of the Arts, em Filadélfia, onde estava desde 1983, quando deixou o Departamento de Estado. Destino semelhante ao de Lincoln Gordon, que foi reitor da Universidade Johns Hopkins, em Baltimore. Ao contrário de Gordon, porém, Solmssen esteve poucas vezes sob os holofotes. Não sabemos

[12] David Kamp, "The King of New York", *Vanity Fair Magazine*, Los Angeles, abr. 2013. Disponível em: www.vanityfair.com/culture/2013/04/king-tut-exhibit-new-york.

[13] Grace Glueck, "Are Art Exchanges a Game of Propaganda?". *The New York Times*, Nova York, 26.09.1976. Disponível em: www.nytimes.com/1976/09/26/archives/are-art-exchanges-a-game-of-propaganda-are-art-exchanges-a-game-of.html.

Um dia nas corridas

se alguma vez voltou a falar publicamente a respeito do golpe de 1964 e dos desdobramentos cada vez mais autoritários da ditadura brasileira. Continuaria sustentando que apoiar os militares foi a melhor alternativa?

O Brasil parece ter sido um bom laboratório para as ideias de Solmssen a respeito da diplomacia cultural, e é provável que o trabalho desempenhado por aqui tenha aberto portas no Departamento de Estado para a sua rápida ascensão. O tempo mostrou erros e acertos nas hipóteses contidas em "Social Protest in the Arts". Dois anos depois de concluído o relatório, em 1968, Nara Leão participaria do álbum *Tropicália ou panis et circensis*. Embora fossem vistos como opositores de parte da esquerda cultural naquele momento, os tropicalistas encarnaram pela primeira vez a temida figura de *popstar* politizado e incendiário que se realizaria mais plenamente com os *rappers* que despontaram por aqui na década de 1990. É curioso e desalentador notar o retorno no país, depois de mais de 50 anos, da retórica do perigo representado por artistas "comunistas", termo que atualmente engloba qualquer forma de ideário progressista e alimenta novas perseguições. Não é de admirar que, hoje em dia, artistas voltem a ser tratados como inimigos pela nova encarnação alucinada do autoritarismo brasileiro.

Fim de tarde em Santos

Pedro Sprejer (1983) é jornalista, roteirista, mestre em saúde coletiva pelo Instituto de Medicina Social da Uerj e doutorando do Programa de Literatura, Cultura e Contemporaneidade da PUC-Rio.

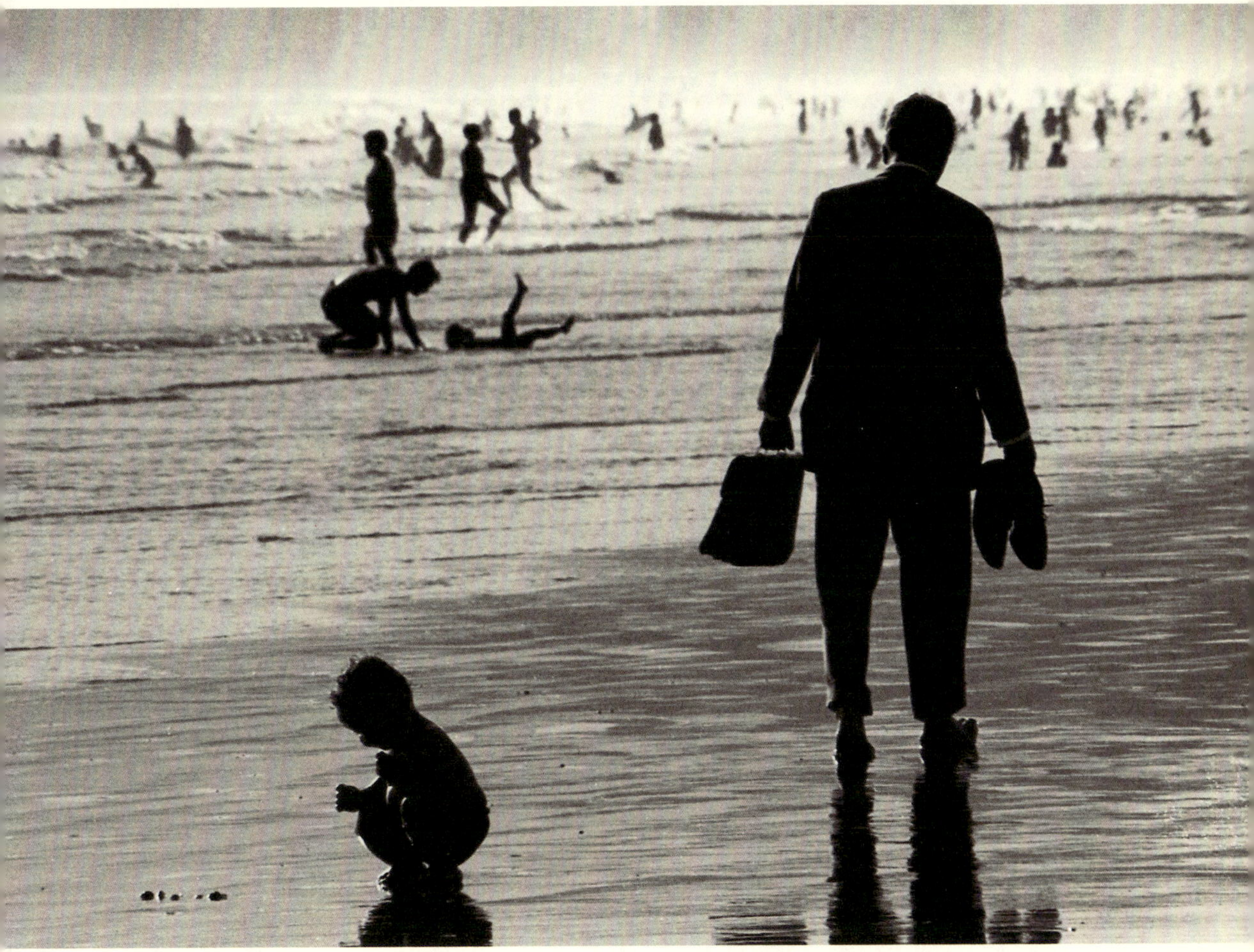

Desenhos africanos
CILDO MEIRELES

Em 1963, quando iniciei meus estudos em Brasília, orientado pelo pintor e ceramista Felix Barrenechea, comecei a desenhar. Nesse mesmo ano, passou pela cidade uma exposição do acervo da Universidade de Dacar, no Senegal, reunindo principalmente esculturas e máscaras. Fiquei profundamente tocado pela mostra, que exerceu influência fundamental em minha formação e, de certa maneira, redirecionou meu desenho. Impactado por esse evento, realizei o que chamo de *Desenhos africanos*, apresentados em minha primeira exposição individual, no MAM da Bahia, em 1967. Neles, busquei uma síntese formal, elegendo certas áreas do corpo humano ou territórios. Inicialmente figurativos, meus desenhos foram se tornando progressivamente mais abstratos no decorrer do processo. ❡ O desenho sempre foi uma atividade autônoma dentro da minha produção, uma atividade diária, uma forma de expressão, um instrumento para elaboração de outros projetos – um desenho que se apresenta através de um lampejo, uma transmissão direta do cérebro para a mão ou uma divagação. Embora tenham ocorrido períodos de pausa, o desenho sempre esteve presente em minha vida, desenhar é uma prática que reassumo em diversos momentos. ❡ Traduzir o ato de desenhar não é tarefa fácil. Me recordo que, certa vez, pela manhã, ao abrir a porta de casa, senti uma vibração estranha no ar. Olhando de relance à minha direita, fechei instintivamente a mão sobre uma flor conhecida como copo-de-leite. Quando soltei a planta, libertei o beija-flor. Foi algo indescritível: ter nas mãos um pássaro e ao mesmo tempo deixá-lo partir. O ato de desenhar me dá uma sensação semelhante: vivenciar algo muito rápido, quase inapreensível. O desenho é algo tão frágil e veloz como um beija-flor.

"CHICO PRÊTO
VAI TENTAR SACUDIR O
TAQUIGRAFO
CONCURSO
CÂMARA DOS DEPUTADOS
Ministério
Folha de Pagamento
CATEGORIAS

Ministério GUERRA e PAZ
Folha de pagamento
CATEGORIAS
NOMES
Departamento DE MECANIZAÇÃO
Exercício de 1948

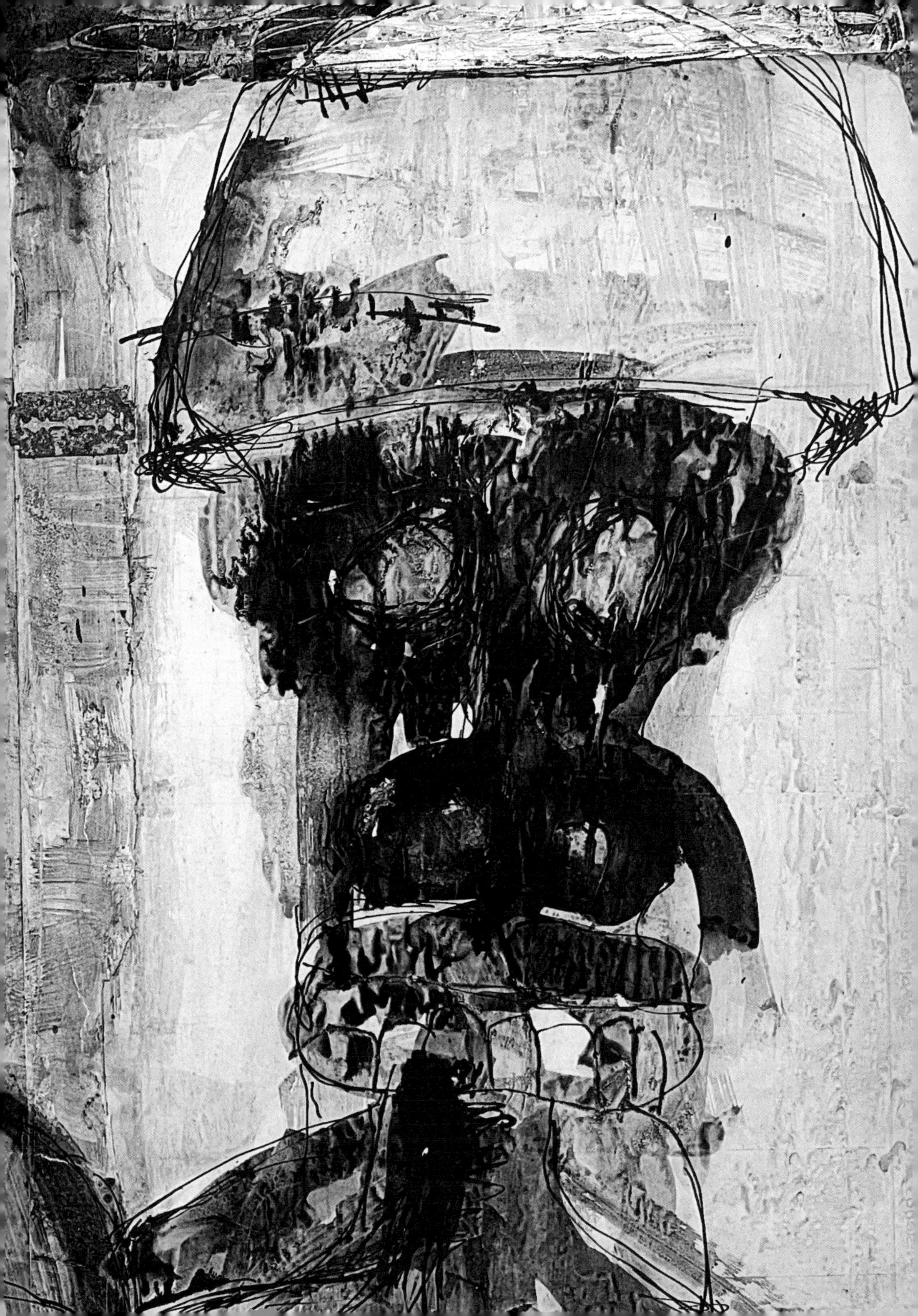

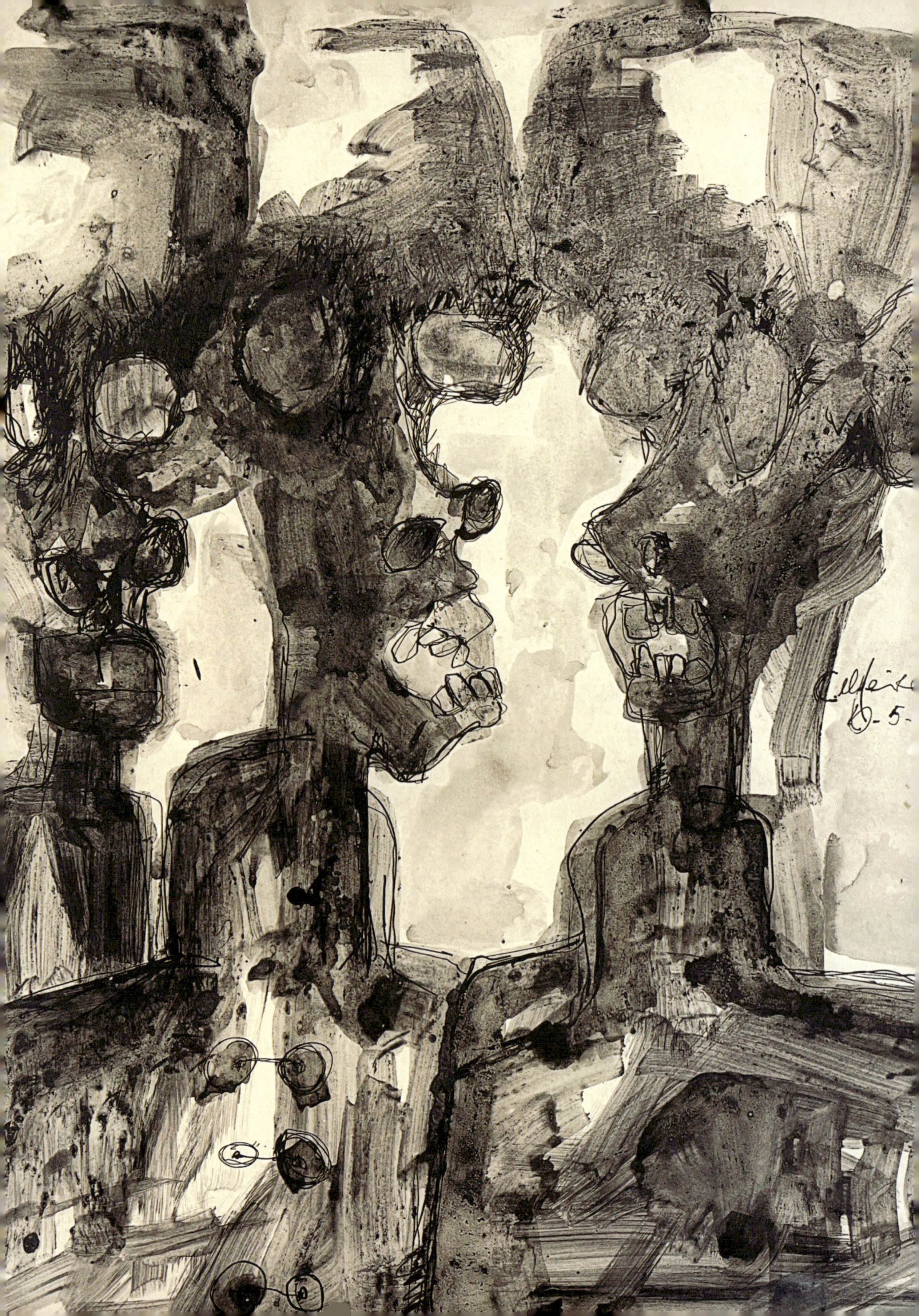

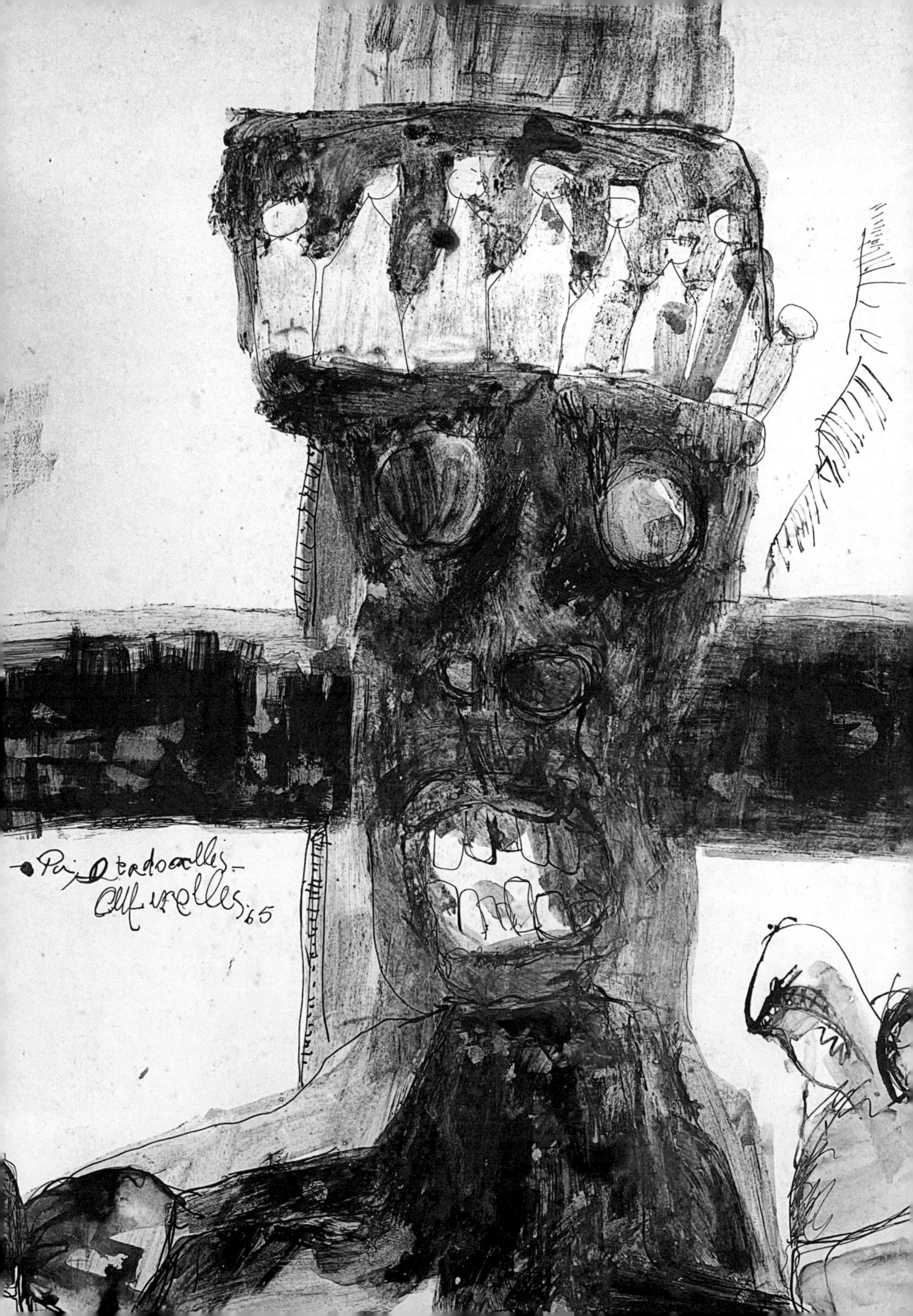

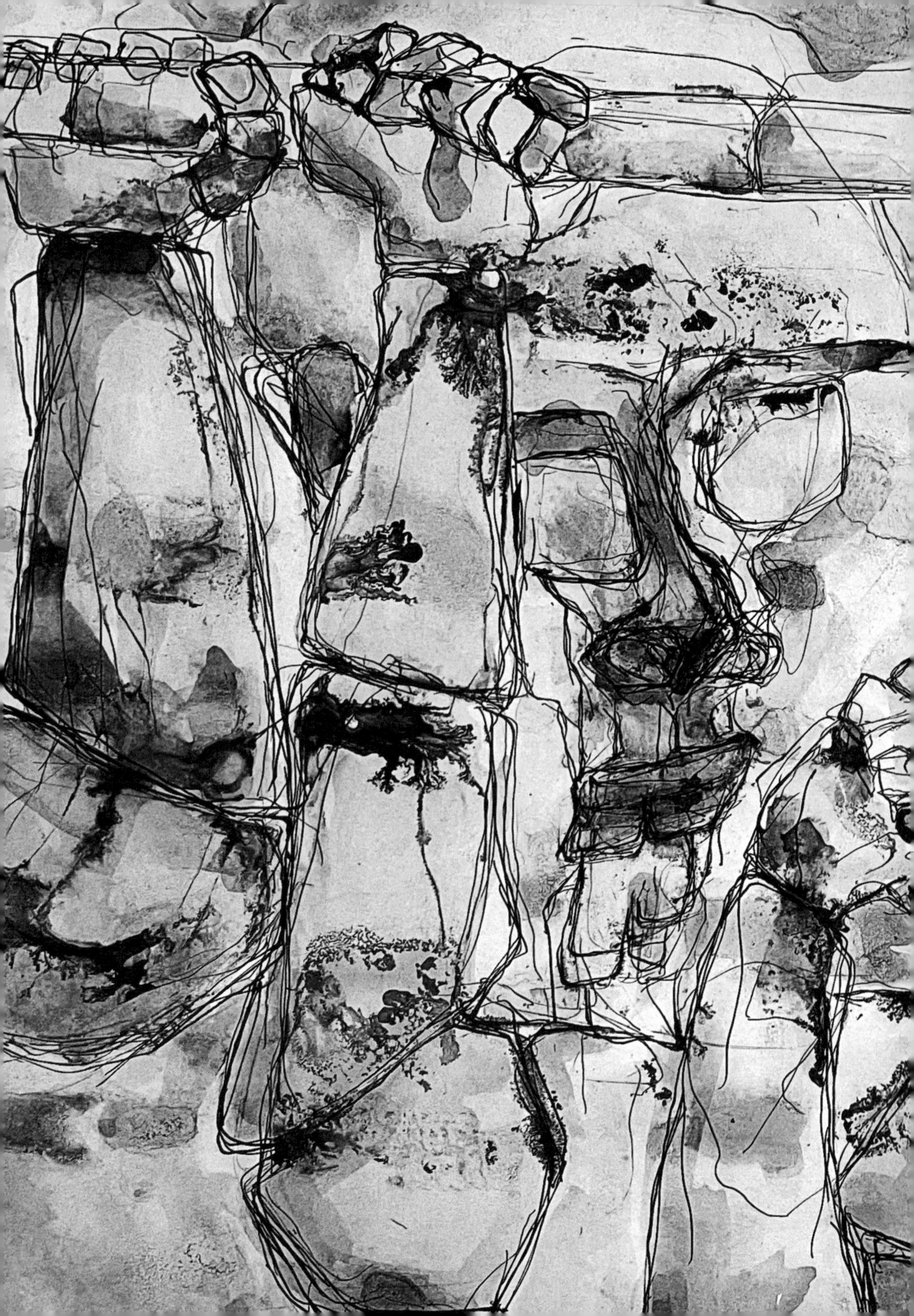

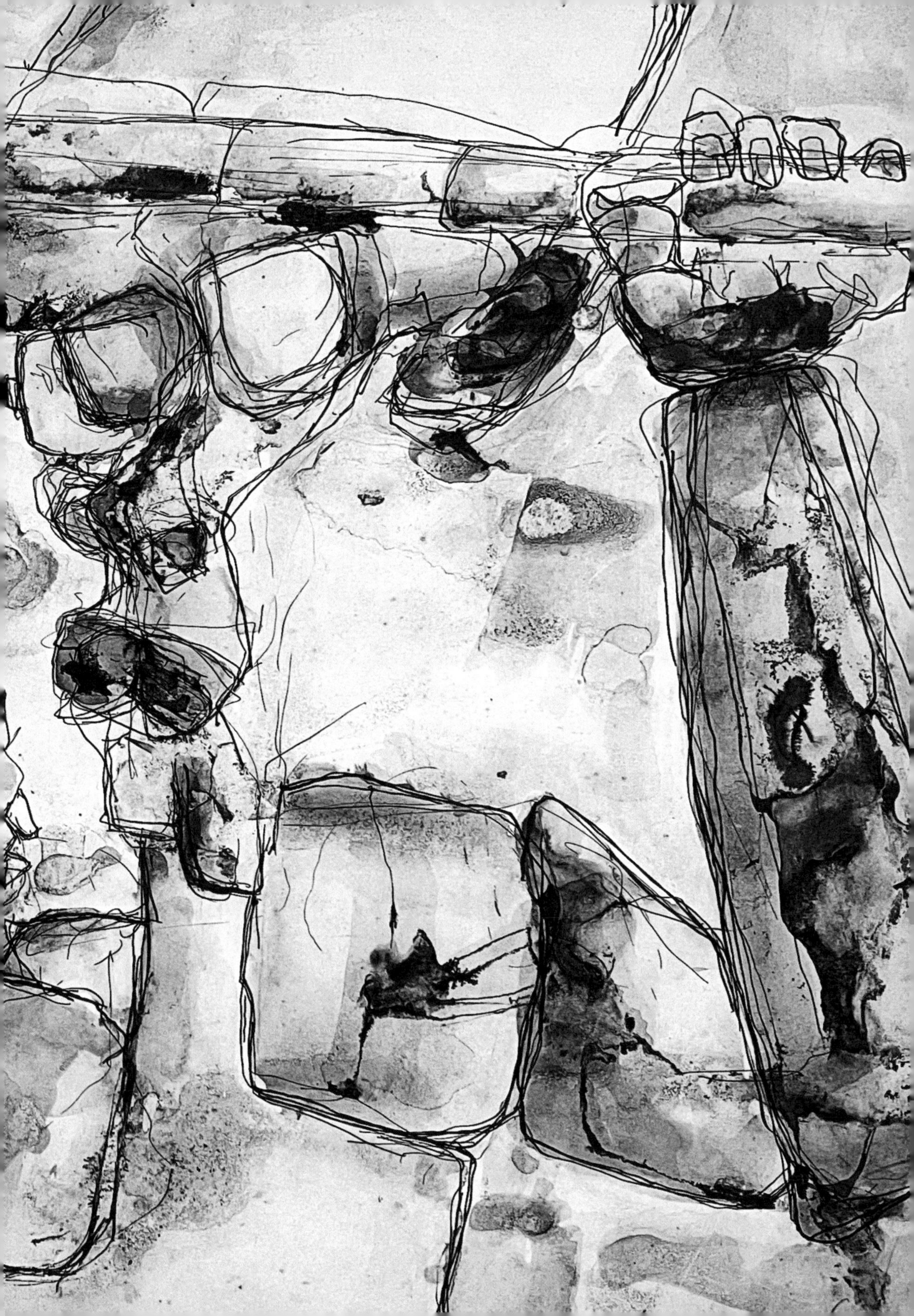

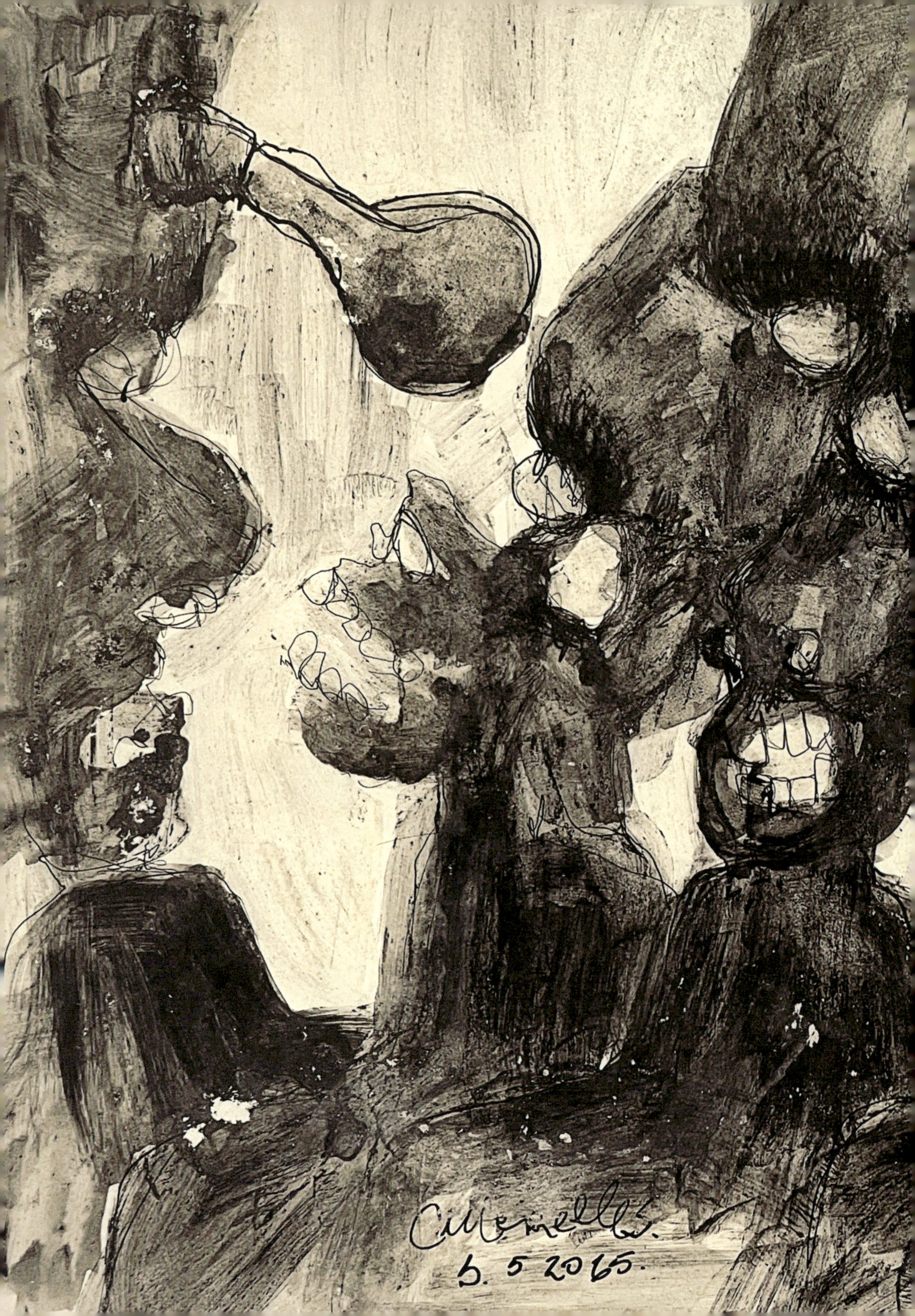

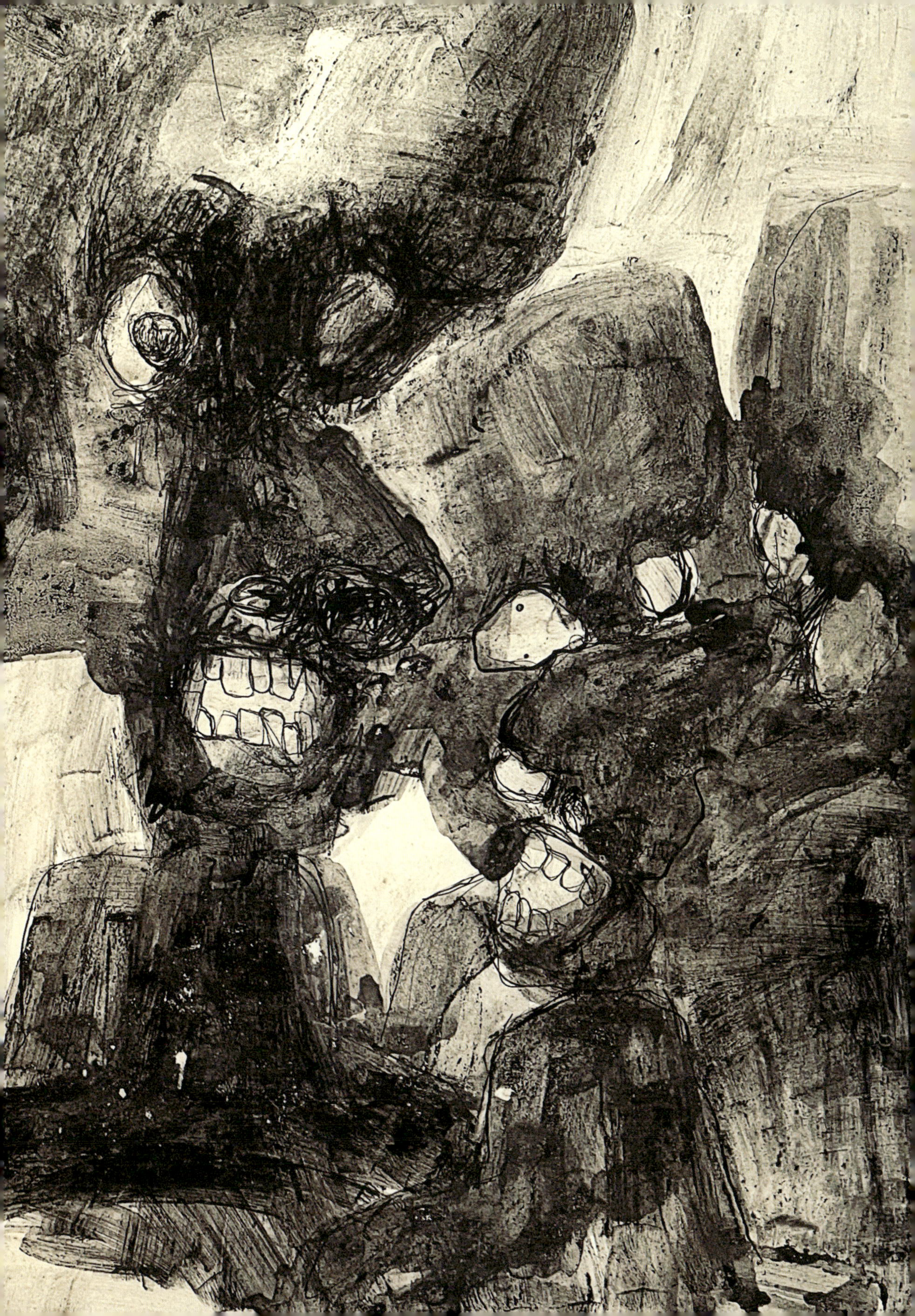

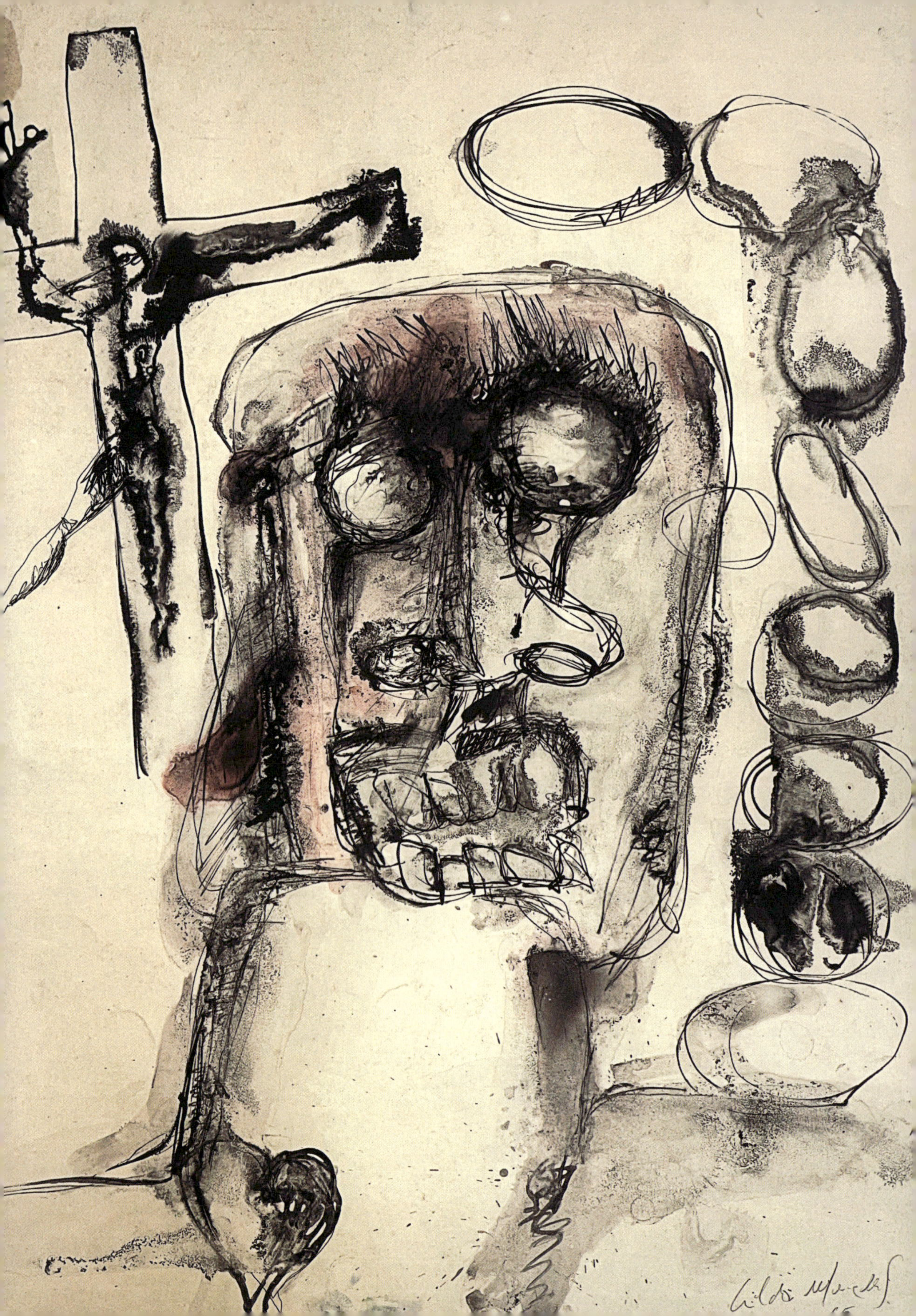

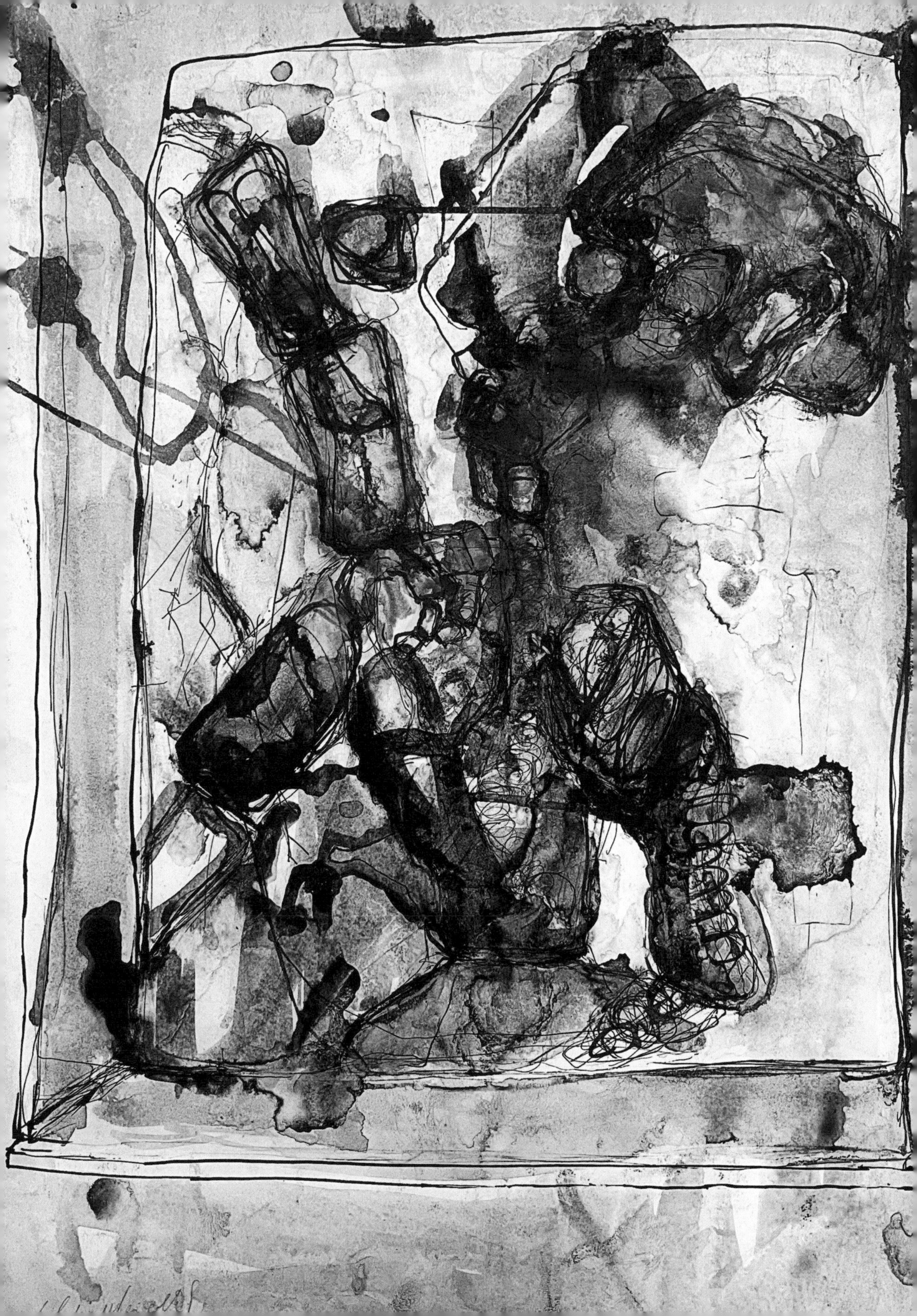

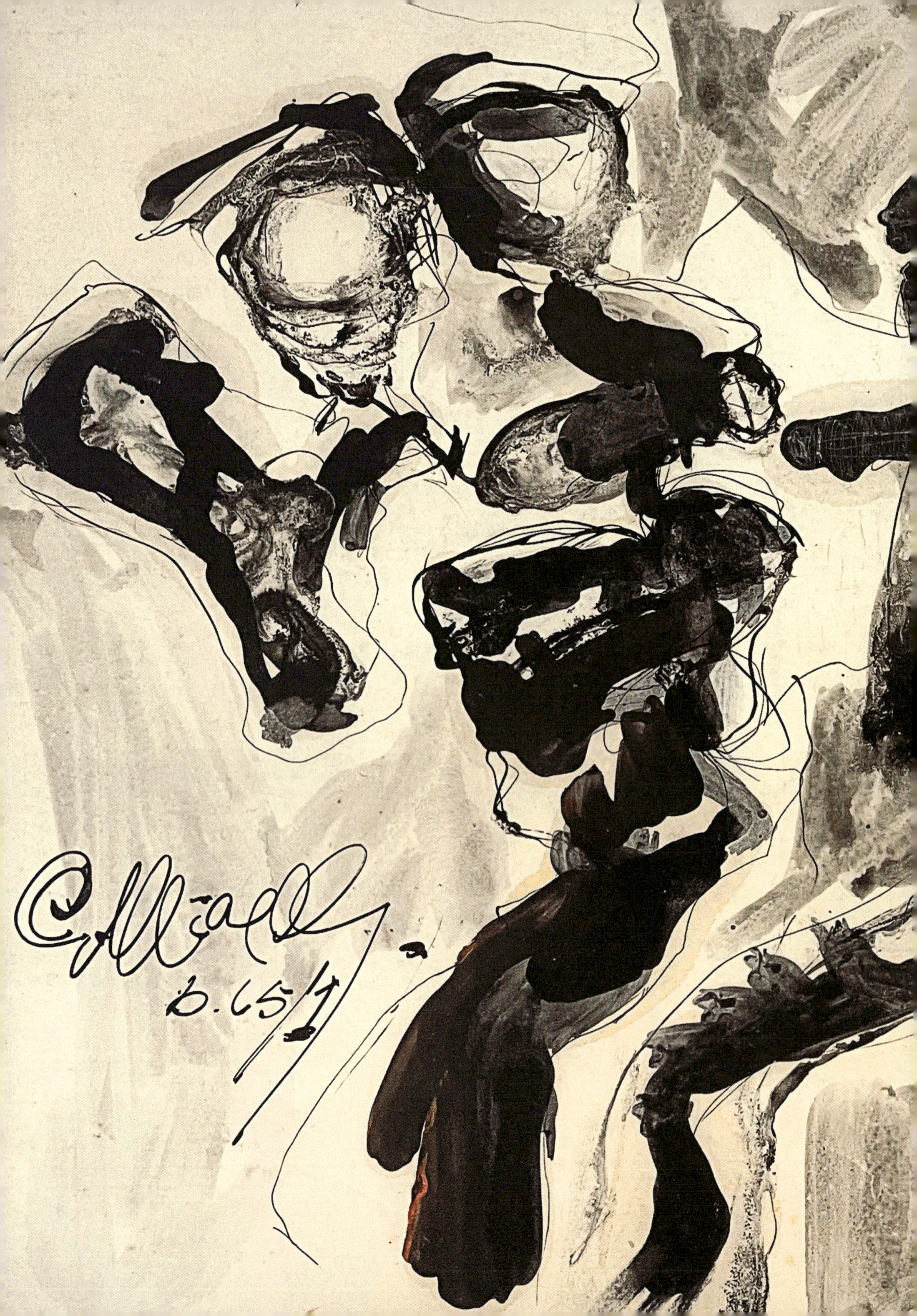

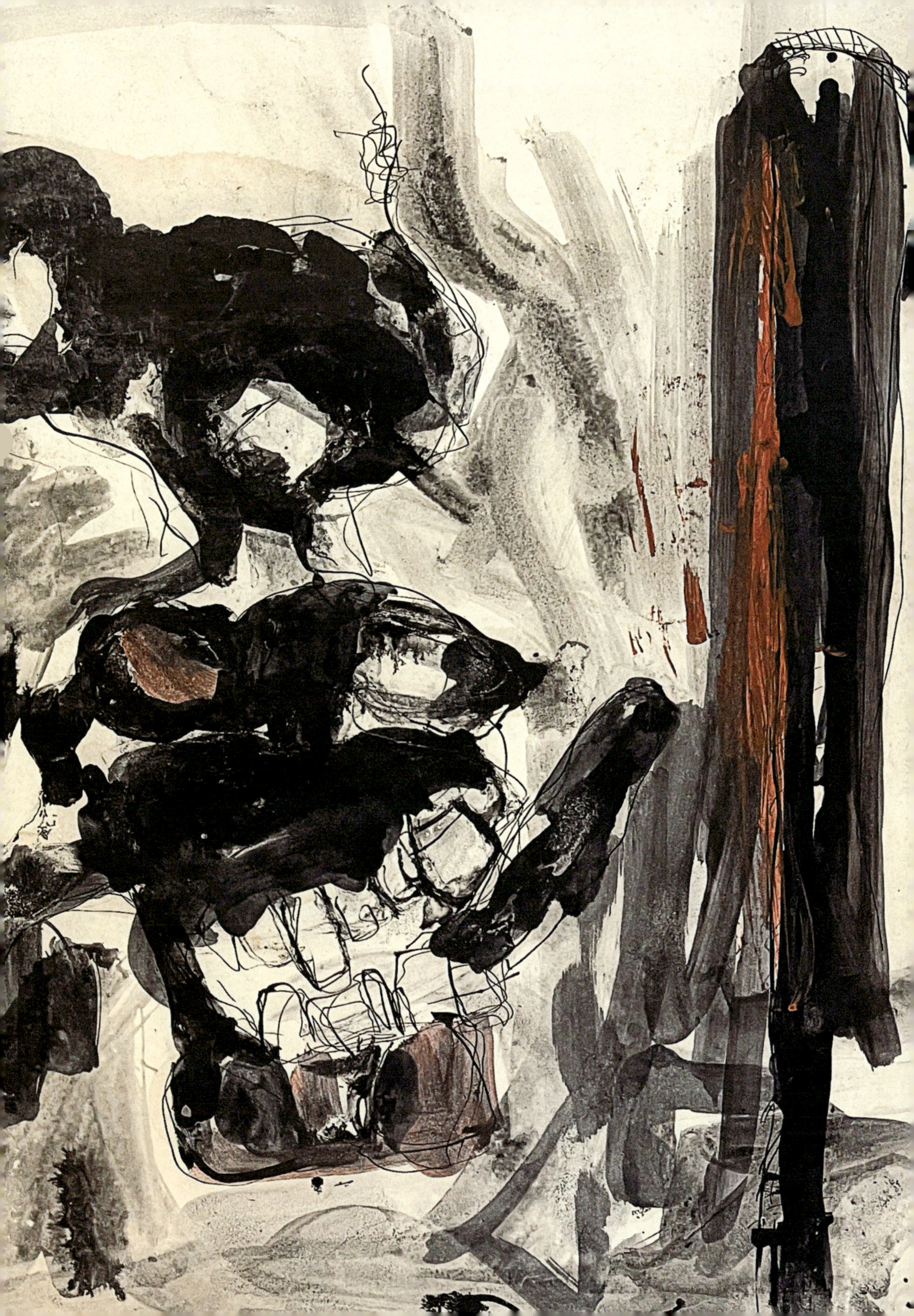

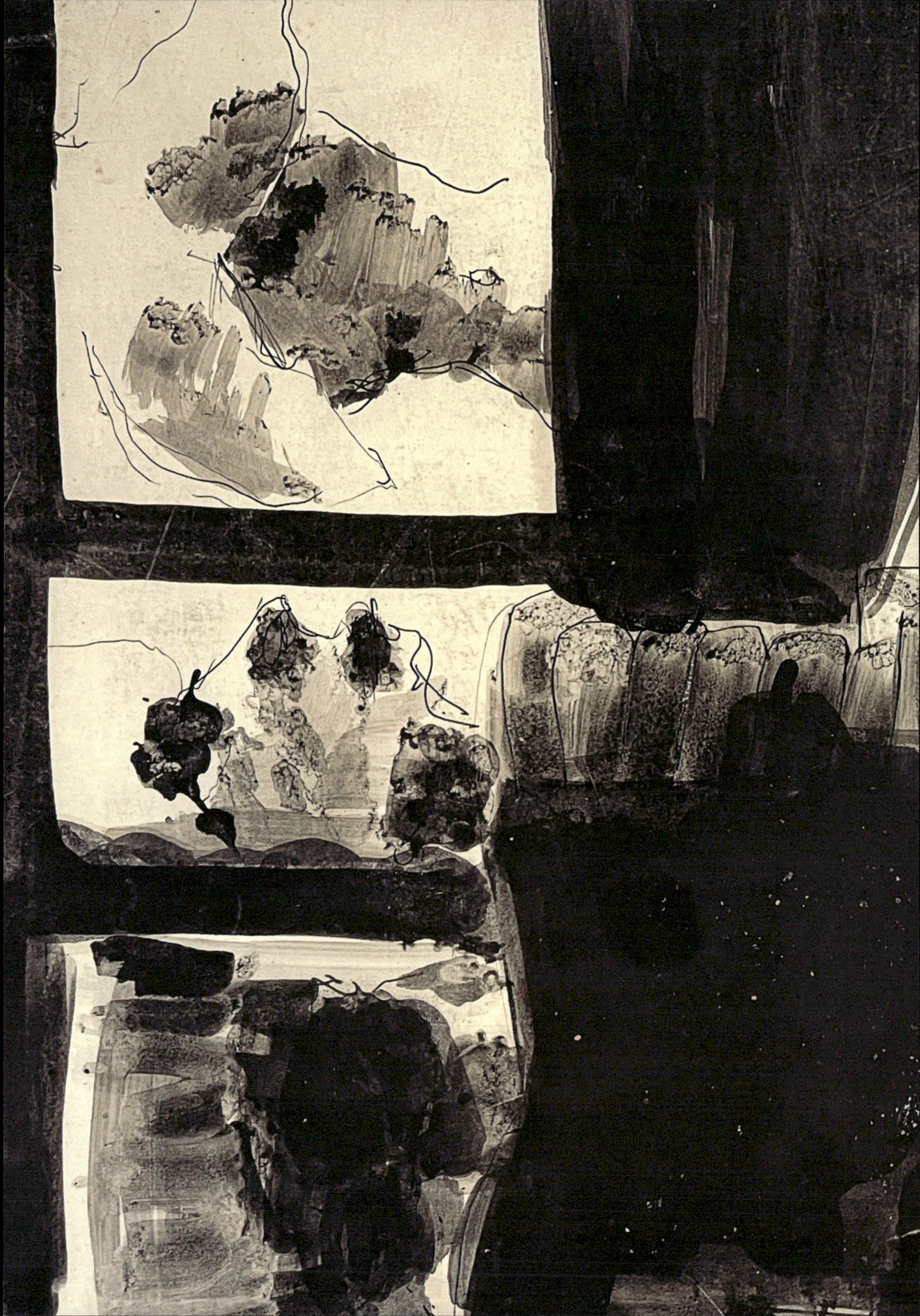

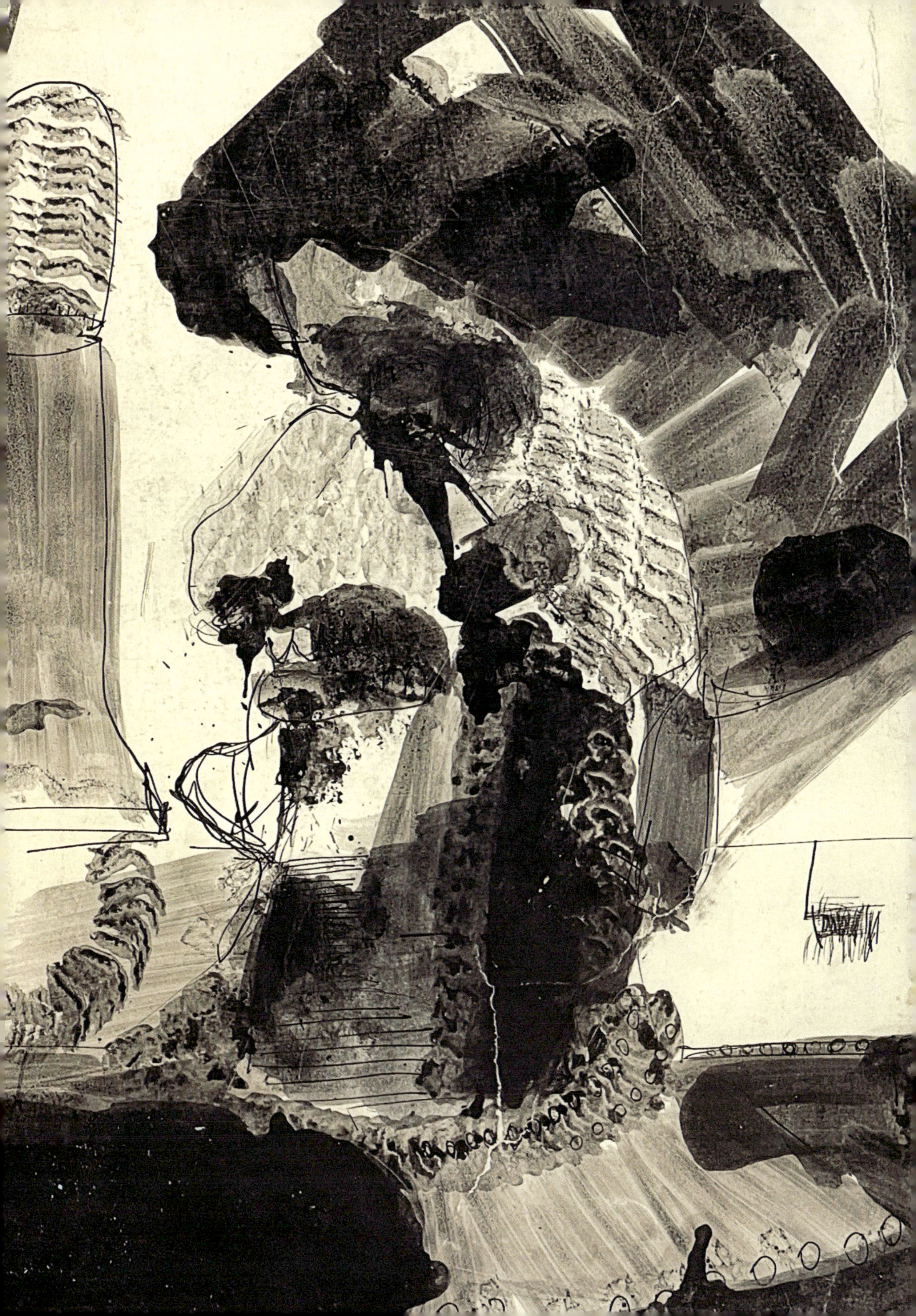

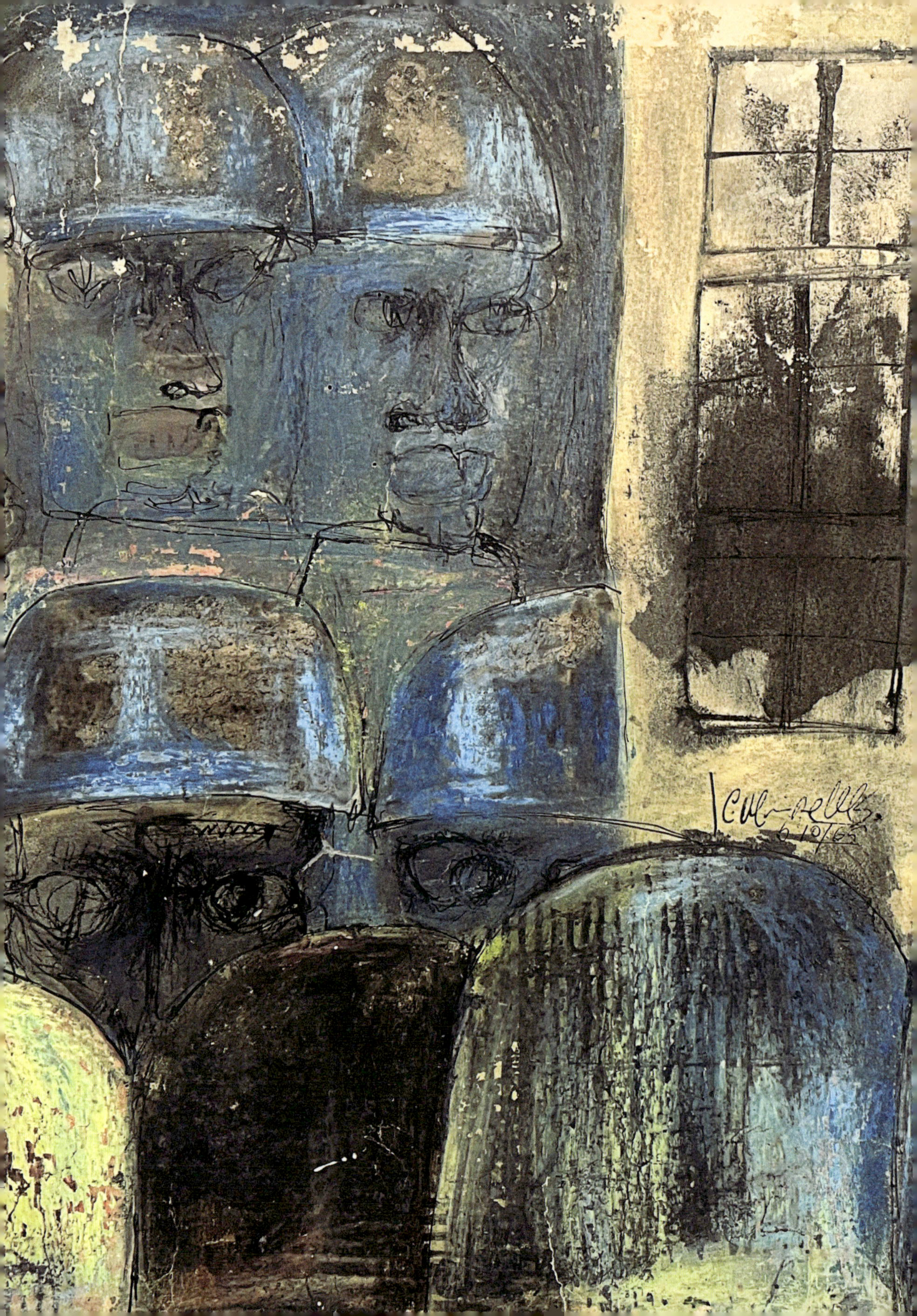

Os *Desenhos africanos*, dos quais se publicam aqui detalhes, remetem ao início da carreira de **Cildo Meireles** (1948), que se firmaria nas décadas seguintes como um dos mais originais artistas brasileiros, com uma concepção singular das relações entre arte e vida, estética e política. Participou das Bienais de São Paulo, Veneza, Paris, Sydney e Istambul, entre outras, além da Documenta de Kassel, e teve retrospectivas de seu trabalho na Tate Modern, em Londres, e no New Museum of Contemporary Art, em Nova York.

Igor R. Reyner

O mal que tenho

Sobre Proust, câncer e morte

George Condo
Self Portraits Facing Cancer I, 2015
Acrílica, óleo e pastel oleoso sobre tela, em duas partes
248 × 182 cm / © George Condo

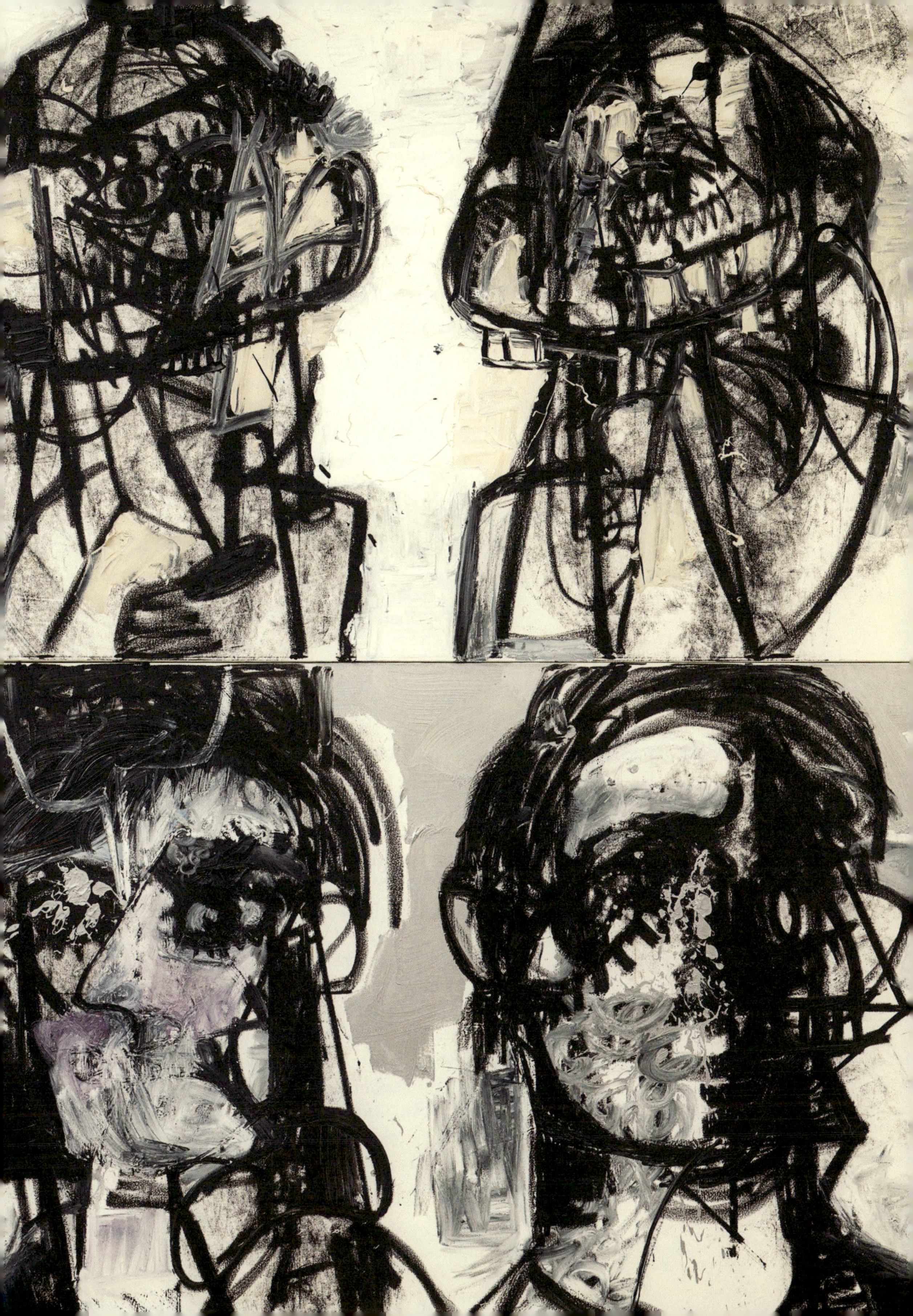

para Letícia Nogueira (**in memoriam**)

O fragmento é a invasão da morte na obra.
THEODOR W. ADORNO

Nossos maiores temores, como nossas maiores esperanças, não estão [sempre] acima de nossas forças, e podemos, ao cabo, dominar aqueles e realizar estas.
MARCEL PROUST

I

Philippe Lejeune propõe que, embora as autobiografias possam ser lidas tanto como documentos históricos quanto como estudos psicológicos, elas são, essencialmente, textos literários. Em *Roland Barthes por Roland Barthes*, o autor (ou narrador) adverte: "Tudo isso deve ser considerado como dito por uma personagem de romance". Conceber a vida como narrativa é, por excelência, um mecanismo de enfrentamento proustiano. Portanto – e com "tanto" me refiro a milhares e milhares de páginas de *Em busca do tempo perdido* –, o narrador do romance está certo de que "a verdadeira vida, a vida enfim descoberta e tornada clara, a única vida, por conseguinte, realmente vivida é a literatura". A experiência de digerir o retorno de um câncer dificilmente pode ser considerada literária, já que "nem tudo que acontece na barriga/ da besta é possível pôr em palavras". Ainda assim, alguns de nós insistem em recorrer às palavras, às narrativas e à literatura, com medo de que a linguagem refreada pela quimioterapia não nos deixe nada além do silêncio aprisionante.

2

Oito meses depois do fim do meu primeiro tratamento contra o câncer, em 19 de março de 2020, fui diagnosticado com um linfoma Hodgkin recidivado em fase inicial. Depois de inúmeras consultas com uma equipe de hematologistas, decidimos testar um protocolo oncológico que compreendia um regime de quimioterapia R-ICE seguido por um transplante autólogo de medula óssea. Àquela altura, estava relendo o episódio de Doncières, em *O caminho de Guermantes*, para um livro sobre Proust que pretendia entregar à editora desde o dia em que o pesadelo do câncer começara, ou seja, desde o dia em que recebera uma mensagem da editora demonstrando interesse na minha proposta de livro e, também, uma tomografia computadorizada exibindo, pela primeira vez, grandes linfonodos como excrescências em meu peito.

3

No ano em que o mundo foi aprisionado por um vírus mortal e desconhecido, celebramos os 100 anos da publicação de *O caminho de Guermantes*, o terceiro romance de *Em busca do tempo perdido*. A primeira parte foi lançada em 1920, pouco depois do fim da pandemia da gripe espanhola. A segunda, em 1921. Um século depois, me vi lidando com um teimoso e insistente linfoma: uma história também em duas partes.

4

Diferente daqueles que enfrentam uma doença grave, um proustiano raramente se sente sozinho e desamparado, pois, onde quer que vá parar, haverá sempre um outro acadêmico pesquisando o mesmo assunto, fazendo-lhe companhia. Foi assim que me senti quando me deparei com o diagnóstico inequívoco de Thierry Laget, que reconhece a doença como a força unificadora que mantém juntas as partes aparentemente díspares de *O caminho de Guermantes*, um livro clivado pela morte.

5

Como uma força gravitacional, *O caminho de Guermantes* atrai uma constelação de referências a doenças que infiltram os subsequentes volumes do ciclo: a doença e a morte da avó do narrador; as doenças graves de dois dos personagens centrais, Charles Swann e Bergotte, ambos potencialmente vítimas do câncer; a doença terminal do marquês Amanien d'Osmond, o primo do duque de Guermantes; as descrições caricaturais de quatro médicos, professor E***, dr. Cottard, dr. Du Boulbon e dr. Dieulafoy; e os relatos amorosos e cruéis dos cuidados médicos.

6

A saúde frágil da avó do narrador, mencionada na abertura de *O caminho de Guermantes*, é o que leva a família a se mudar para um novo apartamento no Hotel de Guermantes: "E nela [a nova casa] tínhamos vindo morar porque, como minha avó não estivesse passando muito bem, razão que nos guardamos de comunicar-lhe, era recomendável um ar mais puro". A doença não apenas realoca toda a família, mas também o enredo, entretecendo uma narrativa que, acima de tudo, é sobre o cuidado – ainda que também seja um testamento igualmente formidável das formas imaginativamente impiedosas que a humanidade tem de zombar e depreciar.

7

A doença é sempre uma fonte de movimento, mesmo quando ela paralisa ou amarra o paciente a um lugar – por exemplo, a uma cama ou a um quarto de hospital, como ocorre na ocasião de um transplante de medula óssea. Ao longo de *O caminho de Guermantes*, a doença é uma força que, enredada ao amor, coloca os corpos e a intriga em movimento.

8

A doença, assim como o amor e o cuidado, é o ingrediente perfeito para um remédio literário eficaz, ainda que custoso.

9

Todas as doenças são iguais, mas algumas são mais iguais que outras.

10

Especificar o nome de uma doença é um assunto sério, embora a capacidade de pronunciá-lo em voz alta seja algo ainda mais sério.

11

Existem três formas convencionais de se referir à doença que tenho: doença de Hodgkin, linfoma de Hodgkin ou linfoma Hodgkin. A primeira forma é um eufemismo que vem a calhar àqueles que não querem encarar o câncer tão frontalmente – como Proust sabia muito bem, é perturbadoramente comum evitar a palavra "câncer" quando se fala dele. A segunda forma é enganosa, uma vez que o médico britânico Thomas Hodgkin (1798-1866), afiliado ao Guy's Hospital – que faz parte da mesma universidade à qual eu estava associado quando adoeci –, não sofreu da doença que pioneiramente descreveu em seu artigo de 1832 intitulado "Sobre algumas aparições mórbidas das glândulas absorventes e do baço". A terceira versão é a correta.

12

Deleuze explica que, "quando um médico dá seu nome a uma doença, trata-se de um ato ao mesmo tempo linguístico e semiológico dos mais importantes, na medida em que se liga um nome próprio a um conjunto de signos, ou se faz com que *um nome próprio conote signos*". No entanto, ser capaz de invocar uma sintomatologia, de penetrar um mundo de signos, não é a única razão pela qual devemos precisar o nome de uma doença. Um nome próprio também é uma chave afetiva e mnemônica. Como Barthes maravilhosamente coloca, "o Nome próprio é de certo modo a forma linguística da reminiscência".

13

Antes de ser informado da doença de Swann, bem ao fim de *O caminho de Guermantes*, o narrador fica sabendo que o duque e a duquesa de Guermantes haviam retornado a Paris na noite da recepção da princesa de Guermantes – não para a festa em si, mas porque um primo deles estava doente.

14

Entre o marquês d'Osmand, o primo dos Guermantes, e Swann, a cena dos sapatos vermelhos, qual seja, o episódio final de *O caminho de Guermantes*, ocorre inteiramente sob o signo da doença (assim como sob o signo das respostas dolorosas e socialmente codificadas a ela).

15

A doença de Swann é mencionada pela primeira vez durante um diálogo sintomático entre ele e a duquesa de Guermantes. Tendo declinado um convite para juntar--se a ela em uma temporada de férias na Itália, Swann é interpelado por uma duquesa aborrecida, que procura entender por que ele recusara sua solicitação. Depois de uma insinuação de Swann, a duquesa percebe que ele não está bem: "Acho que você não está com boa cara, não estou satisfeita com a sua cor". Dividida entre a amizade e as obrigações sociais, no entanto, ela evita se envolver no sofrimento de Swann e se apressa em perguntar: "Diga então numa palavra o que é que o impede de ir à Itália". Constrangido, Swann desvia-se da palavra "câncer" – a única palavra que ele é incapaz de pronunciar – e sorri, oferecendo uma resposta lúgubre: "Mas, minha querida amiga, é que então estarei morto há vários meses. Segundo os médicos que consultei, no fim do ano *o mal que tenho*, e que pode aliás levar-me em seguida, não me deixará em todo caso mais de três ou quatro meses de vida, e ainda é um grande *maximum*."

16

Em nenhum momento de toda a conversa aparece a palavra "câncer".

17

Barthes alega que um nome próprio é a fonte de diferentes forças: "O poder de essencialização (pois que só designa um único referente), o poder da citação (pois que pode chamar à discrição toda a essência encerrada no nome, ao proferi-lo), e o poder da exploração (pois que se 'desdobra' um nome próprio exatamente como se faz com uma lembrança)". A natureza sempre crescente e multivalente do nome próprio pode ser a razão pela qual, quando se trata de uma doença séria, o narrador, Swann e grande parte das pessoas que encontrei durante a minha doença se abstêm de dar nome aos bois.

18

Acaso Swann sabia, àquela altura, que tinha câncer? Provavelmente. É possível que ele o tenha omitido porque sabia que seria insensato ou, pior, desmoralizante, compartilhar a informação com os Guermantes. Mas por que ele não fala ao narrador a respeito disso?

19

Foi a polidez que impediu Swann de impor suas necessidades aos seus amigos ou de dizer o nome de sua doença? Afinal, as convenções sociais sempre assombram a experiência de estar doente – e Proust engenhosamente tira proveito disso.

20

É possível contabilizar quantos papéis o medo desempenha no drama de estar doente?

21

Costuma-se definir a empatia pela habilidade de colocar-se a si mesmo no lugar dos outros. No romance, o duque de Guermantes, pelo contrário, é o epítome do sujeito incapaz de manifestar empatia – hoje provavelmente seria diagnosticado com o Transtorno de Personalidade Narcisista. Se no final de *O caminho de Guermantes* sua falta de empatia equivale ao despeito dissimulado (ou não), sua estirpe notoriamente insensível é percebida pela primeira vez durante o episódio da doença da avó, quando o narrador o descreve como um "desses homens incapazes de colocar-se no lugar dos outros".

Self Portraits Facing Cancer 2, 2015
Acrílica, óleo e pastel oleoso sobre tela, em duas partes / 248 × 182 cm
© George Condo

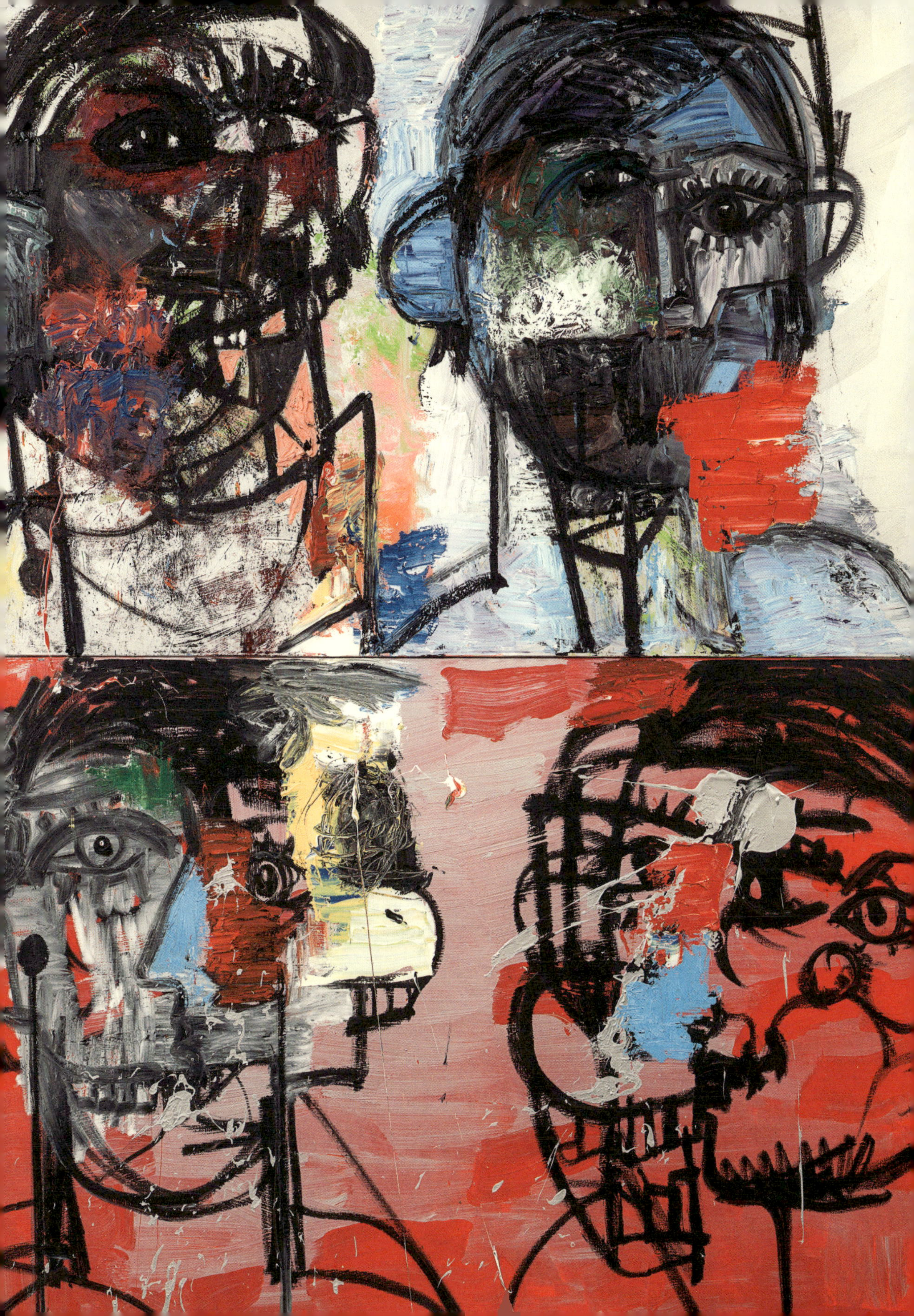

22

Com frequência as pessoas sentem o desejo – ou o fardo – de oferecer ajuda a quem está enfrentando uma doença grave. Aqueles que querem genuinamente *ajudar* oferecem ajuda segundo o critério do doente. Por outro lado, aqueles que apenas querem *se sentir prestativos* lhe oferecem um discurso sobre a melhor forma de enfrentar a sua própria doença. Conselhos imperativos sobre o melhor médico a consultar – à maneira do duque de Guermantes com relação ao dr. Dieulafoy – foram um traço distintivo de todos os membros do último grupo com que cruzei durante o tratamento contra o câncer. "Marque uma consulta com o dr. X", me instruíam, "ele é *o* papa da oncologia de Belo Horizonte." Outra pessoa me garantiu que um médico que havia salvado um amigo dela certamente me salvaria. Como o narrador observa de forma leonina, "as pessoas comuns dizem isso de seu médico, e acredita-se nelas como Françoise acreditava nos anúncios dos jornais". O risco é que as pessoas, em sua urgência de serem prestativas, negligenciem as especificidades da sua doença, indicando-lhe apressadamente um pneumologista em vez de um hematologista pela simples razão de seus gânglios inchados estarem localizados em seu peito.

23

Seja por condicionamento social, por uma forma de desviar-se da responsabilidade ou por uma projeção da preocupação com sua própria saúde, muitas pessoas sentem que é responsabilidade *delas* lembrá-lo da *sua* responsabilidade com relação à *sua* doença. Em declarações microfascistas, suas ordens inundam a rotina do paciente, o afogando em águas ainda mais amargas. Ao regurgitar platitudes simplórias – "Pense positivo!", "tenha fé!", "não pense nisso!" – que raramente coincidem com as necessidades ou desejos do paciente, elas demonstram aquilo que Proust chama de "excesso ou insuficiência de simpatia".

24

Em seu sermão a um doente, algumas pessoas parecem pretender se isentar do envolvimento com as trevas e os pavores do paciente. Como se temessem mais pela vida do enfermo do que ele próprio, se apressam em sufocar, calar ou silenciar qualquer ruído, murmúrio ou barulho que ofereça um vislumbre da escuridão que a pessoa doente visita e revisita, gemendo e chorando, quando está mal, exausta e em sofrimento. "Pense positivo" e formulações afins são um "fecha-te, sésamo" que aprisiona a dor do paciente numa caverna que não está cheia de tesouros, mas de culpa, sofrimento e pensamentos vãos e labirínticos. Estou mal porque não quero estar bem? A doença é um fracasso da força de vontade? A cura é um resultado da força de vontade? É suficiente pensar positivo? Ter fé é realmente o que trará a salvação? E o que é pensar positivamente? Trata-se de desejar uma morte rápida para si, de modo que o sofrimento vá oportunamente embora, ou de revestir de esperança a terrível e complexa realidade na qual você está aprisionado?

25

Para a pessoa doente, muitas vezes a ajuda vem na forma de silêncio e não de silenciamento, ou então no gesto de oferecer um ouvido que reverbere e acolha suas queixas e lamentos. Com mais frequência do que as pessoas imaginam, um paciente lamurioso não está à procura de solução, mas de apoio. Ele não está buscando um Virgílio iluminado, um guia onisciente que o conduzirá pelo inferno, pois o inferno de cada doente é distinto. Sua geografia não reflete o *Inferno* mapeado por Dante e tampouco os relatos gráficos e simplórios de desconforto, dor, ansiedade e depressão que proliferam, de forma não muito diferente do câncer, no mundo social em rápida transformação e no universo das mídias sociais, onde todos parecem ter a resposta ou conhecer o caminho. O paciente pode ansiar por uma companhia semelhante à de uma caverna, mas uma caverna que ofereça abrigo e que, ao acolher suas preocupações e medos, crie um eco que, finalmente, se cale num reconforto.

26

Bergotte é alguém que parece compreender o valor da companhia silenciosa para os enfermos e suas famílias. Mesmo depois de cair seriamente doente, o celebrado escritor, personagem-chave de *Em busca do tempo perdido*, visitará o narrador diariamente, passando largas horas com ele durante o sofrimento de sua avó. Como observa o narrador, a doença transformou drasticamente o seu comportamento:

> Sempre gostara de se fixar algum tempo numa casa em que não tivesse de fazer despesas. Mas outrora era para falar sem ser interrompido, e agora, para guardar um longo silêncio sem que lhe pedissem que falasse. Pois estava muito doente, diziam uns que de albuminúria, como minha avó. Segundo outros, tinha um tumor.

Ele especula que tal mudança na conduta de Bergotte se devia ao fato de que ele "ia enfraquecendo; era com grande dificuldade que subia a nossa escada, maior ainda do que para descer. [...] Quase já não enxergava, e até as suas palavras amiúde se embaraçavam." Entretanto, o narrador permanece alheio àquilo que transformara a mente de Bergotte, a perspectiva sobre o estado enfermo que adquirira em primeira mão.

27

O narrador nos lembra que "já se disse que o silêncio é uma força". O silêncio provocado pela perda da memória, um dos efeitos da quimioterapia que eu sofria cada vez mais – lapsos de palavras familiares, amigos apagados de episódios afetivos da minha vida, pastas inteiras de memória deletadas –, é tanto um desgosto como uma arma poderosa que empunhei para combater a excessiva e desnecessária conversa fiada e o excrescente discurso sobre o câncer que me sobrecarregou desde o diagnóstico – esse "silêncio obliterador".

28

Os hábitos sociais pressupõem que uma doença grave não deve ser encarada frontalmente e à plena vista. Falar sobre ela em voz alta, por exemplo, pode ser grosseiro ou prejudicial, já que uma ligeira menção seria suficiente para invocá-la em toda a sua força. A avó do narrador tenta esconder de seu neto que sofrera um derrame. O duque de Guermantes tenta convencer Swann de que sua doença é uma bobagem inventada por seu médico: "E depois, não se deixe impressionar com essas tolices dos médicos, que diabo! São umas toupeiras", sua voz retumbante grita a um Swann à beira da morte no derradeiro parágrafo do romance. E, por muito tempo, meu pai não conseguiu pronunciar a palavra "câncer", muito menos associada a meu nome.

29

Ao contrário da doença, que não respeita qualquer código moral, a pessoa doente pode sentir vergonha em face de sua condição debilitante, pode ter medo demais para falar sobre ela ou acreditar que as palavras são fúteis diante da tirania imposta pela enfermidade. Afinal, que benefício a pronúncia do nome de sua doença traz ao enfermo, além de um lembrete doloroso que muitas vezes soa como uma sentença de morte?

30

Somos ensinados a dissociar a afirmação e a convicção do sofrimento, e somos ensinados a associar a ele, em vez disso, a vergonha.

31

A avó do narrador tenta esconder dele o seu derrame. Diante de uma doença séria e debilitante, a pessoa doente geralmente segue um dos dois caminhos: esconder ou expor sua condição. São muitas as razões para adotar uma ou outra atitude. Separado da avó do narrador por um século, um oceano e uma ficção, decidi não esconder qualquer sinal de debilidade e fraqueza que minha doença trouxesse. Mostrar que estava doente era, para mim, uma forma de me posicionar contra a ideia utilitária e abusiva de que nossos corpos não devem falhar nunca. Uma colega de transplante de medula óssea, entretanto, optou por se comportar de maneira diferente. Embora ela estivesse tentando postar atualizações diárias em sua conta do Instagram, as coisas ficaram difíceis. Ela postou, então, um rápido vídeo explicando seu súbito desaparecimento, dizendo que passaria a não fazer publicações como de costume porque preferia compartilhar apenas conteúdos inspiradores e positivos. No vídeo, suas palavras finais chegaram aos meus ouvidos quase como uma das muitas lições moralizantes conferidas a nós pela avó do narrador ou, aliás, pela *madame* de Sévigné: "Sofrer, a gente sofre sozinho, em silêncio".

32

Indiferentes a imperativos morais e códigos sociais, as doenças severas são descaradamente disruptivas e, apesar de não terem sido convidadas, se instalam onde bem entendem.

33

Quando fui diagnosticado com um linfoma recidivado, tive que decidir sem muita cerimônia como lidar com ele, o que não significa que tive que optar entre ser um otimista ou um pessimista. Escolher um protocolo para tratar um câncer recidivado é desafiador, já que há, em geral, algumas possibilidades e um exagero de coisas a levar em conta. É por esse motivo que, com frequência, os médicos se reúnem, como fizeram os meus, para decidir qual o melhor plano de ação. Mas antes de optar entre um ou outro protocolo, nós, os pacientes, precisamos decidir se aceitamos ou não a alopatia, e tudo isso enquanto somos bombardeados por amigos, conhecidos, ex-pacientes, membros e amigos da família de ex-pacientes que têm sugestões de tratamentos alternativos, dietas especiais e orientações religiosas. Embora, como diz Proust, a medicina possa não ser uma ciência exata, ela ainda é uma ciência. Assim, compartilho de sua percepção de que confiar nela é melhor do que não confiar:

> Pois como a medicina é um compêndio dos erros sucessivos e contraditórios dos médicos, recorrendo aos melhores destes, corre-se o risco de solicitar uma verdade que será reconhecida falsa alguns anos mais tarde. De modo que acreditar na medicina seria a suprema loucura se não acreditar nela não fosse loucura maior, pois desse amontoado de erros se desvencilharam com o tempo algumas verdades.

34

Em *Sodoma e Gomorra*, Proust é inequívoco: "A medicina não é uma ciência exata".

35

No universo de Proust, a medicina frequentemente coincide com o mundo da arte. Neurologista, psiquiatra e um dos principais médicos de *Em busca do tempo perdido*, "Du Boulbon era no fundo um artista". Essa percepção vem do fato de que ele, que fora recomendado por Bergotte, "era um médico que não aborreceria [o narrador], que encontraria tratamentos, embora aparentemente estranhos, [que] adaptar-se-iam à singularidade da [sua] inteligência".

36

A utopia do doente: médicos que se ajustem à nossa maneira particular de pensar.

37

A medicina é uma arte da guerra.

38

O câncer é rodeado pela retórica do enfrentamento. As pessoas falam em "lutar" ou "combater" o câncer, e se referem ao paciente como alguém que encara o tratamento como "um guerreiro". Embora raramente se refira àqueles que morrem de câncer como "baixas", a ideia de vencer ou derrotar o câncer, assim como a descrição do paciente que termina seu tratamento como um sobrevivente, é estereotípica. Proust não é o único a associar o tratamento de uma doença grave a uma forma de luta, ainda que ele, inventivamente, associe os médicos a estrategistas militares, em vez de apelar à tradicional analogia que equipara pacientes a guerreiros. Dr. Cottard, "homem tão insignificante, tão comum", torna-se "um general que, vulgar no resto da vida, é um grande estrategista e que, num momento perigoso, depois de haver refletido um instante, decide-se pelo que militarmente é mais sensato e diz: 'Frente, a leste'".

39

Comparar um médico a um estrategista e sua deliberação a um plano de ação parece bem apropriado, já que o corpo convalescente, mais que um sujeito combatente, é tratado como um campo de batalha onde a guerra ao câncer é travada. Durante um transplante de medula óssea, seu corpo de alguma forma deixa de ser seu e é convertido no campo onde se dá a batalha entre a medicina e o câncer. Como a paisagem tem um impacto sobre o resultado do combate, você não está totalmente impotente. Ainda assim, perde de tal forma a autoridade sobre o próprio corpo que, com certeza, sentirá ter perdido completamente seu controle. Você é reduzido a um país à beira do aniquilamento. Presas no meio de um tiroteio entre o inimigo (o câncer) e o exército aliado – o médico e seus soldados, os enfermeiros e sua artilharia, a medicação –, suas células saudáveis sucumbem, assim como sua saúde mental, como vítimas de ambos os lados. Caso haja trégua ou cessar-fogo, são elas, no entanto, que precisarão carregar o fardo de reconstruir essa terra devastada pela guerra.

40

Às vezes, uma metáfora esconde uma verdade enterrada. A Primeira Guerra Mundial provocou um hiato na publicação de *Em busca do tempo perdido*, permitindo que Proust reorganizasse o planejamento editorial da obra. Entre os resultados da edição que ocorreu no período da guerra, estão a introdução da personagem Albertine e o posicionamento da doença da avó como um pivô em torno do qual *O caminho de Guermantes* se articula. A Primeira Guerra Mundial também foi o advento de perversas inovações químicas, tais como o gás mostarda, substância venenosa transformada em arma que foi desenvolvida por Fritz Haber, químico e vencedor do Prêmio Nobel de 1918. Às vésperas da Segunda Guerra, em busca de um antídoto para o gás mostarda, os cientistas Louis Goodman e Alfred Gilman observaram uma possível relação entre ele, os glóbulos brancos e os cânceres sanguíneos como a leucemia e o linfoma. Em 27 de agosto de 1942, um paciente que entrou nos anais da medicina simplesmente como J.D. e que, na altura, sofria de um linfoma avançado, recebeu um tratamento experimental com mostarda nitrogenada, o composto originalmente usado para produzir a arma química. Embora J.D. tenha morrido seis meses depois do tratamento experimental, suas condições clínicas melhoraram consideravelmente depois de algumas doses do veneno, fato que marcou o surgimento daquilo que hoje

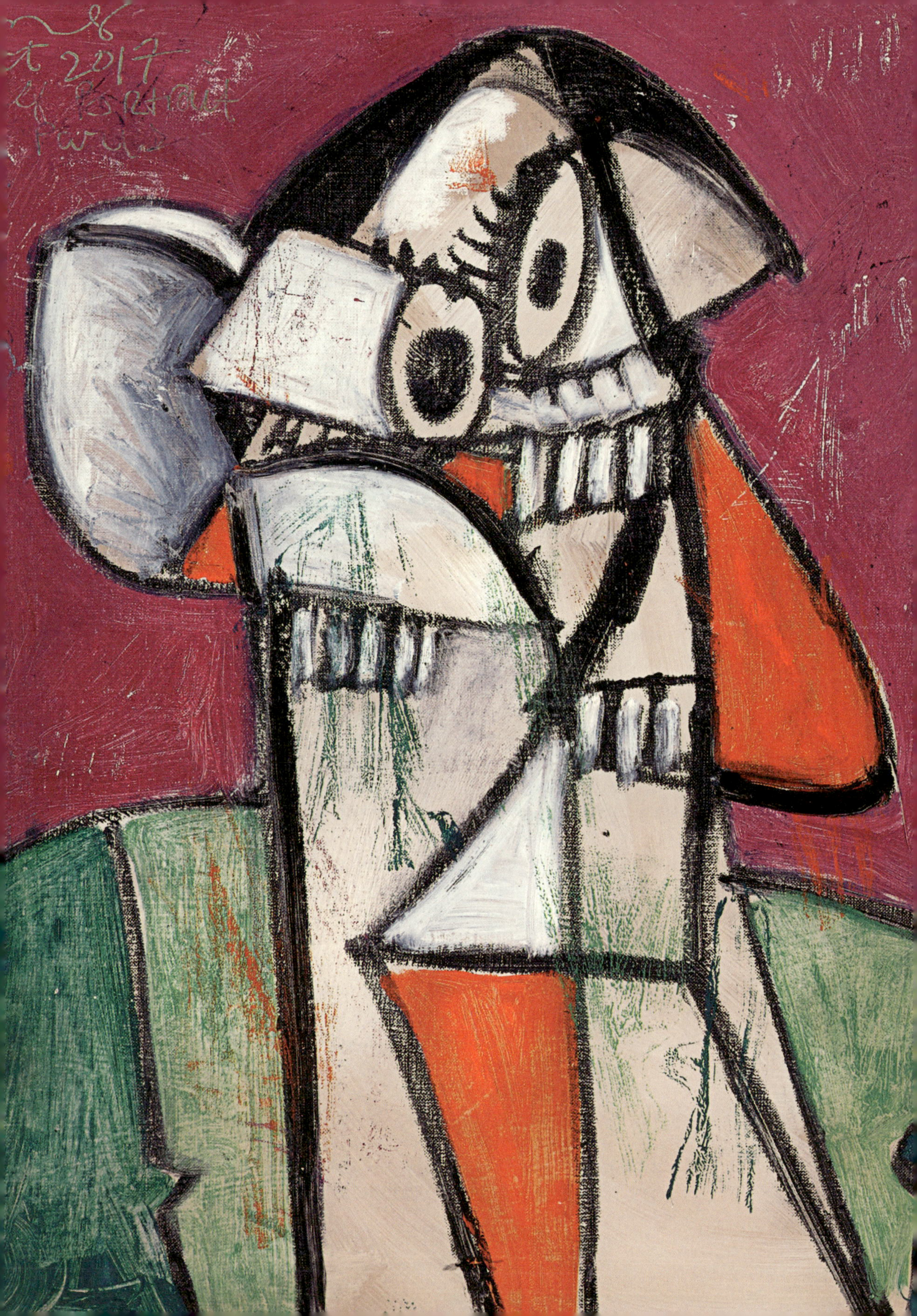

chamamos de quimioterapia. Pesquisas em torno da mostarda nitrogenada permitiram o desenvolvimento de drogas derivadas como a carboplatina, um dos medicamentos do regime de quimioterapia que utilizei para tratar o linfoma Hodgkin recidivado. A artilharia se converteu, literalmente, em medicação.

41

Se o câncer produz algum tipo de guerra, trata-se, certamente, de uma guerra civil. Declaro guerra a meu próprio corpo, uma guerra conservadora contra uma mudança radical. Nessa guerra perigosa, meu corpo é, dissimuladamente, um guerreiro, o inimigo, o campo de batalha. Como posso ser tanto a ameaça quanto o redentor? Seria eu uma espécie de Deus?

42

A forma como Proust descreve a doença da avó oferece um vislumbre do estranho papel do corpo no tratamento do câncer: "Os golpes que destinávamos ao mal que se instalara em minha avó davam sempre em falso; era ela, era o seu pobre corpo interposto que os recebia". O corpo de qualquer paciente de câncer, para o bem ou para o mal, é sempre um obstáculo.

43

Depois de lutar uma guerra contra o câncer, quero agora me organizar para criar. Desta vez, não quero trabalhar para reconstruir um país velho e devastado. Prefiro ser um outro país. Basta de reconstrução.

Self-Portrait in Paris, 2017
Óleo sobre linho / 248 × 182 cm / © George Condo

44

Ser diagnosticado com câncer é, antes de qualquer coisa, administrar a ideia de que você está doente e de que a sua doença, embora imprevisivelmente perigosa, pode não ser uma sentença de morte. A notícia do câncer dificilmente chega como a simples notícia de que você ficou doente. Em vez disso, dá origem a um aglomerado superacelerado e replicante de fantasias assustadoras. Além de sua condição clínica, um paciente com câncer enfrenta exageradas respostas psicológicas e nervosas ao fato de ter sido informado de que tem câncer (ou que o câncer o tem):

> Por uma só afecção que os médicos curam com remédios (pelo menos, assegura-se que isso aconteceu algumas vezes), provocam eles outras dez em pacientes de boa saúde [ou de saúde frágil], inoculando-lhes esse agente patogênico mil vezes mais virulento que todos os micróbios, a ideia de que se está doente.

Esses horripilantes distúrbios psicológicos são, em grande parte, efeitos colaterais de uma ideia socialmente construída.

45

Para o narrador, o câncer não provoca a morte. Antes, a morte provoca o câncer. Não há, do seu ponto de vista, uma única morte, mas várias, pois "são tantas as mortes quantas as pessoas". Cada morte é singular; ou seja, é o cumprimento da tarefa dada, a cada Morte, de garantir que cada ser vivo eventualmente encontre o seu fim.

46

A partir daqui, escreverei "Morte" com M maiúsculo, pois, como o narrador de *Em busca do tempo perdido*, prefiro pensar nela como um sujeito que merece o próprio nome e gênero – que variam de acordo com as escolhas de uma cultura, uma religião, um poeta ou um pintor, à revelia das regras gramaticais. Presenteá-la com um nome e um gênero parece uma forma eficiente de fazer com que ela pareça mais humana. Estranhamente semelhante a nós, ela se torna menos ameaçadora, e até amigável.

47

Similar à Morte – ou por ser uma artimanha da Morte –, uma doença severa é vista, no romance de Proust, como um vizinho "amigável" que rapidamente se apresenta à pessoa doente. No entanto, ele observa: "É um terrível conhecimento, menos pelos sofrimentos que causa do que pela estranha novidade das restrições definitivas que impõe à vida". Adaptar-se à vida como paciente é, talvez, um dos aspectos mais desafiadores de estar gravemente doente – e é duplamente mais difícil readaptar-se à vida de uma pessoa saudável quando seu tratamento contra o câncer é bem-sucedido. Depois de tratar o câncer duas vezes, posso atestar os desafios intratáveis envolvidos em retomar o que as pessoas chamam de vida normal, uma vida moldada por horas de trabalho normalmente abusivas e interações sociais implacáveis. As pessoas evitam falar sobre as noites perturbadas pela terrível sensação de que o câncer pode estar crescendo uma vez mais, negligentemente, dentro de você, pelo medo de seu vizinho desequilibrado estar de volta. As pessoas o exaltam como o fariam a um herói que acabasse de realizar um feito, logo antes de prontamente perguntarem sobre trabalhos e projetos, como se o tratamento do câncer não fosse radicalmente perturbador, como se o seu corpo e, muitas vezes, sua alma não tivessem perdido o desejo de viver. As pessoas esperam que sobreviver ao câncer induza um estado de euforia, como se sobreviver ao tratamento contra o câncer fosse o mesmo que acordar de um pesadelo, um absoluto alívio. Não é o caso, pois o pesadelo foi real demais, e pode não terminar nunca.

48

O narrador proustiano vê o câncer como uma arapuca que a Morte, que parece ser do sexo feminino, já que é comparada a uma freira, arma para nós a fim de cumprir sua missão. Em suas palavras, o câncer é uma espécie de dispositivo implantado em nós para garantir que morreremos. O dispositivo mortal não precisa ser o câncer, certamente, já que a Morte é engenhosa. No entanto, o dispositivo implantado em Swann, assim como o que me foi implantado, era esse. Swann, como eu, o teve duas vezes. Ele morreu. Eu ainda estou vivo. Talvez a Morte "enviada pelo destino para me libertar" esteja atualmente envolvida com outros afazeres. Algo de que nem sequer posso ter certeza, pois, como nos lembra o narrador, "não possuímos sentido que nos permita ver, correndo a toda velocidade em todas as direções, as mortes, as mortes ativas dirigidas pelo destino a este ou àquele".

49

Eventualmente, como uma irmã beata, a Morte retorna para seus últimos ritos: "Então, poucos minutos antes do último suspiro, a morte, como uma religiosa que nos tivesse assistido em vez de nos destruir, chega para acompanhar os nossos derradeiros instantes e coroa com uma auréola suprema a criatura para sempre enregelada cujo coração cessou de bater".

50

A Morte é uma presença cuidadosa continuamente zelando por nós, pois somos sua responsabilidade. Mais do que pesar, ela nos dá propósito, e nossa passagem não é nada além de um último ato de cuidado, uma coroação através da qual finalmente nos tornamos os soberanos absolutos de nossas vidas. Uma vez mortos, nada mais muda em nossas vidas contra nossa vontade. As vicissitudes da vida acabaram. A Morte é a face definitiva do controle.

51

A ideia revigorante de um cadáver gélido já sem qualquer desejo.

52

A Morte sempre nos pega de surpresa. Pode-se morrer num acidente de carro ou ser diagnosticado com uma doença terminal. Embora você possa morrer muito depois do seu diagnóstico, a surpresa lhe é entregue no momento em que você o recebe. Quando você se senta diante de um médico e o escuta pronunciar a palavra "câncer", é inevitável sentir as garras da Morte em seu corpo e sua alma. Naquele momento, você se dá conta do que sempre soube: "Que a hora da morte é incerta", ou seja, "a morte [pode] ocorrer nessa mesma tarde".

53

À medida que o tratamento se desenrola, você percebe que, a despeito do resultado, a Morte não vai se desgarrar da sua alma.

54

Embora todos sofram, somos educados a esconder o sofrimento. Desde uma tenra idade e quase tacitamente, somos ensinados que o sofrimento deve ser mantido em privado. Somos ensinados a negar o sofrimento e a tristeza e, dada a impossibilidade de sua completa negação, somos ensinados a ocultá-los e apenas compartilhá-los parcimoniosamente com alguns poucos. Pois o sofrimento é feio. Ele nos obriga a olhar atentamente nos olhos da impotência e da desesperança. E pode trazer o pior de nós ao revelar o pior da vida. Ainda assim, o sofrimento nos põe em contato com dimensões inéditas da nossa existência.

55

Todos nós sofremos. Swann sofreu. A avó do narrador sofreu. Eu sofro. Recuperar nossa capacidade de sofrer publicamente pode ser uma forma de afirmar o lado positivo dessa dimensão inevitável da experiência humana. Ao expressar nosso sofrimento a todos, sem pudores, podemos não apenas liberar formas desconhecidas de prazer, mas também desafiar uma sociedade moldada pela negação do sofrimento – uma sociedade utilitária que o nega não por desejar superá-lo, mas porque sofrer prejudica seu funcionamento "saudável", o que fica evidente no modo como estamos lidando com a pandemia da covid-19. Não somos preparados para sofrer. Não somos ensinados a sofrer. E, sobretudo por essa razão, precisamos enfrentar sozinhos o nosso sofrimento. Falhamos em compreender que o sofrimento não é um defeito nem uma virtude, e tampouco uma circunstância ou um valor, mas uma das substâncias de que a vida é feita.

56

Porque não sabemos como sofrer, durante o transplante me debati sozinho no estéril quarto branco de hospital. Minha mãe estava ao meu lado, mas porque aprendi que o sofrimento é um assunto privado, não chorei na frente dela – ou ao menos tentei não fazê-lo. Não o fiz porque sabia que o meu sofrimento dispararia ou amplificaria o sofrimento dela e, por alguma razão puritana, impedi que meu sofrimento aflorasse do jeito que deveria, em forma de gritos, choro, lamentos, berros, coisas sendo quebradas. *Eu me comportei.* Eu me recompus. Eu não perdi o controle. Eu escrevi. Não liguei para nenhum dos meus amigos para repreendê-los por me permitirem sofrer sozinho. Não fiz isso porque não era razoável ou aceitável. Não o fiz porque aprendi que isso não era responsabilidade deles. E, afinal, o que eles poderiam ter feito? Sofrido ao meu lado? Acaso eles também já não estavam sofrendo?

Self Portrait on the Streets of Paris, 1989
Óleo sobre tela / 194 × 160 cm / © George Condo

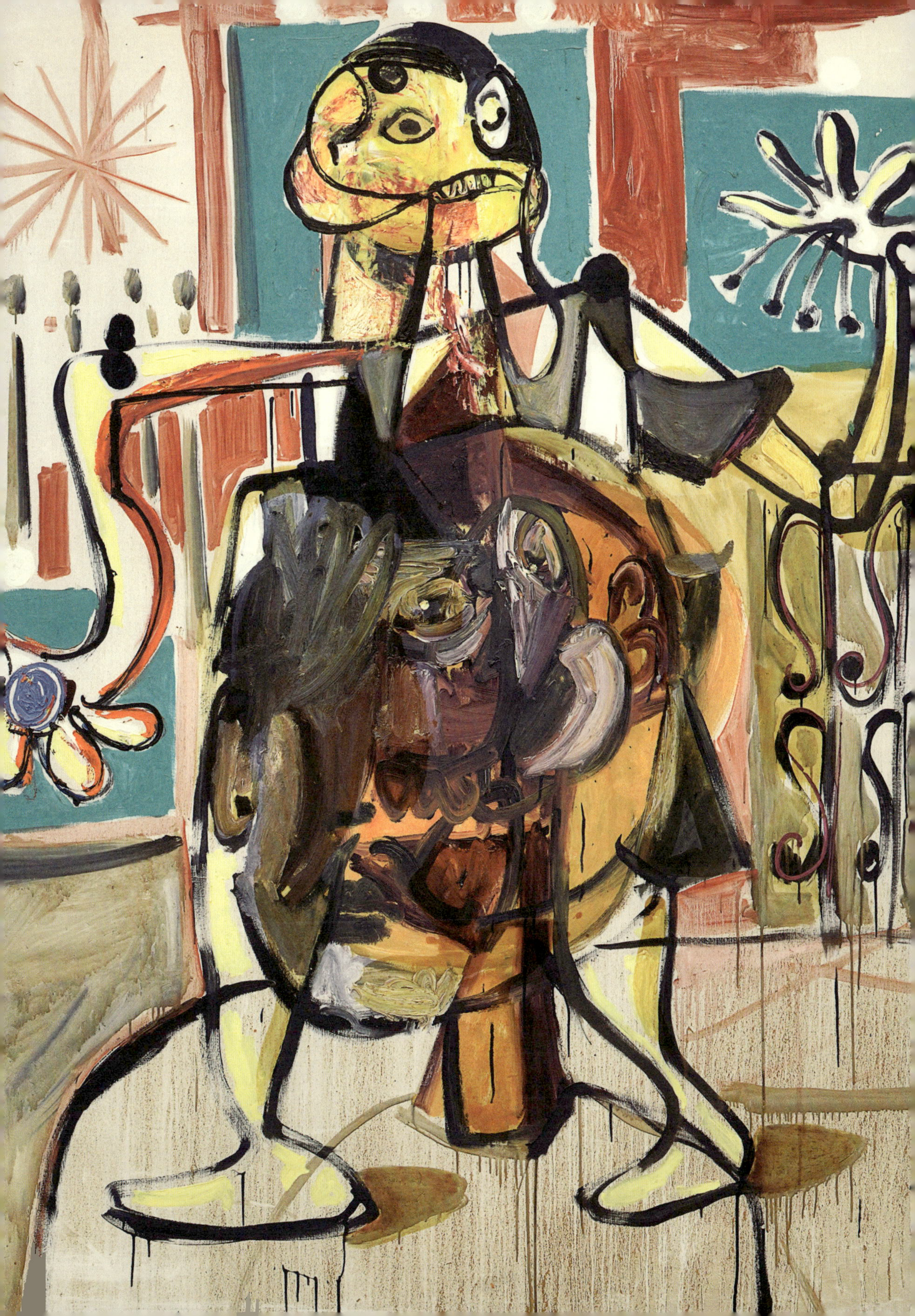

57

"[A mãe do narrador] não ergueu os olhos uma única vez e não olhou para o rosto da enferma" – olhar diretamente para a feiura de uma doença séria parece cruel. O narrador enumera uma série de razões possíveis para o olhar cabisbaixo da mãe:

> Talvez fosse para que esta [a avó] não se entristecesse ao pensar que a sua vista poderia inquietar a filha. Talvez pelo receio de uma dor muito forte, que não ousou afrontar. Ou respeito talvez, porque não acreditava lhe fosse permitido sem impiedade verificar a marca de alguma debilidade intelectual na face venerada. Talvez para melhor conservar mais tarde intata a imagem da verdadeira face de sua mãe, irradiante de inteligência e bondade.

58

Aqueles que encontramos ao longo de nosso calvário quase invariavelmente desviam o olhar e tentam não nos encarar, temendo que suas feições traiam sua compostura diante da visão, comumente desalentadora ou perturbadora, de uma pessoa doente, uma pessoa que pode ser enxergada como alguém que já não é ela mesma. A tensão ocular é, no entanto, percebida instantaneamente, e seria suportada com mais facilidade caso fosse encarada. Todos podemos nos beneficiar de alguma coragem e naturalidade diante de um corpo decadente, como quando sua afilhada de três anos pergunta: "Onde está o seu cabelo?". Isso não equivale, no entanto, a comentar: "Meu Deus! Como você parece doente!", quando você está de fato doente. Espontaneidade e denúncia, ou, em termos teológicos, confissão e condenação, são formas diametralmente opostas de se deparar com uma doença.

REFERÊNCIAS BIBLIOGRÁFICAS

Fragmento 1: Roland Barthes, *Roland Barthes por Roland Barthes*. Trad. Leyla Perrone-Moisés. São Paulo: Estação Liberdade, 2015, epígrafe. / Marcel Proust, *O tempo redescoberto*. Trad. Lúcia Miguel Pereira. São Paulo: Globo/Biblioteca Azul, 2006-2013, p. 240. Todas as citações presentes neste ensaio foram retiradas de Marcel Proust, *Em busca do tempo perdido*. 6 v., trad. Mario Quintana, Manuel Bandeira, Lourdes Sousa de Alencar, Carlos Drummond de Andrade e Lúcia Miguel Pereira. São Paulo: Globo/Biblioteca Azul, 2006-2013. / Lucas Matos (com Pieter Lastman), *Dentro da barriga da besta*. São Paulo: Lunaparque, 2020.

Fragmento 4: Ver Marcel Proust, *À la Recherche du temps perdu*. Org. Jean-Yves Tadié, 4 v. Paris: Gallimard, 1987--1989, v. 2, p. 1.518.

Fragmento 6: Marcel Proust, *O caminho de Guermantes*. São Paulo: Globo/Biblioteca Azul, 2007, p. 15.

Fragmento 12: Gilles Deleuze, *Sacher-Masoch – O frio e o cruel*. Trad. Jorge Bastos. Rio de Janeiro: Zahar, 2009, p. 13. / Roland Barthes, "Proust e os nomes", *in O grau zero da escrita*. Trad. Mário Laranjeira. São Paulo: Martins Fontes, 2004, p. 147.

Fragmento 15: Marcel Proust, *O caminho de Guermantes*, op. cit., p. 647. / *Ibidem*, p. 648.

Fragmento 17: Roland Barthes, *O grau zero da escrita*, op. cit., p. 147.

Fragmento 21: Marcel Proust, *O caminho de Guermantes*, op. cit., p. 370.

Fragmento 22: *Ibidem*, p. 355.

Fragmento 23: *Ibidem*, p. 356.

Fragmento 26: *Ibidem*, p. 356.

Fragmento 27: *Ibidem*, p. 134. / Anne Boyer, *The Undying: Pain, Vulnerability, Mortality, Medicine, Art, Time, Dreams, Data, Exhaustion, Cancer, and Care*. Nova York: Farrar, Straus and Giroux, 2019, p. 13.

Fragmento 28: Marcel Proust, *O caminho de Guermantes*, op. cit., p. 650.

Fragmento 33: *Ibidem*, p. 328.

Fragmento 34: Marcel Proust, *Sodoma e Gomorra*. São Paulo: Globo/Biblioteca Azul, 2008, p. 63.

Fragmento 35: Marcel Proust, *O caminho de Guermantes*, op. cit., pp. 496 e 330.

Fragmento 38: *Ibidem*, p. 353.

Fragmento 40: Mark Treharne, "Translator's Introduction", *in* Marcel Proust, *The Guermantes Way*. Org. Christopher Prendergast, 6 v. Londres: Penguin Classics, 2003, pp. vii-xiii. / Sarah Hazell, "Mustard Gas: From the Great War to Frontline Chemotherapy". Disponível em: scienceblog.cancerresearchuk.org/2014/08/27/mustard-gas-from-the-great-war-to-frontline-chemotherapy. Acesso em: 18.12.2020. Ver também, "Discovering Early Chemotherapy Drugs". Disponível em: www.icr.ac.uk/about-us/our-achievements/our-scientific-discoveries/we-discovered-chemotherapeutic-agents-which-are-still-in-use-more-than-50-years-later. Acesso em: 18.12.2020.

Fragmento 42: Marcel Proust, *O caminho de Guermantes*, op. cit., p. 353.

Fragmento 44: Cf. Boyer, op. cit., p. 145. / Marcel Proust, *O caminho de Guermantes*, op. cit., pp. 332-333.

Fragmento 45: Marcel Proust, *A prisioneira*. São Paulo: Globo/Biblioteca Azul, 2012, p. 189.

Fragmento 46: Cf. Karl S. Guthke, *The Gender of Death: A Cultural History in Art and Literature*. Cambridge: Cambridge University Press, 1999.

Fragmento 47: Marcel Proust, *O caminho de Guermantes*, op. cit., p. 347.

Fragmento 48: Marcel Proust, *A prisioneira*, op. cit., p. 189.

Fragmento 49: *Ibidem*, p. 190.

Fragmento 52: Marcel Proust, *O caminho de Guermantes*, op. cit., p. 345.

Fragmento 57: *Ibidem*, pp. 349-350.

Nascido em Lavras (MG), **Igor R. Reyner** (1987) é professor de história da música na Universidade Estadual do Paraná e doutor em letras pelo King's College London, na Inglaterra. Escritor, pesquisador e pianista, trabalha atualmente em um livro sobre Marcel Proust e em seu primeiro romance, *Gastura*. Sua primeira coleção de poemas, *Corpo sonoro & sound body* sairá pela editora Impressões de Minas – Leme.
Tradução de **Julia de Souza**

George Condo (1957) ocupa um lugar de destaque no cenário da pintura norte-americana há quatro décadas. As obras aqui reunidas são autorretratos realizados em diferentes momentos de sua vida, como quando foi diagnosticado com câncer nas cordas vocais, em 2015.

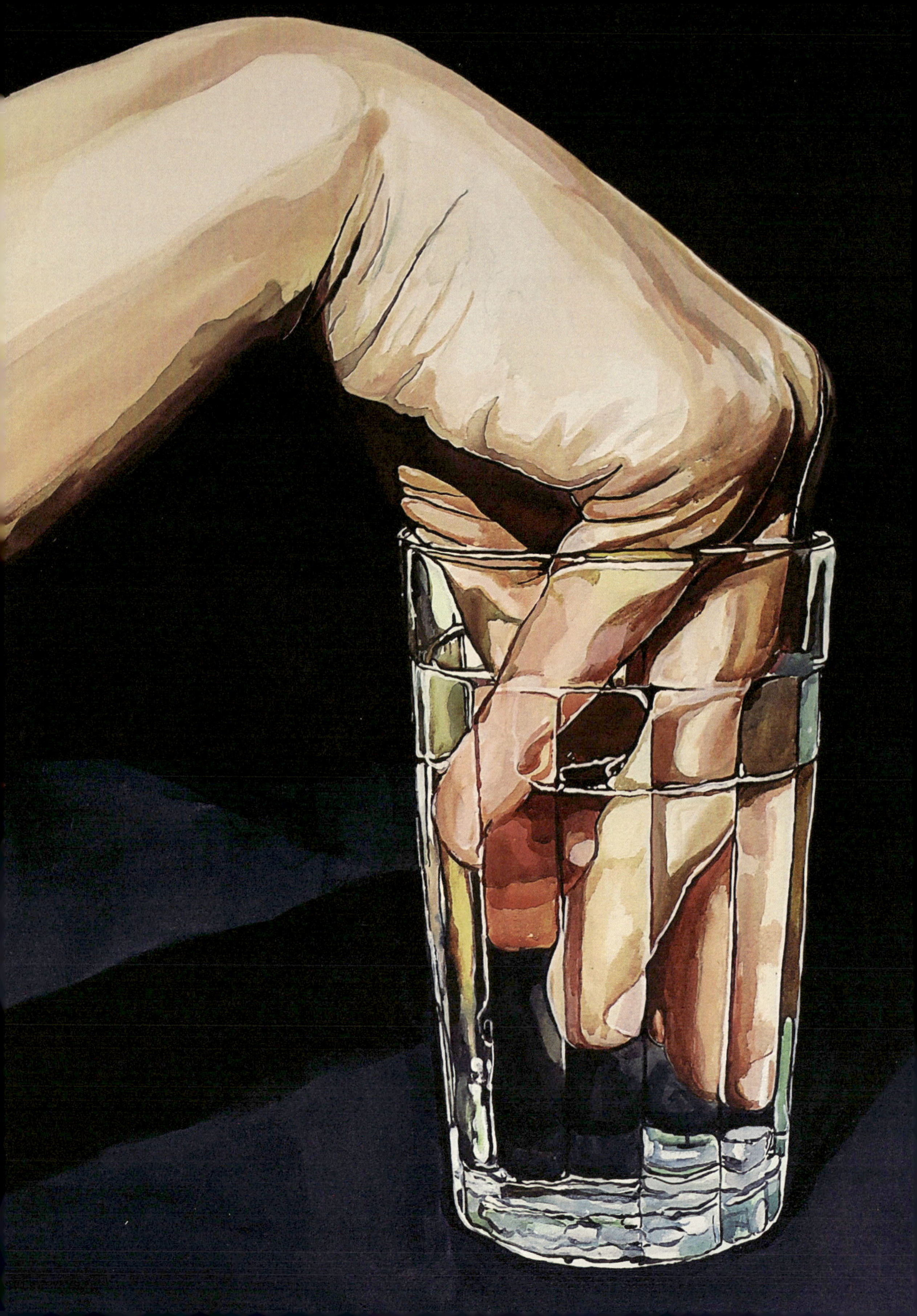

Os sentidos da humilhação

Vivian Gornick

De George Eliot a Erich Fromm, de Auschwitz ao 11 de setembro, os ataques ao amor-próprio podem produzir uma onda avassaladora de destruição

Sheila e eu fomos melhores amigas dos 10 aos 13 anos. Eu morava a quatro quarteirões de distância da escola primária onde estudávamos, e ela a dois. Ela esperava que eu passasse na frente da sua casa pela manhã, e acertávamos o passo ao entrar no prédio. Dali até as cinco e meia da tarde – horário em que as mães exigiam nossa presença em casa –, éramos inseparáveis. Do verão dos nossos 13 anos em diante, uma coisa inimaginável aconteceu: Sheila deixou de estar na frente da casa dela quando eu passava, deixou de guardar lugar para mim na classe, e depois da aula simplesmente desaparecia. Acabei me dando conta de que, sempre que a avistava, no corredor ou no pátio da escola, ela estava na companhia de uma garota nova na escola. Um dia me aproximei das duas, no pátio.

"Sheila", perguntei com voz trêmula, "a gente não é mais melhores amigas?"

"Não", Sheila respondeu, *ela* com voz forte e firme. "Agora eu e a Edna somos melhores amigas."

Fiquei ali, muda e paralisada. Um frio terrível me tomou, como se o sangue estivesse se escoando do meu corpo; logo

Jade Marra
s/t, 2020

em seguida, veio uma onda de calor, e eu me sentindo infeliz, um trapo, vazia, nascida para que me dissessem que comigo não seria possível, nem agora nem nunca.

Foi minha primeira experiência de humilhação.

Cinquenta anos depois, eu ia subindo a Broadway numa tarde quente de verão quando uma mulher que não reconheci bloqueou meu caminho. Falou meu nome, e, quando olhei para ela, intrigada, ela riu. "Sou a Sheila", disse. A cena no pátio da escola passou como um raio diante dos meus olhos e senti um frio no corpo todo: gelada, infeliz, um trapo. Comigo não seria possível, nem agora nem nunca.

"Ah", respondi, e ouvi minha voz apagada. "Oi", respondi.

Uma vez Anton Tchekhov observou que a pior coisa que a vida pode fazer com os seres humanos é infligir humilhação. Nada, nada, nada no mundo destrói mais a alma do que a humilhação declarada. Todas as outras afrontas podem ser toleradas ou superadas, mas não a humilhação. A humilhação assombra para sempre a mente, o coração, as veias, as artérias. Pode atormentar as pessoas por décadas, muitas vezes deformando suas vidas interiores.

É o que a diretora belga Chantal Akerman demonstra em *Jeanne Dielman: rua do Comércio 23, 1080, Bruxelas*. O filme é deliberadamente estático, dando a impressão de transcorrer em tempo real (são três horas e meia de duração). Acompanhamos três dias na vida de uma viúva parcimoniosa com um filho adolescente. Ela cozinha, lava, faz as compras, engraxa os sapatos do filho, acende as luzes quando entra num cômodo e as apaga ao sair. E, além disso, todas as tardes faz um programa. O programa é sempre com algum cidadão de aspecto respeitável; ela o ajuda a tirar o paletó, que escova e pendura como se fosse o do marido. E então, certo dia, acompanhamos pela primeira vez nossa protagonista e seu cliente até o quarto, onde a vemos deitada, submissa, enquanto o homem em cima dela cavalga. A câmera mostra o rosto dela: vemos como seu olhar vagueia sem se fixar em nada, da mesma forma como vimos antes os olhos de muitas mulheres no cinema ao ter relações sexuais indesejadas. E então, de repente, sem nenhuma pista do que está por vir, ela pega uma tesoura e golpeia o sujeito até a morte. *The end*.

Lembro-me de, quando a tela escureceu, continuar sentada, pregada à poltrona, chocada, mas de certa forma não surpresa. Logo depois, me dei conta: aquilo servia para todos eles, inclusive para o marido morto. Dentro ou fora do casamento, aquela mulher havia passado a vida fazendo o mesmo programa: deitar embaixo de algum homem que paga as contas e para o qual ela não tem realidade. Por que surpreender-se com o fato de que uma situação assim viesse a produzir, mais cedo ou mais tarde, o curto-circuito no cérebro que só uma punhalada no peito é capaz de desmontar?

Há muitas coisas que podemos dispensar na vida. Amor-próprio não é uma delas. Poderia parecer que a ausência de amor-próprio se assemelha muito a uma certa monotonia, mas as circunstâncias que podem levar as pessoas a sentir-se privadas desse sentimento variam tanto quanto as próprias pessoas. Um psiquiatra que entrevistou um grupo de homens presos por assassinato e outros crimes violentos perguntou a cada um deles a razão pela qual havia cometido o crime. Em quase todos os casos, a resposta foi: "Ele me tratou com desprezo". Por outro lado, tenho um primo, um médico, que se sente humilhado quando o caixa da mercearia não lhe dá o troco certo. A mulher dele, a mesma coisa: se outra mulher está com um vestido igual ao dela numa festa, ela se sente humilhada. Tive uma sogra cujas observações críticas me divertiam; a mulher seguinte do meu marido, porém, ficava mortalmente humilhada com o que ela dizia. A nova mulher do meu marido costumava me telefonar para dizer, furiosa: "Sabe o que aquela puta me disse hoje de manhã?", repetindo frases que para mim, ao ouvi-las, haviam sido inofensivas. Depois, temos o testemunho de Primo Levi, em *É isto um homem?*, suas memórias do campo de concentração. Levi nos conta que, considerando o volume monumental de morte e destruição à volta, era de certa forma espantoso que a humilhação das humilhações, aquela que permaneceu viva em sua mente pelo resto da vida, tenha sido o momento em que um *Kapo*, ao não achar nada com que limpar a mão suja de graxa, se virou para Levi e limpou a mão em seu ombro. Foi naquele momento que ele compreendeu visceralmente o que significava ser visto como coisa.

Acho que a reação exagerada à humilhação é característica de nossa espécie. Ao sentir-se desrespeitada, cada uma dessas pessoas – Levi, os homens da prisão, meu primo, a mulher do meu ex-marido – achou que seu direito à existência fora não apenas posto em dúvida, como praticamente obliterado. Diante disso, todos tendem a sair atirando ao abandonar o esconderijo que protegia sua prodigiosa tolerância ao sentimento de vergonha. Quando nos referimos a nós mesmos como um animal entre animais, dizemos uma inverdade. É exatamente isso que não somos. Um quadrúpede pode ficar enfurecido ao ser atacado por outro quadrúpede e não descansar enquanto não matá-lo, mas não vai experimentar a sede de vingança que o semovente sobre duas pernas ferido sente quando humilhado.

Numa resenha do crítico David Runciman sobre um livro do jogador de críquete Shane Warne, fiquei sabendo que em outros tempos o sonho do atleta era ser jogador de futebol australiano, só que ele não era bom o bastante. Quando se provou que era brilhante como jogador de críquete – um dos grandes arremessadores de todos os tempos –, foi esse o caminho que escolheu para chegar à fama e à fortuna. Mas jogava "com uma lâmina de gelo no coração". Não desejava necessariamente ferir o batedor, mas esperava de coração levá-lo a fazer papel de bobo. "Lá no fundo", escreve Runciman, Warne queria que o batedor "se sentisse um merda, tão ruim quanto ele próprio se sentira ao receber a carta que o informava que não era bom o bastante".

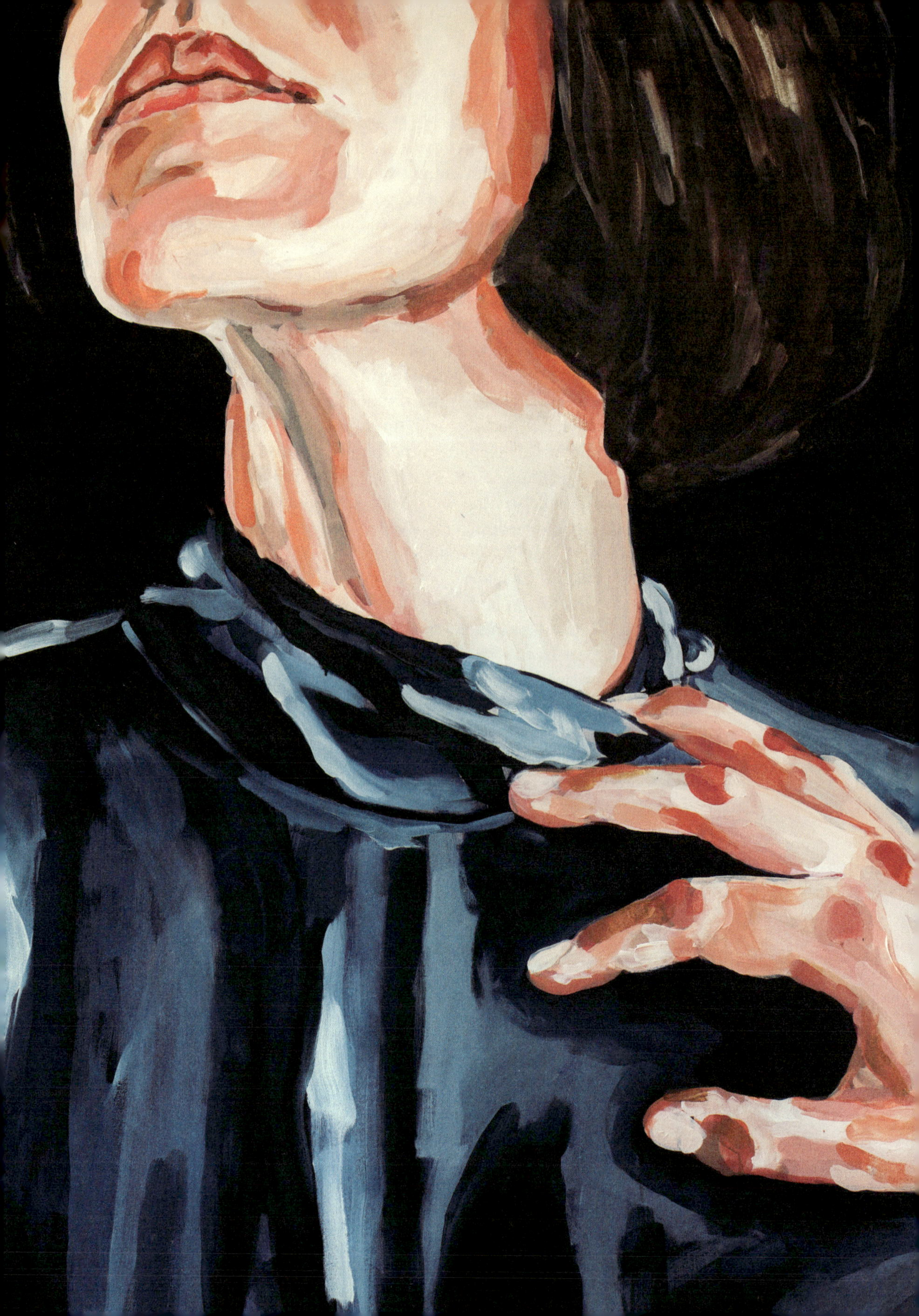

O que é notável no caso é a tenacidade com que Warne se aferrou à lembrança de ter fracassado como jogador de futebol australiano. Toda vez que agia com malícia no campo de críquete, revivia o momento em que imaginara que estava sendo descartado, mantendo essa lembrança no peito, sentindo-se aquecido por sua chama viva, certo de que ela energizava seu talento. Runciman não conta o que Warne, agora aposentado do críquete, faz de seu desmedido apreço pelo mal que lhe fizeram, mas não nos faltam exemplos do que acontece com aqueles que aceitam ficar a vida inteira reféns de um sentimento de humilhação.

Quando Harvey Weinstein foi identificado publicamente como criminoso sexual, houve quem se perguntasse por que ele sentia necessidade de obrigar mulheres ao sexo não consensual quando sem dúvida havia muitas mulheres em Hollywood que teriam ido para a cama com ele sem a menor dificuldade. O colunista Frank Bruni, do *New York Times*, tinha razão quando escreveu que "as cenas de horror do quarto de hotel [de Weinstein] tinham a ver tanto com o sentimento de humilhação quanto com o desejo erótico". A questão, no caso, era: a qual humilhação Bruni se referia – a de Weinstein ou a das mulheres? A resposta é: às duas. Pense em todas as rejeições insultantes que Weinstein deve ter engolido enquanto não chegou a uma posição de poder. Em como essas lembranças devem ter circulado diariamente em seu sistema nervoso. Em quanto sua pele deve ter ardido toda vez que ele se olhava no espelho. De que outro recurso ele dispunha, primitivo como era, senão o de deslocar toda essa efervescência interna para as mulheres em relação às quais se sentia autorizado – legalmente (pensava ele) e culturalmente (ele sabia) – a forçar a servi-lo? Para uma criatura como ele, nenhuma quantia de reparações será suficiente, nunca. A única coisa adequada será reencenar continuamente o crime da humilhação, num melodrama emocional em que não importa quem é o protagonista e quem são os coadjuvantes.

A primeira vez que entendi a humilhação como um elemento capaz de arrasar o mundo foi na manhã em que vi o World Trade Center evaporar de uma esquina do Greenwich Village e pensei: essa é a revanche por um século de humilhação. Mais adiante descobri que há uma profusão de escritos acadêmicos afirmando que é comum existir um sentimento nacional de humilhação na raiz da decisão de um país

s/t, 2019

de entrar em guerra. Evelin Gerda Lindner, uma psicóloga germano-norueguesa ligada à Universidade de Oslo, dedicou sua vida profissional a construir hipóteses sobre o papel central da humilhação no início, na manutenção e na interrupção de conflitos armados. Quando um país, por uma ou outra razão, se acredita diminuído aos olhos do resto do mundo e transmite esse sentimento de insulto nacional de geração em geração, chega o dia, por mais distante no futuro que esse momento possa estar, em que esse sentimento exige retaliação. Os historiadores observaram que, depois da derrota da França na Guerra Franco-Prussiana de 1870, o sentimento de humilhação que dominou a política francesa se manteve até a deflagração da guerra de 1914; humilhação semelhante se disseminou pela Alemanha depois da derrota do país na Primeira Guerra Mundial, levando à ascensão de Adolf Hitler e a um nível de sede de vingança que quase destruiu o mundo ocidental.

No miúdo, essa devoção ao insulto de caráter nacional se traduz no que ocorre entre os indivíduos de um e de outro lado do confronto. É vital que o soldado se recuse a ver o homem que veste o uniforme inimigo como uma criatura semelhante a ele, do contrário talvez não seja capaz de puxar o gatilho; a melhor maneira de garantir essa recusa é destruindo a irredutível humanidade que todas as pessoas acreditam possuir.

Primo Levi se refere frequentemente ao recurso nazista à "violência inútil". A expressão significa que, embora todo mundo em Auschwitz – guardas, sentinelas, comandantes – soubesse que os prisioneiros estavam destinados a ir para a câmara de gás ou levar um tiro na cabeça, nem por isso se deixava de espancá-los, tratá-los aos berros, ordenar que ficassem em pé, nus, em posição de sentido, respondendo à chamada durante uma ou duas horas, várias vezes por semana, ao relento, em todo tipo de clima.

Antes das guerras do Afeganistão e do Iraque, eu acreditava que os americanos fossem incapazes de praticar tais horrores. Depois de Abu Ghraib, me dei conta de que os americanos eram tão propensos quanto os cidadãos de qualquer outro país a infligir o tipo de humilhação que deixa o prisioneiro indiferente à perspectiva de viver ou morrer.

Em abril de 2011, a *New York Review of Books* publicou uma carta assinada por dois professores de direito protestando pelas condições às quais estava submetida Chelsea Manning, militar do exército norte-americano que denunciou abusos cometidos no Iraque: em confinamento solitário, respondendo a cada cinco minutos à pergunta "você está bem?" e, na mesma semana em que a carta foi escrita, obrigada a dormir nua e a se apresentar nua à inspeção diante da porta de sua cela.

Os juristas declararam que esse tratamento equivalia a uma violação do estatuto criminal norte-americano contra a tortura e definiram os métodos adotados pelo exército como, entre outras coisas, "procedimentos com o propósito de perturbar profundamente os sentidos ou a personalidade". Na realidade, penso que, se fosse obrigada a me apresentar nua em público, com toda a certeza minha personalidade ficaria perturbada – e profundamente. O título do artigo era: "A humilhação do soldado Manning".

A humilhação dá o tom e a forma das obras nas quais aparecem os seguintes personagens: Gwendolen Harleth, de George Eliot, Heathcliff, de Emily Brontë, conde de Monte Cristo, de Alexandre Dumas, Hester Prynne, de Nathaniel Hawthorne, Jane Eyre, de Charlotte Brontë, Bartleby, de Herman Melville, Gatsby, de F. Scott Fitzgerald, Lily Bart, de Edith Wharton, Bigger Thomas, de Richard Wright. Muitos desses personagens são levados a sofrer materialmente, contudo sua dor material não é nada perto da dor imaterial que sofrem simplesmente por estar numa posição que suscita a aversão e a ansiedade daqueles que parecem dar todas as cartas mas têm necessidade de manter por perto o atormentado inferior – só para garantir.

Desses personagens, o único cujo destino sempre joga água na minha fervura é Gwendolen Harleth, de *Daniel Deronda*, romance de 1876 de George Eliot. Ela poderia posar, vestindo uma túnica grega, para uma estátua pública em cujo pedestal constasse uma única palavra: humilhação. Gwendolen é jovem, bela, maravilhosamente egoísta e, aos 18, já sabe que o casamento, para uma mulher, significa escravidão. Contudo, sua mãe viúva e suas irmãs estão à beira da miséria, de modo que só lhe resta casar – com o homem mais rico que a quiser. Entra em cena Henleigh Grandcourt, um personagem com características tão genéricas que acaba sendo uma caricatura do aristocrata vitoriano malvado: distante, imbuído de intenso desdém pela humanidade – daqueles de cortar o aço. Durante o período de namoro, Grandcourt é calculadamente paciente, até generoso, e Gwendolen, iludida, imaginando que será fácil manipulá-lo e fazê-lo corresponder a suas expectativas, esquece o receio de perder a independência. Assim que os dois se casam, porém, Grandcourt passa a exibir a pouca estima reservada a um troféu que, tendo sido obtido, perdeu o valor. Ele jamais encosta a mão em Gwendolen, raramente comparece sexualmente ou mesmo mostra algum interesse pelas ocupações da mulher. Ela, porém, é posta permanentemente na situação de dar-se conta (muito como Isabel Archer em *O retrato de uma senhora*) da prisão que a vontade de aço do marido (sancionada pela lei e pelos hábitos sociais) construiu em torno dela. Em menos de um ano, Gwendolen percebe que seu casamento é uma condenação à morte.

Há um momento no livro que, para mim, sempre exemplificou a perturbação dos sentidos a que a humilhação doméstica cotidiana pode levar. Grandcourt possui uma joia de família, uma tiara de diamantes que deve ser usada no cabelo de uma mulher. Gwendolen detesta os tais diamantes, já que agora detesta e teme o marido. Uma noite, quando os dois estão se preparando para sair para uma festa, Gwendolen se exibe para ele em toda a sua beleza de seda e cetim, na esperança de deixá-lo de bom humor. Pergunta se sua aparência o agrada. Ele olha apreciativamente para ela.

"Ponha os diamantes", disse Grandcourt, olhando diretamente para ela com seu olhar rigoroso.

Gwendolen, por sua vez, fez uma pausa, temerosa de demonstrar qualquer emoção, e mesmo assim sentindo que algum tipo de alteração havia transparecido quando seus olhos encontraram os dele. Mas precisava responder, e disse, esforçando-se para demonstrar indiferença: "Ah, não, por favor. Acho que diamantes não combinam comigo."

"Sua opinião não tem nada a ver com isso", disse Grandcourt, com a discreta prepotência revestida de uma calma vespertina e de um esmero semelhantes aos de sua indumentária. "Quero que você use os diamantes."

"Ah, desculpe... Prefiro estas esmeraldas", disse Gwendolen, amedrontada, apesar de ter se preparado. Aquela mão branca do marido que agora alisava o bigode era capaz, imaginava, de contornar seu pescoço e ameaçar estrangulá-la; porque o medo que ela sentia dele, ao mesclar-se à vaga premonição de que havia uma calamidade reativa assombrando sua vida, atingira o nível de superstição.

"Faça-me o favor de me dizer por que se recusa a atender meu desejo e usar os diamantes", disse Grandcourt. Os olhos dele continuavam fixos nela, e ela sentiu seus próprios olhos se apertarem diante dos dele como se quisessem impedir a entrada de uma dor.

Gwendolen cede, usa os diamantes e, daquele momento em diante, sonha todos os dias com uma fuga de sua vida que só pode ser obtida com a morte – dela ou dele; em pouco tempo, isso se torna indiferente para ela. O problema é resolvido quando Eliot faz Grandcourt cair de um barco durante um passeio e permite que Gwendolen assista, mesmerizada, enquanto ele se afoga, implorando que ela lhe jogue uma corda. Ela está com 22 anos; sua vida se encerrou.

Ponha os diamantes. Anos a fio, ouvi a ameaça na voz de Grandcourt toda vez que via ou sentia uma mulher se debatendo para libertar-se de um marido ou amante despótico. A qualidade patética da posição da mulher – a da pessoa que nasceu para a subordinação sancionada – sempre me pareceu emblemática de todo o sadismo autorizado a florescer nas relações íntimas, fadadas a acabar um belo dia com uma reviravolta no cérebro que já não tolera submeter-se ao jugo.

As histórias de abuso no ambiente de trabalho reveladas desde o surgimento do movimento #MeToo, em 2017, me

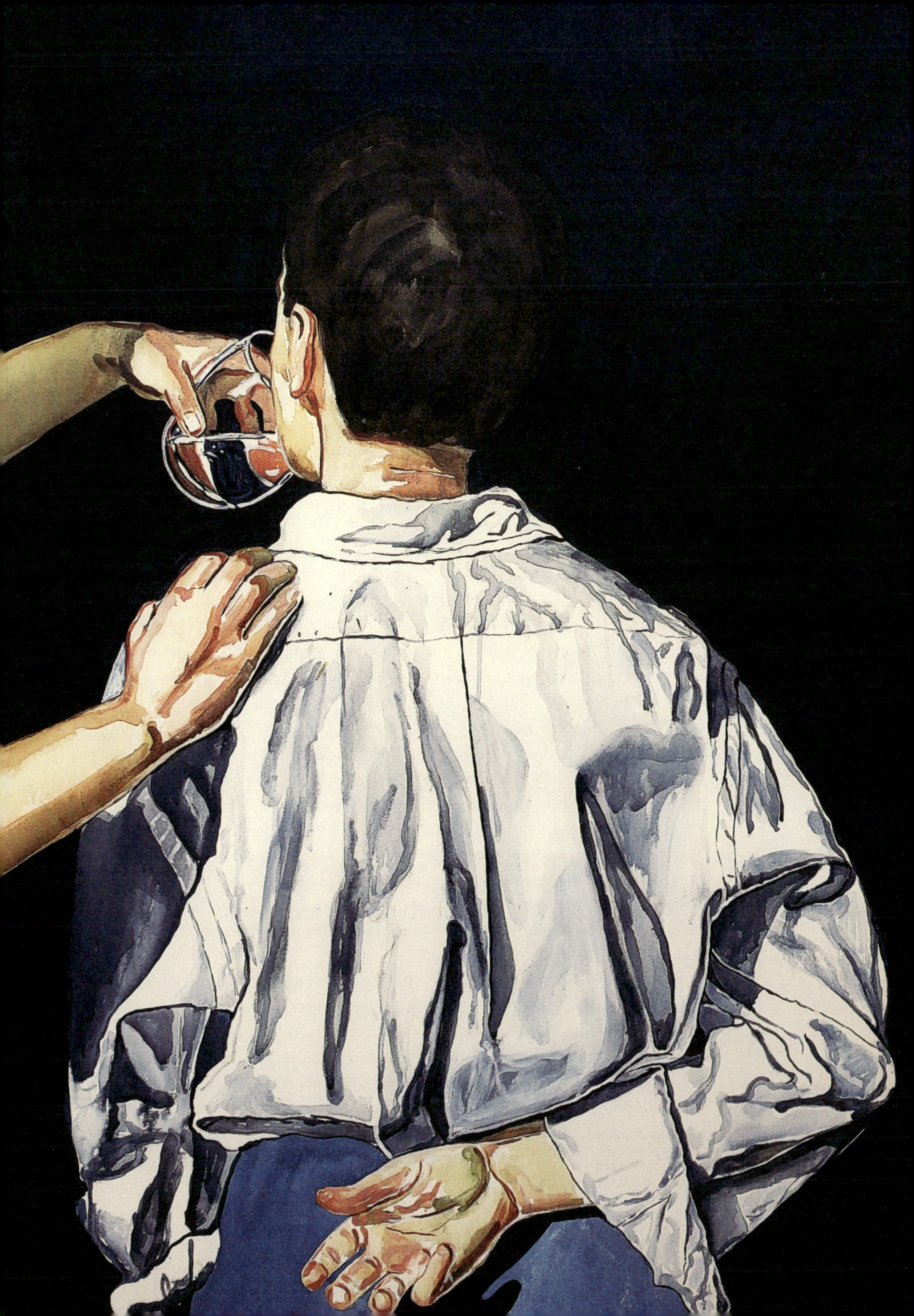

deixaram zonza com o vasto escopo das acusações. Elas iam desde um roçar de braços ou comentário sobre um vestido sensual até a agressão física, e revelavam comportamentos ao mesmo tempo considerados aceitáveis e percebidos como ofensivos. Dentre essas histórias, achei especialmente impressionantes os exemplos mais singelos do tipo de ofensa sexual visto como desimportante ao longo de gerações, aqueles que tipificavam o uso instrumental que homens e mulheres costumam fazer um do outro.

Imagino uma mulher entrando em seu escritório todos os dias úteis ao longo de anos, com um aperto na garganta, estômago embolado, preparada para engolir a dose de remédio que precisa engolir se quiser manter aquele emprego. Essa mulher não menciona o ritual abjeto a ninguém, porque sabe que os homens iriam rir e as mulheres revirar os olhos, de tão trivial que é sua queixa; mas dia após dia, mês após mês, a sensação é de que alguma coisa vital, nela, está se desgastando: algum sentimento de individualidade de que estava tomando consciência no exato instante em que sentiu que talvez o estivesse perdendo. O que a atormenta é o desamparo de sua posição – o choque de perceber que está indefesa numa cultura que aceita como normal aquilo que ela percebe como degradante.

Em 2017, quando essas mulheres estavam começando a mostrar a cara – fisionomias contorcidas de fúria, vozes sibilantes, salivando –, provocando um tsunâmi de ressentimento que parecia nos afogar a todos, tanto mulheres como homens, elas estavam demonstrando que, quando os insultos permanecem ignorados por muito tempo, é possível que um dia cheguem a derrubar uma civilização.

Por que dói tanto, prejudica tanto, por que ficamos tão horrivelmente desestruturadas? Por que a vida parece intolerável – isso mesmo, intolerável – se nos sentimos diminuídas a nossos próprios olhos? Ou, quem sabe, uma maneira melhor de formular a questão seja virando-a do avesso para indagar, como uma sábia mulher que conheço fez um dia: por que precisamos ter boa opinião sobre nós mesmas? Ah, sim, pensei, quando ela formulou a questão dessa forma... por que não basta sermos alimentadas, vestidas e abrigadas, termos liberdade de expressão e movimento? Por que também precisamos ter boa opinião sobre nós mesmas?

Essa questão persegue todas as culturas: não importa quem, não importa onde, todos queremos saber por que razão somos como somos; produzimos escolas de pensamento e de fé, século após século, que acenam com a promessa de uma explicação que amenize, se não nosso sofrimento, ao menos nossa inquietação. Sigmund Freud, cujo pensamento analítico se concentrou em curar-nos das divisões internas que nos tornam vulneráveis à autodepreciação, encontrou uma explicação que por muito tempo ofereceu a maior das esperanças; sua imaginação empática deu origem à cultura terapêutica, equipada com sua enciclopédia de teorias concebidas para lidar com o dilema.

A psicanálise explica que, desde o momento em que nascemos, ansiamos por reconhecimento. Mal abrimos os olhos e já queremos uma resposta. Precisamos estar aquecidos e secos, sim, reconfortados e acariciados, mas precisamos mais ainda de que nos cuidem com interesse e afeto, como se fôssemos uma coisa de valor. O mais comum é que recebamos apenas uma pequena parcela do que precisamos, sendo que muitas vezes não recebemos nada. A convicção emocional de que não somos merecedores se instala. Nenhum de nós chega a se recuperar completamente desse estado. Em geral nossos sentimentos vão para o subsolo da nossa mente e seguimos em frente, sem fazer mais mal aos outros do que o que nos fizeram. Alguns de nós, porém – a começar pelos que nasceram na classe, no sexo ou na raça errada, ou quem sabe aqueles cuja aparência física provoca chacota ou rejeição –, ficam tão avariados que, convencidos de que foram os outros que os levaram a não gostar de si mesmos, se tornam perigosamente antissociais. O esforço para superar esse quadro primitivo é o objetivo da análise, mas é comum que o trabalho se arraste indefinidamente, enquanto nossos demônios se recusam a dar trégua; é quando a terapia começa a dar a impressão de ser uma esperança romântica de salvação fadada a fracassar.

Na década de 1940, o psicólogo social Erich Fromm formulou a mesma questão: em resumo, por que sucumbimos tão facilmente à humilhação? E chegou a um ponto não muito distante daquele ao qual Freud havia chegado. A tese de Fromm, em sua grande obra *O medo à liberdade*, era simples; assim como Freud antes dele, Fromm não hesitou em recorrer à convenção de usar histórias míticas para deixar seu *insight* claro para o leitor comum.

No caso de Freud, a historinha vinha dos clássicos; em Fromm, do Gênesis. Os seres humanos, argumentou Fromm, viviam fundidos à natureza até o dia em que provaram da Árvore do Conhecimento; a partir daí, passaram a ser animais dotados da capacidade de raciocinar e de saber que tinham sentimentos. Desde então, ficaram sendo criaturas à parte, não mais fundidas ao universo que durante tanto tempo haviam habitado em pé de igualdade com outros animais estúpidos. Para a raça humana, o dom do pensamento e da emoção originou tanto a glória da independência como o castigo do isolamento; de um lado essa dicotomia nos deixava orgulhosos, de outro, solitários. A solidão acabou sendo nossa ruína. Ela ficou sendo, para nós, o castigo entre os castigos. Perverteu nossos instintos de tal forma que nos tornamos estranhos a nós mesmos – sendo esse o verdadeiro sentido da alienação – e, com isso, incapazes de sentir-nos vinculados aos outros. O que, evidentemente, nos deixou ainda mais solitários. A incapacidade de conectar-nos resultou em culpa e vergonha: uma culpa terrível, uma vergonha desproporcional; vergonha essa que gradualmente se transformou em humilhação. Se houve algum estigma que sobreviveu ao exílio do paraíso – ou seja, o útero –, a prova de que éramos incapazes de ter uma vida bem-sucedida, foi esse. De que outra

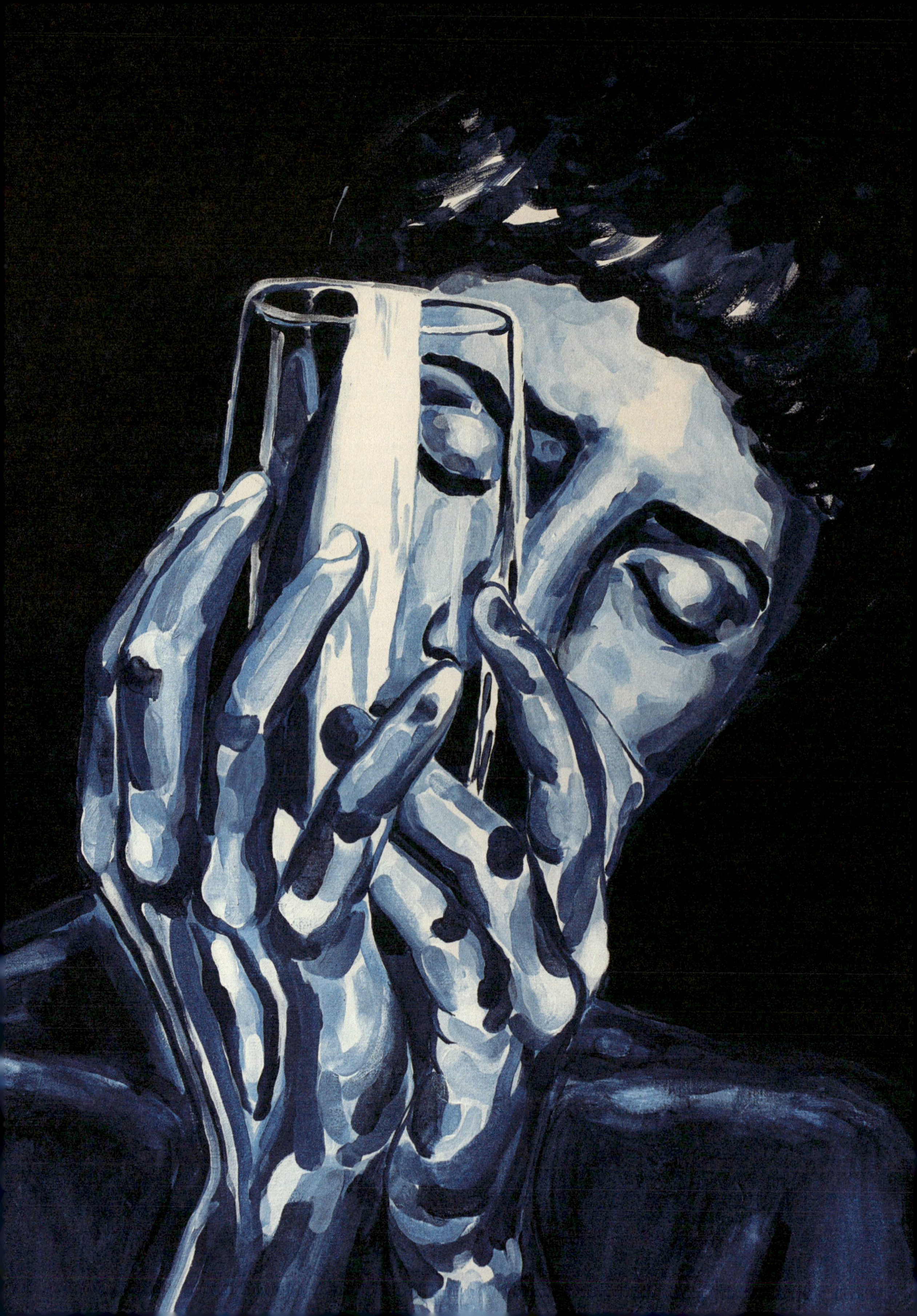

maneira explicar todos os séculos ao longo dos quais os seres humanos se sentiram mortalmente envergonhados de admitir que eram solitários?

Fromm e Freud convergem na afirmação de que o próprio fator que ocasionou nossa ascensão e depois nossa queda – a consciência – é o único capaz de nos libertar desse sentimento difuso de solidão. O problema é que essa consciência que nos foi outorgada mal dá para o riscado; se quisermos conquistar a liberdade interna, é preciso que nos tornemos mais (muito mais) conscientes do que em geral somos. Se os homens e as mulheres aprenderem a ocupar plena e livremente seus próprios seres dotados de espírito, afirmou Fromm, obterão autoconhecimento e com isso deixarão de estar sozinhos: terão a companhia de si mesmos. E, uma vez acompanhados, poderemos nos sentir benévolos para conosco e também para com os outros. E então, como um vírus extirpado, a solidão humilhante certamente começaria a esmorecer. Essa é uma proposta que somos convidados a abraçar apoiados na fé.

O grande Borges achava que é melhor olhar para nosso estado interno dividido como sendo uma das grandes oportunidades da vida – a de mostrar-nos merecedores do sangue que pulsa em nossas veias. "Tudo que acontece", escreveu ele, "inclusive as humilhações, desgraças, constrangimentos, tudo é dado como barro", para que possamos "fazer das circunstâncias miseráveis de nossas vidas" algo digno do dom da consciência.

Fico por aqui.

Vivian Gornick (1935) é jornalista de múltiplos interesses, destacando-se especialmente no ensaio pessoal e nos textos memorialísticos. É autora de 11 livros de não ficção, dentre eles *Afetos ferozes* (Todavia), discreta obra-prima que examina as relações entre mãe e filha. É professora de escrita de não ficção na New School, tendo ensinado ainda em Harvard e Iowa. Este ensaio foi publicado na *Harper's Magazine* em outubro de 2021.
Tradução de **Heloisa Jahn**

A artista visual **Jade Marra** (1992) nasceu em Belo Horizonte e vive em São Paulo.

À sombra do *huaquero*

Gabriela Wiener

Um tataravô até pode passar despercebido, a menos que tenha levado para a Europa quatro mil peças pré-colombianas num tempo em que bastava remexer terra para ser considerado arqueólogo

O mais estranho de estar sozinha aqui, em Paris, na sala de um museu etnográfico quase ao pé da Torre Eiffel, é pensar que todas essas estatuetas que se parecem comigo foram arrancadas do patrimônio cultural do meu país por um homem cujo sobrenome carrego.

Meu reflexo na vitrine se mistura com os contornos dessas figuras – pele marrom, olhos como pequenas feridas brilhantes, nariz e pômulos de bronze com o mesmo lustro dos meus –, a ponto de formar com elas uma única composição, hierática, naturalista. Um tataravô não passa de um vestígio na vida de uma pessoa, mas não quando ele levou para a Europa a bagatela de quatro mil peças pré-colombianas. E quando seu maior mérito é não ter encontrado Machu Picchu, mas ter chegado muito perto.

O Musée du Quai Branly fica no VII distrito, em pleno cais que lhe dá o nome, e é um daqueles museus da Europa que abrigam grandes coleções de arte não ocidental, da América, Ásia, África e Oceania. Trocando em miúdos, são museus muito bonitos, erguidos sobre ações muito feias. Como se seus

Nicole Franchy
Série *Vacío tropical*, 2018

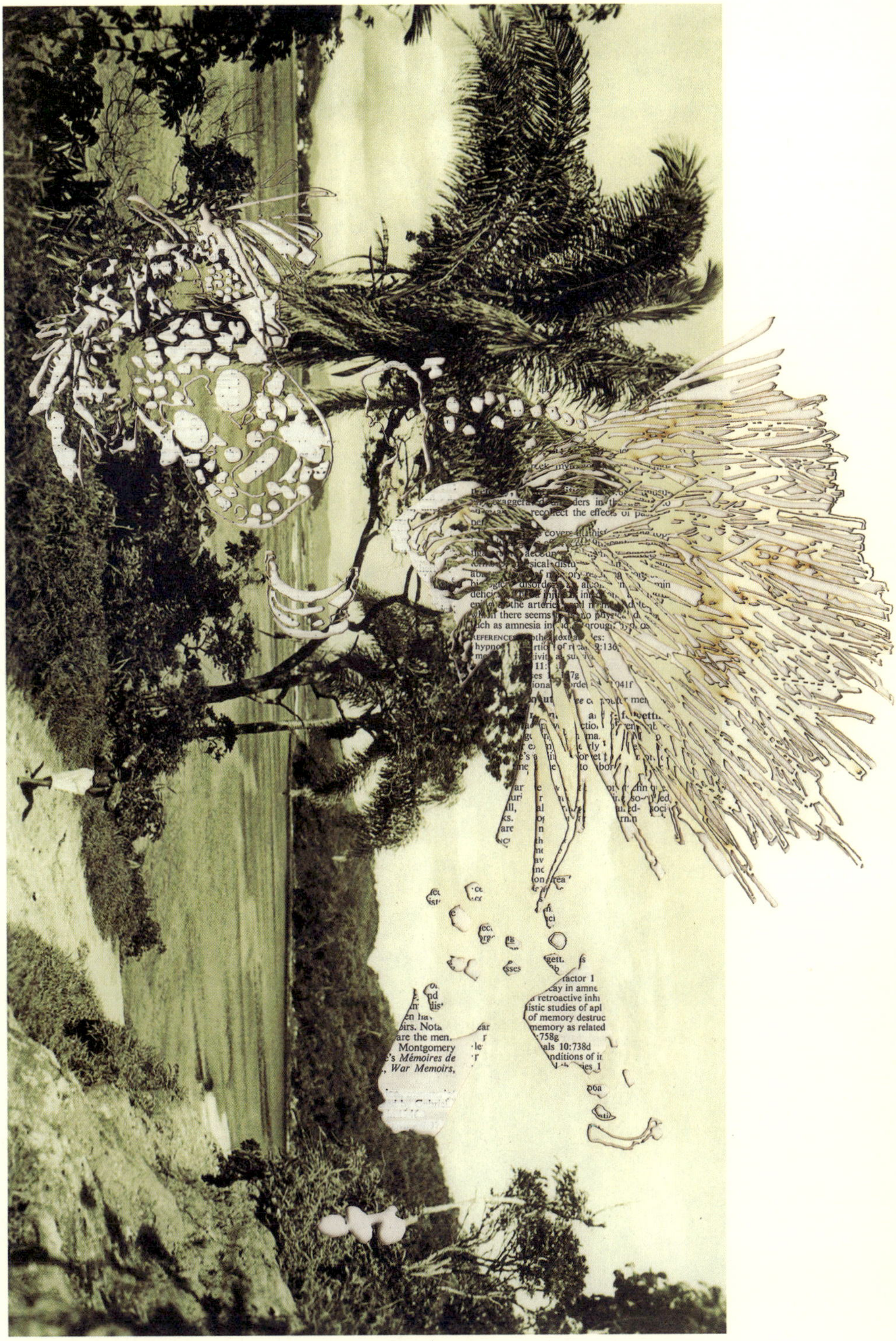

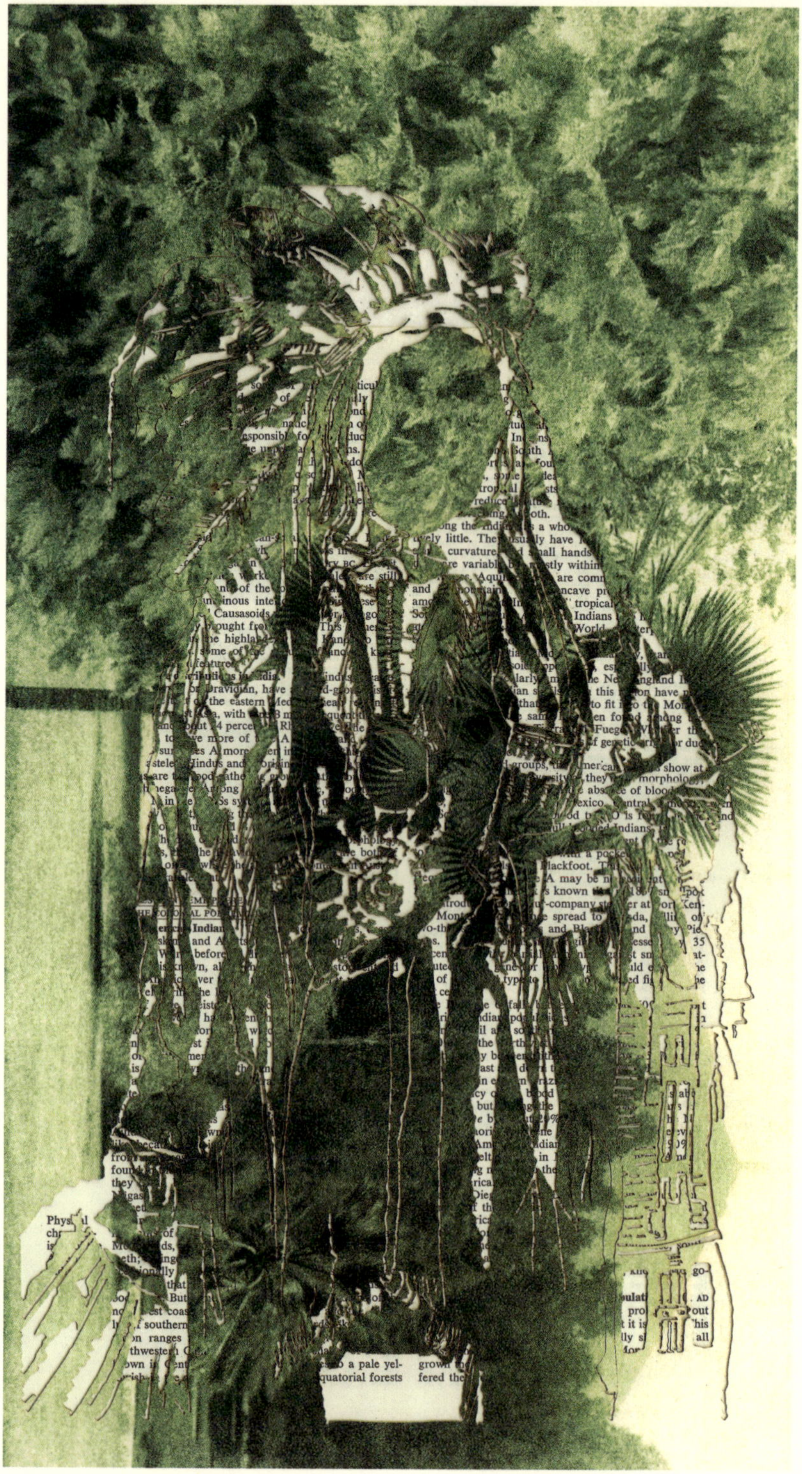
a pale yel-
quatorial forests
grown
fered the

criadores acreditassem que, pintando os tetos com motivos da arte aborígine australiana e enchendo os corredores de palmeiras, a gente se sentiria um pouco em casa e esqueceria que tudo ali dentro deveria estar a milhares de quilômetros. Inclusive eu.

Aproveitei uma viagem de trabalho para finalmente conhecer a coleção Charles Wiener. Toda vez que vou a um lugar como este, preciso reprimir a vontade de reivindicar a posse desses objetos e, em nome do Estado peruano, pedir que me devolvam tudo, impulso que se acentua na sala que leva meu sobrenome, cheia de estatuetas de cerâmica antropomórficas e zoomórficas de diversas culturas pré-hispânicas com mais de mil anos. Tento achar uma proposta de percurso, um caminho que contextualize as peças no tempo, mas elas são exibidas de forma desconexa e isolada, nomeadas apenas com rubricas vagas ou genéricas. Tiro várias fotos da parede onde se lê "Mission de M. Wiener", como quando viajei à Alemanha e, com duvidosa satisfação, vi meu sobrenome por toda parte. Wiener é um desses sobrenomes derivados de lugares, como Epstein, Aurbach ou Guinzberg. Algumas comunidades judaicas costumavam adotar o nome de sua cidade ou aldeia por motivos sentimentais. Wiener é um gentílico, significa "vienense" em alemão. Como as salsichas. Demoro alguns segundos para perceber que o M. é de *Monsieur*.

Embora a sua viagem tenha sido uma missão científica do típico explorador do século 19, nas reuniões de amigos costumo brincar que meu tataravô era um *huaquero* internacional. Chamo de *huaqueros*, sem meias palavras, os saqueadores de sítios arqueológicos que até hoje pilham e traficam bens culturais e artísticos. Podem ser cavalheiros muito intelectuais ou mercenários e podem levar tesouros milenares para museus da Europa ou para as salas dos seus casarões limenhos. A palavra "*huaquero*" vem do quíchua "*huaca*" ou "*wak'a*", nome dos locais sagrados dos Andes que hoje, em sua maioria, são sítios arqueológicos ou simples ruínas. Em suas catacumbas costumavam ser sepultadas as autoridades comunitárias com seu enxoval funerário. Os *huaqueros* invadem sistematicamente esses lugares à procura de tumbas ou objetos valiosos e, por causa dos seus métodos pouco profissionais, costumam deixá-los em petição de miséria. O problema é que essa prática inviabiliza todo estudo posterior confiável, tornando impossível rastrear qualquer marca de identidade ou memória cultural para reconstruir o passado. Por isso, *huaquear* é uma forma de violência: transforma fragmentos da história em propriedade privada para adereço e decoração de um ego. Os *huaqueros* também são homenageados com filmes de Hollywood, como os ladrões de quadros. São malfeitos não isentos de glamour. Wiener, para ficar no exemplo do meu tataravô, passou à posteridade não só como estudioso, mas como "autor" desta coleção de obras, apagando seus autores reais e anônimos, respaldado pelo pretexto científico e pelo dinheiro de um governo imperialista. Naquele tempo, bastava remexer um pouco de terra para ser chamado de arqueólogo.

Percorro as galerias da coleção Wiener e, em meio às vitrines abarrotadas de *huacos*, uma delas me chama a atenção por estar vazia. Na legenda, leio *Momie d'enfant*, mas não há nem rastro dela. Por alguma razão, esse espaço em branco me acende um alerta. Por ser um túmulo. Por ser o túmulo de uma criança não identificada. Por estar vazio. Por ser, afinal, um túmulo aberto ou reaberto, infinitamente profanado, exibido como parte de uma exposição que conta a história do triunfo de uma civilização sobre outras. Será que a privação do sono eterno de um menino pode contar essa história? Eu me pergunto se levaram a pequena múmia para restauração como se fosse um quadro, deixando a vitrine vazia como um aceno para certa arte de vanguarda. Ou se o espaço onde ela não está é uma denúncia permanente do seu desaparecimento, como quando roubaram um Vermeer de um museu em Boston e a moldura vazia foi deixada para sempre na parede, para que ninguém se esquecesse do quadro e do roubo. Fico especulando sobre a ideia do roubo, da mudança, da repatriação. Se eu não viesse de um território de desaparecimentos forçados, onde se costuma desenterrar mas sobretudo enterrar clandestinamente, pode ser que esse túmulo invisível atrás do vidro não me chamasse a atenção. Mas algo insiste dentro de mim, talvez porque a legenda diga que a múmia ausente era de uma criança da Costa Central, de Chancay, do departamento de Lima, da cidade onde eu nasci. Minha cabeça vagueia entre pequenas fossas imaginárias, cavadas na superfície, finco a pá no vão da irrealidade e retiro a poeira. Desta vez meu reflexo de perfil incaico não se mistura com nada e é, por alguns segundos, o único conteúdo, ainda que espectral, da vitrine vazia. Minha sombra presa no vidro, embalsamada e exposta, substitui a múmia, borra a fronteira entre a realidade e a montagem, restaura o corpo faltante e propõe uma nova cena para a interpretação da morte: minha sombra lavada e perfumada, esviscerada, sem antiguidade, como uma pinhata translúcida cheia de mirra, algo que não possa ser devorado e devastado pelos cães selvagens do deserto.

Um museu não é um cemitério, por mais que pareça. A exposição de Wiener não explica se o pequeno ausente foi sacrificado num ritual, se foi assassinado ou se morreu de causas naturais; nem quando nem onde. O certo é que este lugar não é uma *huaca* nem o topo de um vulcão propício à oferenda aos deuses e aos homens para que abençoem a colheita e a chuva caia grossa e constante como nos mitos, como uma saraivada de dentes de leite e rubros grãos de romãs sumarentas regando os ciclos da vida. Aqui as múmias não se conservam tão bem como na neve.

Os arqueólogos dizem que, nos vulcões mais altos do extremo sul, as crianças encontradas parecem dormir em tumbas de gelo, e ao vê-las pela primeira vez tem-se a impressão de que a qualquer momento poderiam acordar do seu sono de séculos. Elas se conservam tão bem que quem as vê pensa que poderiam

Beginning of the Andes

d Precambrian rock
anabara are among

Brazil
inent.

th America was ce fr a vasion by se
stic Period (from 25, 00,000 to 19
rs ago C e in ted fro C
th to Patagonia in the south, so eti
kness of almost 10,000 feet t e la
riod, the P Basi c me a hug
s es deposited at this time are at least
borne rigin and now cover more than
miles.

começar a falar no mesmo instante. E nunca estão sozinhas. Juntas foram enterradas as Crianças de Llullaillaco, na cordilheira dos Andes: a Menina do Raio, de 7 anos; o Menino, de 6; e a Donzela, de 15. E juntas foram desenterradas.

Numa época nem tão remota, aqui mesmo, numa capital europeia, as crianças também eram enterradas no mesmo setor do campo-santo, como se fossem todas irmãzinhas ou tivessem sido levadas ao mesmo tempo por uma peste e passassem a habitar uma espécie de minicidade fantasma dentro da grande cidade dos mortos, para que, se acordarem no meio da noite, possam brincar juntas. Sempre que visito um cemitério tento dar uma passada pelo espaço *kids*, vou lendo entre sobressaltos e suspiros as despedidas que as famílias deixaram nas lápides e fico imaginando suas vidas frágeis e suas mortes, muitas vezes causadas por doenças banais. Penso, diante desse sepulcro infantil não encontrado, se o terror que a morte das crianças nos provoca hoje não virá dessa antiga fragilidade, se não teremos esquecido o costume de sacrificá-las, a normalidade de perdê-las. Nunca vi um túmulo de uma criança contemporânea. Quem no seu perfeito juízo levaria o cadáver do filho a um cemitério? Só se for louco. Quem inventaria de enterrar uma criança, viva ou morta?

Essa criança sem túmulo, ao contrário, esse túmulo sem criança, não só não tem irmãos nem companheiros de brincadeiras, como agora está perdida. Se ela estivesse aí, imagino uma pessoa, eu mesma, cedendo ao impulso de pegar no colo a *Momie d'enfant*, o guri *huaqueado* por Wiener, envolto num tecido com motivos de serpentes bicéfalas e ondas de mar roído pelo tempo, e sair correndo pelo cais afora, deixando o museu para trás, e disparar rumo à torre, sem nenhum plano concreto além de fugir para bem longe daqui, dando tiros para o alto.

—

O avião não chegou a tempo, ou é isso que costumamos dizer quando alguém morre, como se não fôssemos nós que sempre chegamos tarde. Minha mãe, que para variar passou dias evitando revelar-me a verdadeira gravidade do problema, finalmente abriu o jogo e me ligou pedindo que eu fosse lá, que eu voasse, vem voando, Gabi, porque teu pai não vai aguentar muito; e tive de reconhecer que no fundo eu poderia ter deduzido que isso ia acontecer. Desnorteada, zanzando pelo T4 do aeroporto de Barajas, peguei o voo transatlântico com um nó na garganta e quando aterrissei já não havia mais nó, nem enredo, nem pai.

Nada prepara a gente para o luto, nem todos aqueles livros tristes que eu vinha lendo feito louca havia uma década. Eu podia reconhecer Goldman falando com uma árvore numa rua do Brooklyn, uma árvore que podia ser sua mulher Aura depois de ser morta por uma onda. Ou Rieff soltando tiradas inteligentes no hospital para que ninguém notasse o quanto sofria pela mãe, a egocêntrica Sontag, incapaz de aceitar que estava morrendo. Ou Del Molino tocando mil vezes a mesma música no iPod para esconjurar a maldita leucemia do seu bebê. Ou Bonnet repetindo mentalmente para entender que seu filho não vivia mais: "O Daniel se matou". Ou Hitchens cheio de câncer mandando Deus à merda. Ou Herbert lidando com o fato de ser filho de uma puta à beira da morte. Ah, todos esses livros eu me lembro de ter lido em uma sentada, pois cada vez que me afastava das suas páginas sentia que estava deixando os autores sozinhos diante do perigo, e não podia me permitir essa traição. É verdade, como diz Joan Didion, que todos nós sobrevivemos mais do que pensamos ser capazes. E algumas pessoas fazem isso para um dia poder escrever algo que ninguém em sã consciência poderia escrever, um livro que fale sobre o luto. Eu nunca poderia fazer uma coisa dessas.

Ao chegar em casa, na casa da minha família, entre os poucos pertences que meu pai me deixou, encontro perplexa o famoso livro escrito por Charles Wiener. Na capa, sobre a gravura marrom da paisagem cusquenha, reconheço as letras vermelhas do título e o nome do meu tataravô. Também o celular do meu pai, que ele usou até poucas horas antes de morrer, e seus óculos, que descansam sobre o catatau de páginas amareladas e gastas pelo tempo. Fico por alguns minutos instalada no vazio que o enxuto testamento do meu pai finge preencher. Ainda não pego seu celular, como que tentando deixar a menor quantidade possível de pistas na cena do crime. Meu pai acaba de morrer de câncer terminal num leito de hospital. E agora, para não naufragar por completo, tento me orientar em meio às ilhotas dispersas e às profundezas insondáveis da sua partida. Dizem que, nas fossas abissais, as espécies mais comuns são as bioluminescentes. Sempre penso nisso quando mais no escuro me sinto. Nos seres que reagem quimicamente à escuridão produzindo luz. Digo a mim mesma que também posso fazer isso, que sou capaz; afinal, se um molusco só precisa de uma enzima e um pouco de oxigênio para brilhar e confundir os predadores, por que eu não poderia?

Apanho o livro, começo a folheá-lo de trás para a frente e reparo num apêndice que eu não tinha visto, assinado por um certo Pascal Riviale. O título do posfácio é "Charles Wiener, viajante científico ou homem midiático?". É um texto breve, escrito com uma ironia quase sarcástica, que quase chega a ser um libelo; nele, Riviale sustenta que Wiener, mais que um cientista, foi um homem com habilidades sociais e comunicativas: "Seu estilo por vezes enfático, por vezes sentencioso e cheio de humor – mais próximo do romantismo lírico de um Marcoy que do rigor científico de um D'Orbigny – era mais afim aos salões mundanos que aos gabinetes de pesquisa". Em seguida, ele se regozija numa sentença lapidar: "Seu caminho estava traçado: às favas a verdade histórica, viva a arqueologia novelesca!". E termina dizendo que o motivo do seu sucesso foi saber trabalhar certa imagem pública de si mesmo. Nesse ponto, me vem à mente um velho rumor que circula no mundo acadêmico dos peruanistas e que minha família preferiu ignorar: há quem sustente que Wiener é um farsante, um impostor.

Finalmente ligo o celular do meu pai. Quero saber o que ele fez nas suas últimas horas ou ficar com uma parte dele que não morreu. Sei que estou fazendo algo que a maioria achará condenável, mas a violação da intimidade de um morto é sempre relativa quando se trata do seu pai. É uma dívida que ele tem com você. A verdade, também relativa, de certas coisas, tratando-se do meu pai, é parte de um legado que me pertence.

Sem hesitação, começo fazendo uma busca pelo nome da mulher com que meu pai teve uma relação paralela e clandestina por mais de 30 anos e outra filha fora do casamento. E a primeira mensagem que aparece é uma em que ele a recrimina por certa infidelidade.

A infidelidade dentro da infidelidade.

Ponho os óculos sujos do meu pai, e pela primeira vez na vida, sinto ainda mais forte desde que saí do avião tarde demais para encontrá-lo vivo, que talvez devesse começar a pensar seriamente que algo desse ser fraudulento me pertence. E não sei mais se me refiro ao meu pai ou a Charles.

—

Em todas as casas dos Wiener que eu conheço há um exemplar emoldurado dessa reprodução vagabunda em branco e preto do rosto severo do austríaco enfeitando um móvel. Dizem que o retrato original sempre esteve na família e que uma das irmãs do meu avô o guardou até a morte.

A lenda do meu tataravô Wiener é a do discreto professor de alemão que da noite para o dia vira um Indiana Jones.

Um dos meus tios, o que dizem ser mais parecido com ele e se tornou historiador inspirado na façanha do bisavô, foi o único que, nos anos 1980, chegou a ver o livro de Charles, *Peru e Bolívia*, em francês, numa biblioteca parisiense, e até pensou em tentar editá-lo no Peru. Por isso, quando a tradução para o espanhol finalmente saiu, em 1993, meu tio sentiu certa frustração ao ver que outras pessoas tinham passado na sua frente, mas sobretudo se entusiasmou porque afinal poderia ler o livro.

No dia do lançamento em Lima, dividiram a mesma mesa o tradutor do livro e o consagrado romancista Edgardo Rivera Martínez, o ex-presidente do Peru Fernando Belaúnde e outros peruanos ilustres, num ato de certa importância cultural. Orgulhosa de que o legado de Charles finalmente fosse reconhecido, minha família compareceu em peso ao evento, e os organizadores anunciaram nossa presença: "Esta noite temos o prazer de contar com os únicos descendentes de Wiener no nosso país", disseram. Eles nem de longe suspeitavam que Charles tinha deixado um filho aqui e que havíamos nos

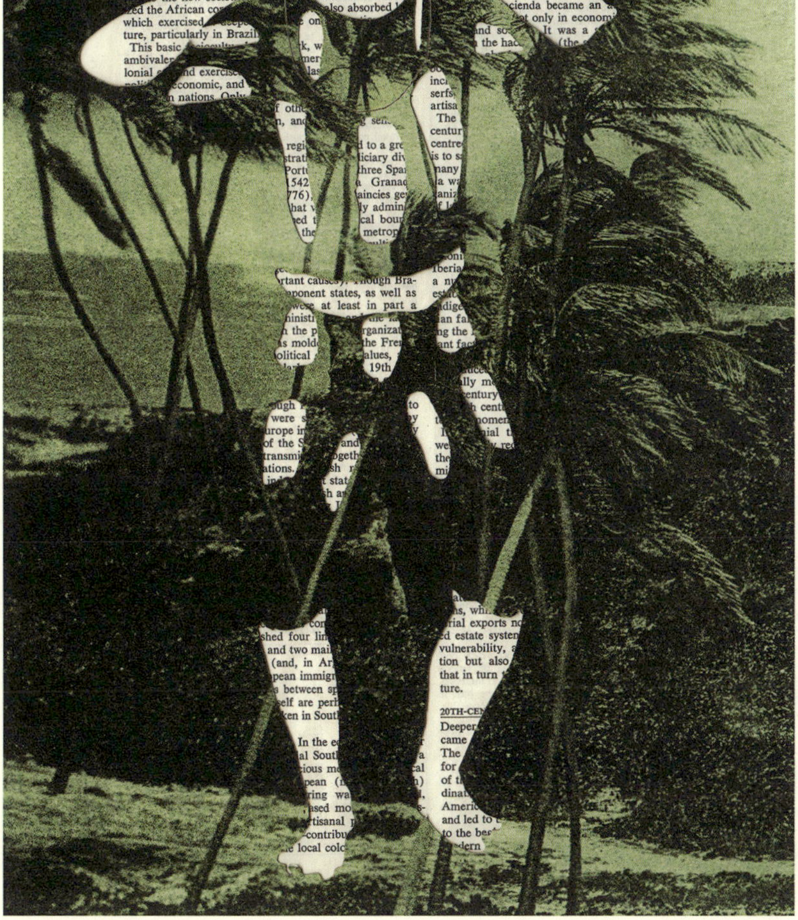

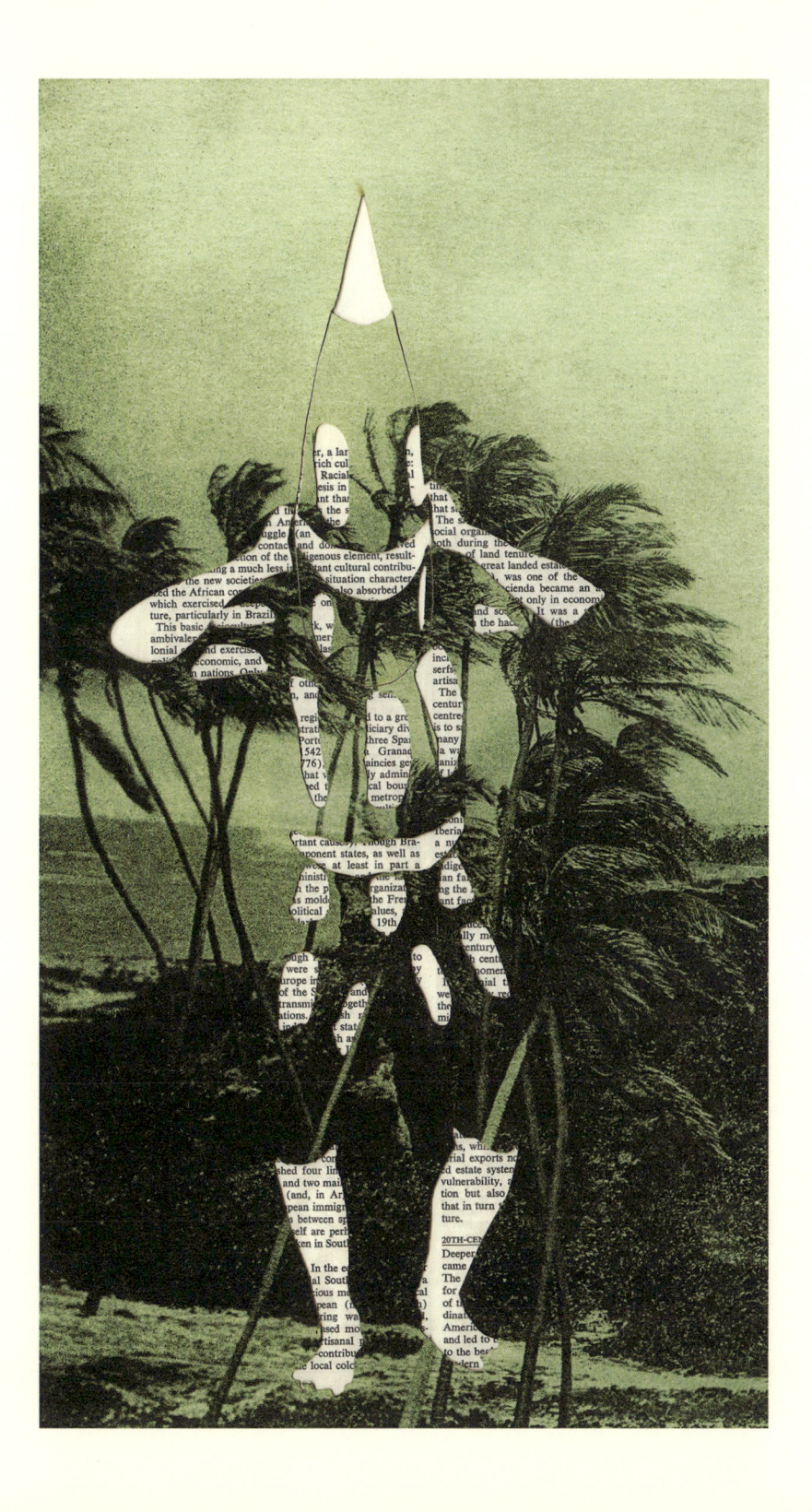

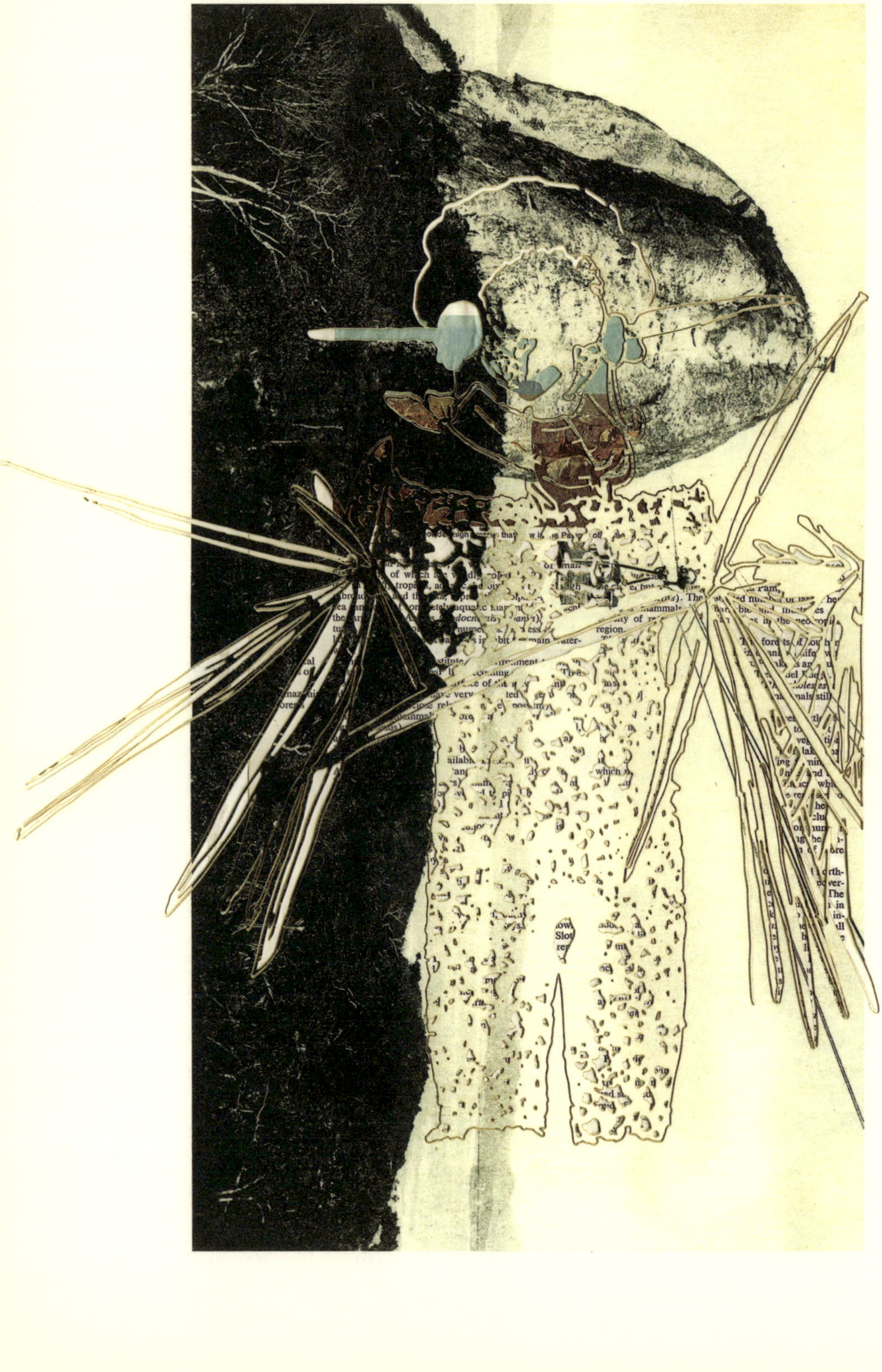

multiplicado à margem da sua figura. Também podíamos ser um bando de impostores, mas eles não se deram ao trabalho de averiguar. E nós, na verdade, também não poderíamos ter apresentado nenhuma prova. Minha família se levantou das cadeiras, sentindo pela primeira vez que esse sobrenome pomposo e estrangeiro tinha alguma serventia.

Na verdade, sem contar aquele retrato sobre a cômoda ou a mesinha de centro das nossas casas anônimas, Charles começava então a ser conhecido no Peru como um dos primeiros estudiosos europeus a confirmar a existência de Machu Picchu, quase 40 anos antes que Hiram Bingham chegasse e a *National Geographic* fotografasse o monumento pela primeira vez, revelando para o mundo sua majestade. Nas imagens em branco e preto da revista, o verde intenso das suas montanhas aparecia retinto; o pico de Huayna Picchu, envolto numa estola de nuvens imaculadas; a atalaia, intacta; as três janelas do céu; a pedra Intihuatana e o relógio de sol, indicando a hora exata. Charles chegou bem perto disso tudo. De fato, foi quem mais perto chegou. É nesse ponto que sempre começo a imaginar como seria minha vida se eu fosse uma autêntica descendente do "descobridor" de uma das Novas Sete Maravilhas do Mundo, por mais que a gente saiba como é essa história da descoberta da América e de outras coisas que sempre estiveram aí. Será que agora eu teria uma casa com piscina? Poderia ir à cidadela no trem turístico sem pagar nada? Poderia reivindicar a posse dessas terras, como muita gente vem fazendo desde a chegada do gringo explorador, em 1911? Deveria ter deixado minha assinatura num dos muros de granito da Porta do Sol – a exemplo de Agustín Lizárraga, o supervisor de pontes cusquenho que chegou lá em 1902, nove anos antes do próprio Bingham, só para sair da cena da história com um gesto *punk*, inconsequente, infantil –, como quem diz "se não fosse meu tataravô e seu mapinha, você não estaria aqui tirando uma selfie?".

Mas Wiener não conseguiu a façanha e, ainda por cima, deixou muitas pistas nas suas anotações de terreno, com uma localização bem aproximada que ajudou Bingham a chegar até lá, porque não raro entregamos o ouro ao inimigo. "Falaram-me de outras cidades, de Huayna Picchu e de Machu Picchu, e resolvi realizar uma última excursão para o Leste, antes de seguir rumo ao Sul", escreveu sobre o desvio que o levaria até outras ruínas muito menos importantes e o afastaria definitivamente do achado mais extraordinário da história do Peru. Ter chegado bem perto, a um passo do sucesso, nunca foi um consolo. De fato, entre todas as formas do fracasso, esta é uma das mais exasperantes. E ninguém gostaria de reivindicá-la como herança.

No seu livro, Charles traçou um mapa exato do vale de Santa Ana, com as indicações que recebia dos moradores locais, incluindo os marcos de pedra, e se aproximou muito da estrada real, mas acabou errando o caminho e não descobriu nada, perdeu a chance de ganhar a medalha por topar com uma construção de séculos atrás, fincar a bandeira e cantar "A marselhesa".

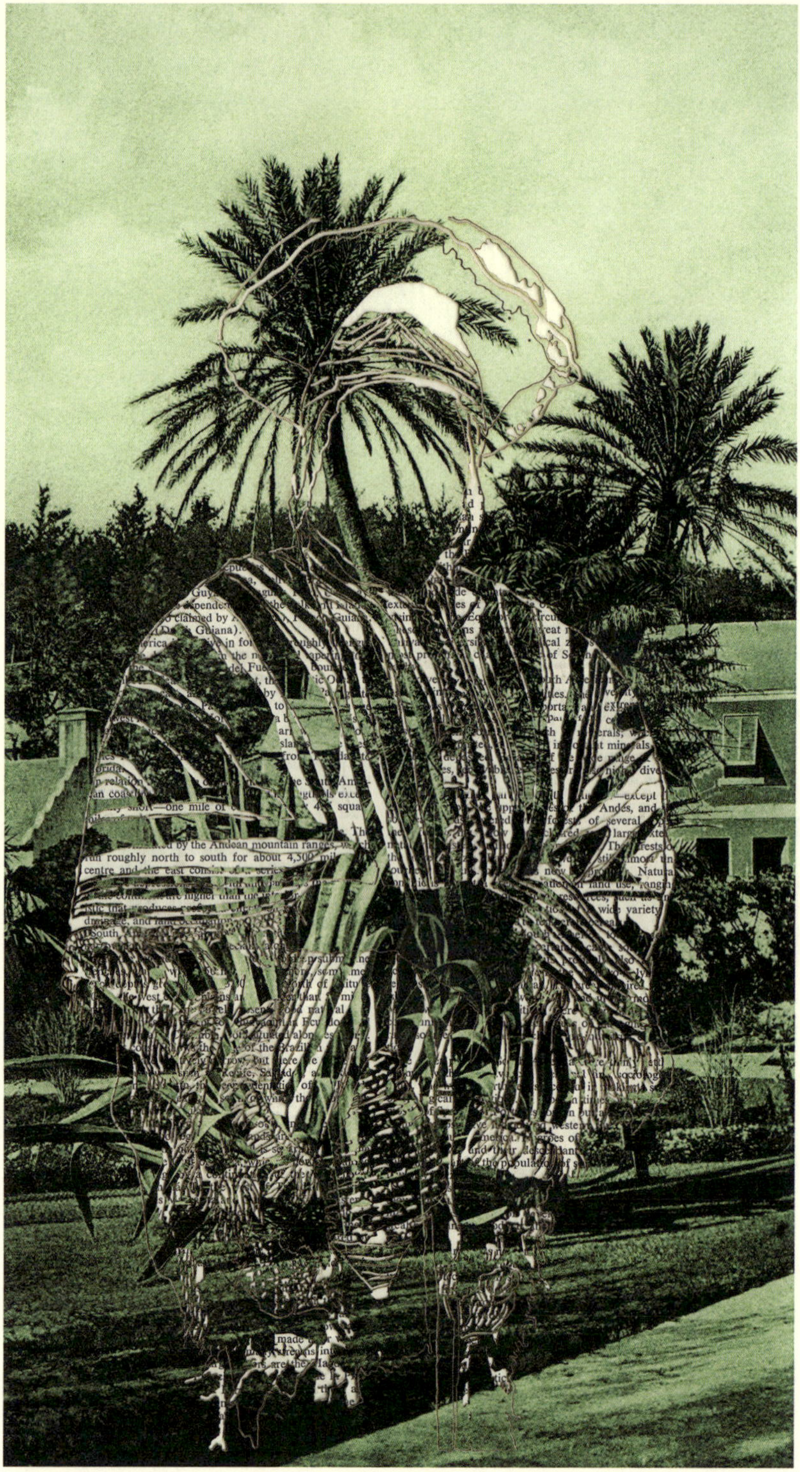

Não teve a invejável sorte da sua tataraneta que, já no finzinho do século 20, fumou um baseado num sonho dourado, cheia de gratidão ao fim da viagem diante da deslumbrante aparição, por entre a névoa, da verde e rochosa cidade perdida dos incas, depois de subir picos a cerca de cinco mil metros de altitude, descer longas trilhas do vale sagrado e caminhar vários dias entre o mato pela estrada inca, dormindo sob o céu estrelado junto às suas melhores amigas, morrendo de vontade de alisar seus seios. Podemos afirmar, sem medo de mentir, que apesar de tudo eu cheguei a Machu Picchu antes de Charles. Eu simplesmente cheguei. Ele não.

Na quarta capa do livro de 900 páginas, publicado originalmente na França em 1880, o estudioso peruano Raúl Porras Barrenechea celebra Wiener, ao lado de Cieza e Raimondi, como um dos grandes viajantes do Peru republicano. Belaúnde aponta "a penetrante observação do humanista", e o historiador Pablo Macera afirma que, para Wiener, "a história era uma atitude vital, mais que um método ou uma forma de evasão". Gosto da frase de Macera. Já que eu descendo irremediavelmente de um homem branco europeu, prefiro mil vezes que seja de um aventureiro, e não de um doutor *honoris causa*.

Por muitos anos meu pai guardou o livro como um tesouro, com suas dezenas de gravuras pitorescas da vida indígena, num lugar especial e inalterável da nossa biblioteca. Eu, no entanto, sempre que arrisquei uma incursão por suas primeiras páginas, fechei o volume horrorizada, incapaz de entendê-lo como a fascinante crônica de viagem do século 19 que é para tanta gente, e sobretudo incapaz de assimilar seus juízos sobre os índios selvagens. Nada desse personagem eurocêntrico até a alucinação, violento e terrivelmente racista tinha a ver com o que eu sou, por mais que minha família o glorificasse.

Deixei de pensar no livro durante muitos anos. Aquele tijolo que me pesava na consciência quase com seu peso real estava no Peru, e eu na época já morava do outro lado do Atlântico; mas mesmo assim, de vez em quando, sobretudo quando numa conversa alguém puxava o assunto do meu tataravô *huaquero*, me incomodava pensar que eu ainda não o tinha lido, afinal sou escritora, e até o momento ele é o único Wiener que escreveu um livro de sucesso.

Gabriela Wiener (1975) é uma das principais representantes de um amplo movimento de renovação do jornalismo latino-americano. Nascida no Peru e radicada em Madri, faz de suas vivências o tema principal de uma obra variada em reportagem, ficção e poesia. No registro do ensaio pessoal, é autora de livros como *Nueve lunas* e *Sexografías*. Na **serrote** #**32**, publicou "Três". Este trecho abre *Huaco retrato*, ainda inédito em português e que será lançado no Brasil pela Todavia.
Tradução de **Sérgio Molina**

A artista peruana **Nicole Franchy** (1977) interroga a herança colonial do Peru em obras como as da série *Vacío tropical*, que dá novos sentidos a imagens retiradas de antigos atlas etnográficos.

O semelhante não é o que parece

Márcio Suzuki

Leibniz e Jorge Luis Borges encontram-se num mundo em que as grandezas são relativas, e o tempo, circular

OS DEUSES ENCURTAM AS COISAS

No parágrafo 18 de seu famoso tratado *Da pintura*, Alberti recorre a uma curiosa hipótese filosófica para evidenciar o modo pelo qual a perspectiva é capaz de dar a ver as coisas do mundo no espaço exíguo de uma tela. O arquiteto e teórico renascentista escreve ali:

> E ao que foi dito convém acrescentar a opinião dos filósofos, que afirmam que, se por determinação dos deuses, o céu, as estrelas, o mar, os montes e todos os animais e todos os corpos se tornassem menores pela metade, aconteceria que nada nos pareceria de alguma forma diminuído. Com efeito, o grande e o pequeno, o longo e o breve, o alto e o baixo, o largo e o estreito, o claro e o obscuro, o luminoso e o sombreado e outras coisas semelhantes, porque podem ser e não ser inerentes às coisas, os filósofos costumam chamá-los de acidentes e são de tal ordem que todo o seu conhecimento se processa por comparação.[1]

[1] Leon Battista Alberti, *Da pintura*. Trad. Antonio da Silveira Mendonça. 4. ed. Campinas: Editora da Unicamp, 2014, pp. 85-86. Tradução ligeiramente modificada.

Não é difícil ver nessa passagem a antecipação do que seria a visão moderna, leibniziana ou kantiana, da espacialidade: como diz o texto, as grandezas são relativas, elas podem ou não estar associadas às coisas mesmas, e é por isso que costumam ser chamadas de acidentes. Todo o conhecimento de grandezas se faz por comparação (nem o grande nem o pequeno existem absolutamente, mas apenas comparativamente), e a perspectiva pode realizar os seus prodígios porque sabe realizar uma diminuição proporcional das grandezas comparadas. Os filósofos teriam isso em mente quando argumentaram que, diminuindo-se todas as coisas enormes do mundo proporcionalmente pela metade, ninguém notaria que teriam se tornado menores.

Nas boas edições anotadas do tratado albertiano se pode ler que a ideia de que os acidentes são conhecidos por comparação é de origem cética, mas elas não referem se também são céticos os filósofos que imaginaram o experimento mental de uma redução geral dos objetos pela metade "por determinação dos deuses".[2] Em Alberti, a hipótese vale como argumento para mostrar que a percepção humana das coisas se manteria inalterada, a despeito desse brutal escorço a que é submetido o mundo real. Mas a argumentação hiperbólica, servindo para mostrar a universalidade da lei da perspectiva, talvez não se case de todo com o ceticismo.

A SEMELHANÇA SEM O SEMELHANTE

Uma experiência de pensamento afim foi ideada por Leibniz mais de dois séculos depois. Sabe-se que ele esteve na Itália (1689-1690) com o propósito de encontrar documentos para a sua história da Casa Braunschweig e, embora tivesse tido contato com muitos literatos e cientistas italianos, não é certo que o autor do *Discurso de metafísica* tenha lido o tratado *Da pintura*, que é de 1435. Como quer que seja, a sua proximidade com a visão perspectiva do arquiteto e teórico italiano não é pequena.

Leibniz começou a gestar suas ideias para a fundação de uma nova geometria muitos anos antes, durante sua estada em Paris, entre 1672 e 1676. Inspirando-se principalmente em Pascal, ele concebeu uma geometria a que deu o nome de "análise da posição" ou da "situação". Segundo ele, a sua nova geometria seria capaz de dispensar totalmente a mensuração, por se apoiar tão somente nas relações dos objetos no espaço. Outra fonte de

---

[2]. Assim registra Hubert Janitschek, no volume que organizou, *Leone Battista Alberti's kleinere kunsttheoretische Schriften* (Viena: Braumüller, 1877), seguido por Luigi Mallè em *Della Pittura* (Florença: Sansoni, 1950), e este por Leon Kossovitch (Leon Battista Alberti, *op. cit.*, p. 143). Roberto Bolzani Filho, a quem o autor agradece as informações, indica que o argumento da redução ao meio por hipotética intervenção dos deuses não aparece em Sexto Empírico. Uma argumentação aproximada, no entanto, poderia ser encontrada no terceiro e no oitavo modos de Enesidemo do Livro I das *Hipotiposes pirrônicas*.

Waltercio Caldas
Desenhos contínuos, 2018

inspiração foi a pintura: a nova análise geométrica procederia de forma análoga à perspectiva, o que torna verossímil a suposição de que o filósofo tenha lido Alberti, ou ao menos comprova sua grande afinidade com ele. Essa proximidade com a tratadística renascentista, porém, é mais que patente em passagens como esta, extraída de uma carta de Leibniz a Jean Gallois, do ano de 1677: "Pois se todas as coisas do mundo que nos dizem respeito [*qui nous regardent*] fossem diminuídas na mesma proporção, é manifesto que um indivíduo não poderia notar a mudança".[3] As virtudes práticas da nova ciência geométrica lembram bastante os resultados esperados de uma boa aplicação da perspectiva:

> Descrever máquinas por movimentos regrados, representar corpos sólidos sobre quadros planos e fazer de tal modo que a todo e qualquer ponto do corpo corresponda, conformemente às leis da perspectiva, um ponto no plano. Ao termo de uma operação geométrica realizada no plano, sobre a representação do objeto por projeção cenográfica, seu resultado poderá designar um certo ponto do plano cujo ponto correspondente no objeto será fácil encontrar.[4]

A perspectiva fornece a Leibniz a oportunidade de conceber uma relação entre a figuração e o figurado que dispensa o plano de coordenadas cartesiano. Mas sua inspiração não se detém aí. Na terceira carta que escreve na célebre polêmica com o newtoniano Samuel Clarke, ele imagina um argumento para defender a relatividade do espaço e refutar o espaço real e absoluto newtoniano, dizendo que, como o espaço é constituído somente de relações, seria possível à onipotência de Deus trocar o Oriente pelo Ocidente, e os homens não seriam capazes de perceber a troca.[5] No apêndice de uma carta que envia a Christiaan Huygens em setembro de 1769, Leibniz apresenta outro experimento mental, que tem semelhança com o de Alberti. Imaginem-se dois edifícios ou templos construídos de tal forma que tudo que possa ser visto em um também possa ser observado no outro: a matéria seria a mesma nos dois (mármore branco de Paros, por exemplo), as paredes, as colunas e tudo o mais guardariam as mesmas proporções, e os ângulos também seriam os mesmos. Nessas condições, se alguém que conhecesse um desses templos fosse levado ao outro de olhos vendados, ao ser retirada a venda, diria que se encontra no mesmo edifício, ainda que as medidas de um e outro pudessem variar um pouco.[6]

---

3. Carta de Leibniz a Gallois, *apud* Louis Couturat, *La Logique de Leibniz: d'après des documents inédits*. Paris: Felix Alcan, 1901, p. 412.

4. Gottfried Wilhelm Leibniz, *La Caractéristique Géometrique*. Ed. trad. e notas Javier Echeverría e Marc Parmentier. Paris: Vrin, 1995, p. 143.

5. Gottfried Wilhelm Leibniz, *Correspondência com Clarke*. Trad. Carlos Lopes de Mattos. São Paulo: Abril, 1983, p. 177.

6. Gottfried Wilhelm Leibniz, "Sobre a análise da situação" (trad. Homero Santiago), *in* G.W. Leibniz, C. Wolff, C.P. Euler *et al.*, *Espaço e pensamento*. São Paulo: Clandestina, 2019, p. 25.

Obviamente, a experiência não surtiria efeito se o indivíduo pudesse comparar os dois templos, comensurando-os com partes de seu corpo (não por acaso, "braços", "pés" e "polegadas" são unidades de medida em algumas línguas) ou colocando-se do lado de fora deles. O propósito do experimento mental leibniziano é mostrar que não há uma só geometria: além da tradicional, baseada na extensão, isto é, no cômputo da quantidade, na aferição da grandeza (a qual só pode ser obtida pela presença concomitante de duas ou mais coisas, por exemplo, o papel e a régua, ou o pedaço de chão e o pé que o mede), Leibniz está interessado em mostrar que existe uma outra forma de apreensão espacial que pode se valer apenas do "golpe de vista", da percepção imediata da posição e/ou proporcionalidade do objeto ou dos objetos, num ambiente ou espaço "em geral", sem necessidade de quantificação.

O raciocínio que Leibniz desenvolve nesse exercício ficcional também tem um significado metafísico mais amplo, que diz respeito ao famoso princípio da identidade dos indiscerníveis: como não podem ser diferenciados, os dois templos são considerados idênticos. Ou, ainda, no sentido em que ele definirá a palavra, eles são *semelhantes*.[7] Os geômetras não foram capazes de chegar a essa nova geometria porque não faziam a menor ideia do que poderia ser essa noção outra de semelhança, presos que estavam ao preconceito do senso comum que consiste em acreditar que *a semelhança requer comparação entre duas coisas*. O exemplo dos dois templos pode dar a impressão de que essa suposição ainda é válida: o indivíduo que se encontra no edifício 2 acha que está no edifício 1 apenas porque não pode comparar um com o outro. Mas essa condição negativa da comparação foi o que escondeu o essencial ao longo da história das matemáticas e da filosofia: para conhecer o semelhante não é preciso comparar uma coisa com outra, porque a *similitude se dá a conhecer já na sua forma*, na "mera" visualidade, pela fenomenalidade de suas relações. A geometria tradicional está fundada na presença simultânea (ou na memória recente) de duas coisas; já a verdadeira geometria espacial dispensa essa concomitância, fundamental para a operação de medir. Uma vez observado o objeto com figura e proporção, já estão conhecidos todos os demais objetos da mesma "espécie" (na acepção visual do termo latino "*species*" – aspecto, aparência, forma –, e não como termo da família "classe", "gênero" etc.); ou ainda: qualquer objeto de uma "espécie" vale

---

[7] "E assim, não basta dizer semelhantes as coisas cuja forma é a mesma, a não ser que se tenha, por sua vez, uma noção geral de forma. Porém, estabelecida a explicação da qualidade ou da forma, descobri chegarmos a isto: são semelhantes as coisas que não se podem discernir isoladamente." *Ibidem*, pp. 73-75.

por todos os outros dessa mesma espécie. E mais: captado imediatamente, sem ajuda de régua e compasso, o jogo das proporções possibilitaria uma notação formal diferente da estabelecida pela geometria analítica, mas igualmente capaz, como esta, de exprimir toda e qualquer relação espacial. Leibniz acredita ser possível chegar assim a uma noção simples e econômica de todas as figuras complexas possíveis, no limite mesmo de sua visualização.

Semelhança sem necessidade do semelhante: eis a proposta eidética radical de Leibniz, proposta geométrica que é o complemento abstrato da sua metafísica dos indiscerníveis. Christian Wolff, considerado em muitos aspectos seu continuador, seguiu aqui os seus passos, propondo definições e exemplos análogos. Uma de suas definições diz: "Duas coisas *A* e *B* são *semelhantes* entre si, se aquilo pelo que devem ser conhecidas e diferenciadas uma da outra ou pelo que são determinadas é idêntico em ambos os casos [...]". Wolff também imagina uma situação fictícia para explicar o que entende por semelhança:

> Suponhamos que fossem construídas duas casas inteiramente semelhantes uma à outra. Suponhamos, além disso, que alguém seja levado a uma das casas, de olhos vendados para não poder ver a região em que ela se encontra e, depois, dentro dela, quando tivesse examinado bem, descrevesse com o maior cuidado tudo o que pudesse ser nela percebido. Suponhamos, finalmente, que ele, acabado o trabalho, fosse levado de novo para fora, de olhos vendados, e levado à outra casa, na qual descrevesse com igual cuidado tudo o que ali pudesse perceber. Se ele comparasse o que assinalou nas duas casas, ambas seriam idênticas, e ele não saberia se esteve em uma ou em duas casas; com efeito, mesmo aquele que sabe que se trata de duas casas não poderá perceber, daquilo que anotou, o que foi anotado numa casa e o que foi anotado na outra.[8]

Como os manuscritos sobre a análise da situação foram publicados somente no século 19, esse texto de Christian Wolff (como alguns outros publicados por ele) é um documento importante para a história da recepção do projeto leibniziano de uma nova geometria no século 18. Christian Wolff pode ter conhecido a *analysis situs* diretamente de Leibniz; seu remanejamento das noções geométricas e do conceito de semelhança leibnizianos foi indispensável para a discussão dos fundamentos filosóficos da matemática na Alemanha e na França iluministas.[9]

8. Christian Wolff, *Metafisica tedesca con le annotazioni alla Metafisica tedesca*. Introdução, trad. e notas Raffaele Ciafardone. Milão: Bompiani, 2003, pp. 72-73.

9. Sobre o contexto e a difusão da nova geometria leibniziana no século das Luzes, ver os textos reunidos no volume *Espaço e pensamento*, bem como o posfácio à publicação.

NÃO SE DEVE CONFIAR APENAS NO OLHO

Desde seu escrito sobre "Do primeiro fundamento da distinção das regiões no espaço", de 1768, Kant se mostrou cético em relação ao projeto da nova ciência proposta pelo "célebre Leibniz", não podendo decidir se ela seria nada mais do que um de inúmeros ensaios inacabados do autor ou uma daquelas ardilezas de químicos que imaginam já estar em posse do resultado de um experimento que ainda não realizaram. A disciplina matemática intitulada "análise da situação" mais lhe parecia uma mera ficção, um "ente de razão".[10] E, a partir daí, Kant não cessará mais de combater o que julga ser um desatino, porque a metafísica dos indiscerníveis parece levar à liquefação do mundo concreto num mundo fictício em que não mais se saberia discernir a mão direita da esquerda – as quais, vistas nessa espacialidade ideal, não difeririam uma da outra. A *Dissertação de 1770*, a "Estética transcendental" da *Crítica da razão pura* e os *Prolegômenos* apresentarão vários argumentos para mostrar que as duas mãos concretas de um ser humano são geralmente simétricas, mas jamais podem ser sobrepostas no mesmo espaço real; como já se explica no texto de 1768, as mãos, como os demais membros duplos do corpo humano, têm efetivamente simetria, mas essa simetria é *incongruente*: a figura de um corpo "pode ser completamente semelhante à figura de outro e a grandeza da extensão totalmente igual" e, no entanto, resta a diferença interna fundamental, pois é impossível que a superfície de um encerre a do outro.[11]

Em "Que significa orientar-se no pensamento?", publicado em 1786, Kant volta à carga para mostrar, como diz o título, que a diferenciação espacial é importante para a orientação no próprio mundo intelectual, isto é, nas questões morais, políticas e religiosas. Para explicar como se dá a orientação no espaço, ele propõe alguns exemplos, cujo ar de família com os de Leibniz e de Wolff não escapará ao leitor. Diz o primeiro:

> Oriento-me no escuro num cômodo que me é conhecido, se posso segurar um único objeto cujo lugar guardo na memória. É manifesto que aqui nada mais me ajuda senão a capacidade de determinar as posições segundo um princípio *subjetivo* de diferenciação: pois não vejo de modo algum os objetos cujo lugar preciso encontrar; e se alguém, para brincar comigo, tivesse

10. Immanuel Kant, "Do primeiro fundamento da distinção das regiões no espaço", *in* G.W. Leibniz, C. Wolff, C.P. Euler *et al., op. cit.*, p. 151.

11. *Ibidem*, p. 161.

Gris, 2009

colocado os objetos na mesma ordem recíproca, porém à esquerda o que antes se encontrava à direita, então eu de modo algum conseguiria me situar num quarto cujas paredes de resto são inteiramente iguais.[12]

[12. Immanuel Kant, "Que significa orientar-se no pensamento?" (trad. Oliver Tolle), in G.W. Leibniz, C. Wolff, C.P. Euler et al., op. cit., p. 201.]

Kant está retomando manifestamente as ideias de seus predecessores, principalmente a inversão entre Oriente e Ocidente da carta de Leibniz a Clarke, conferindo-lhes, porém, um sentido oposto: a espacialidade *sempre* supõe o sentimento de diferenciação da lateralidade, do que está à mão esquerda ou à mão direita. O mesmo ocorre quando alguém caminha à noite por uma via totalmente escura e nada enxerga à frente.[13]

[13. Ibidem, p. 202.]

Um outro exemplo de experimento imaginário é apresentado por Kant:

> Se durante o dia, por um milagre, todas as constelações, mantendo a mesma figura e o mesmo posicionamento umas em relação às outras, mudassem apenas de direção, passando a se voltar para o Ocidente a direção que normalmente está voltada para o Oriente, na próxima noite estrelada nenhum olho humano notaria a menor mudança, e mesmo o astrônomo se desorientaria inevitavelmente, se se ativesse apenas ao que vê, e não ao mesmo tempo ao que sente.[14]

[14. Ibidem, pp. 201-202.]

Para Kant, o erro dos filósofos como Leibniz e Wolff foi confiar demais no olho da imaginação, e não no sentimento de diferenciação dado pelo corpo; por isso eles parecem ter vivido num mundo etéreo, quimérico, em que não se pode localizar corretamente nem diferenciar bem uma coisa da outra. Mas é claro que ele conhecia bem o segredo da "técnica" da semelhança empregada pelos filósofos dogmáticos que ele critica, pois escreve numa anotação publicada postumamente: "Se coisas completamente semelhantes fossem trocadas de lugares, tudo seria como antes".[15]

[15. Idem, "Reflexão 4710", in Kant's gesammelte Schriften, v. 17, p. 683. O texto em alemão diz: "*Wenn vollig ähnliche Dinge aus verschiedenen Orten verwechselt würden, würde denn alles so wie vorher seyn*".]

OS DOIS LABIRINTOS

Kant está efetivamente preocupado com essa transformação do mundo num universo em que as coisas seriam indiscerníveis. Já não podendo acreditar na realidade do espaço absoluto newtoniano, como ainda ocorre na sua primeira tentativa de

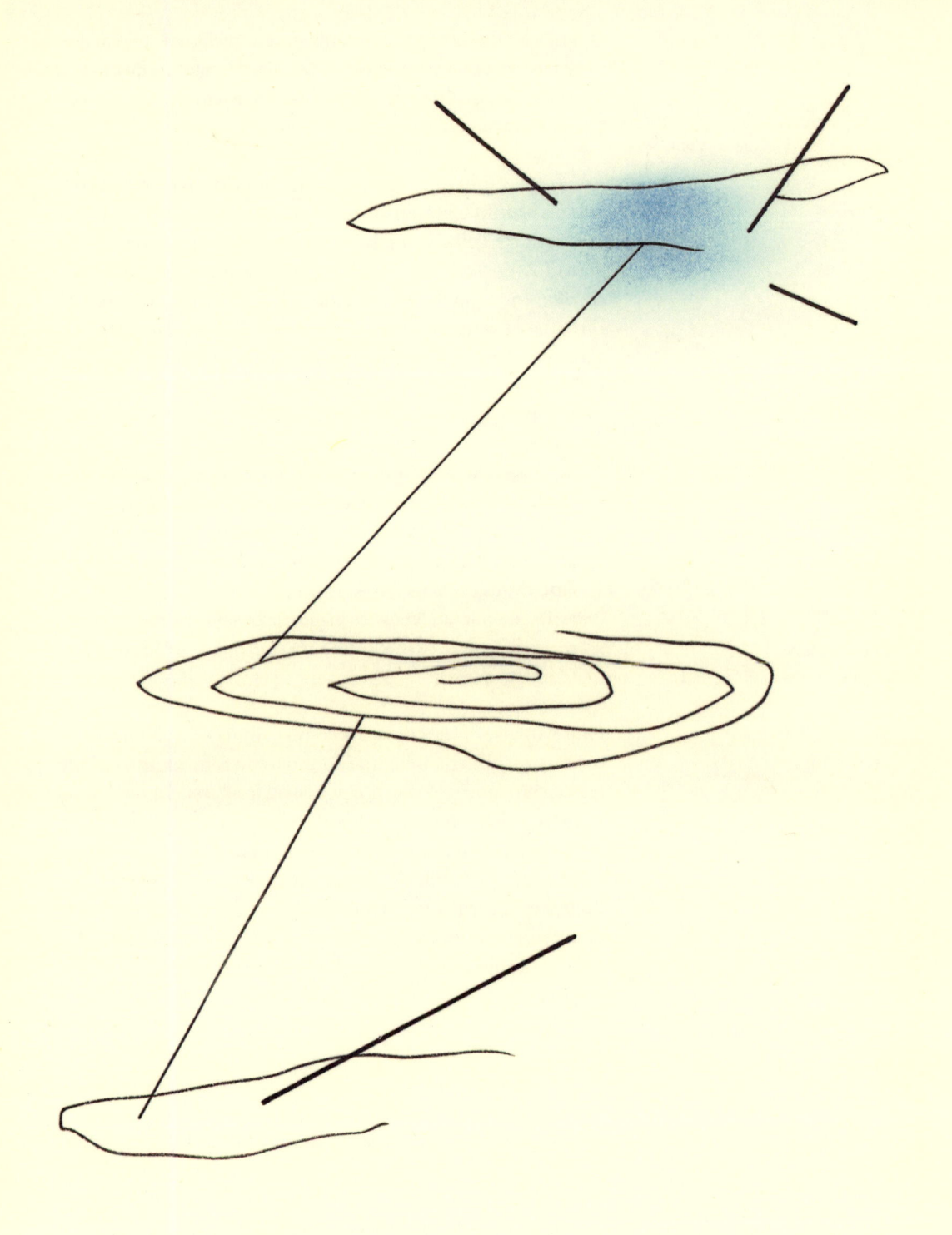

refutação da nova geometria leibniziana em 1768, ele se encontra entre Cila e Caribdes, pois também não quer deixar que a realidade seja engolfada pela fantasia dos metafísicos, que relativizaram totalmente o espaço. Hoje se sabe que Kant entendeu mal a proposta leibniziana, desconhecendo o alcance da tese da indiscernibilidade e confundindo três enfoques distintos da espacialidade: para Leibniz, o espaço metafísico concreto é diferente do espaço físico, e este, por sua vez, é diferente do espaço geométrico. A semelhança que permite construir qualquer figura num espaço ideal jamais ocorre efetivamente no espaço concreto: aqui, as coisas têm densidade, peso, quantidade, lateralidade e, por isso, não podem ser totalmente intercambiáveis como nas construções geométricas. Ou para usar a própria terminologia kantiana: no espaço concreto elas não são mesmo congruentes. De qualquer modo, é interessante observar o temor de que Kant é tomado diante das possíveis consequências de uma indiscernibilidade real dos objetos no mundo concreto. Como se tentará mostrar em seguida, esse temor é muito parecido ao assombro que assalta o leitor à leitura de alguns contos fantásticos borgianos. Isso porque a nova geometria leibniziana ajuda a entender um pouco melhor como a narrativa fantástica se estrutura mimeticamente.

No breve conto "Os dois reis e os dois labirintos", de *O aleph*, Borges conta a história de um rei das ilhas da Babilônia que nos primeiros tempos chamou seus arquitetos e magos para construir um labirinto. Era um labirinto tão desconcertante, tão sutil, que os mais prudentes não ousavam entrar nele, e os que entravam, nele se perdiam. Certo dia, um rei árabe vai visitar a corte daquele rei babilônio, e este, "para zombar da simplicidade do hóspede", faz com que ele adentre o labirinto. Não conseguindo sair, o estrangeiro implora socorro divino e encontra finalmente a porta. Sem deixar escapar queixa alguma, o visitante diz a seu anfitrião que também tem um labirinto na Arábia, e, se Alá ajudasse, ele o conheceria um dia. De volta a suas terras, o rei árabe reúne o seu exército e devasta os reinos da Babilônia, prendendo o outro rei. Ele o amarra sobre um camelo veloz e o leva para o deserto. Depois de três dias de cavalgada, ele o desamarra e liberta. Antes disso, porém, o rei árabe lhe diz que o labirinto que ele irá visitar, diferentemente daquele que lhe fora dado conhecer, não tem "portas a forçar, nem cansativas galerias a percorrer, nem muros para impedir a passagem".[16] O rei babilônio morre de fome e sede.

[16] Jorge Luis Borges, "Os dois reis e os dois labirintos", in *O aleph*. Trad. Davi Arrigucci Jr. São Paulo: Companhia das Letras, 2008, p. 123.

Com a ajuda de algumas noções da nova geometria proposta por Leibniz se pode entender melhor o que ocorre com os dois labirintos, e por que um deles é ainda mais insondável que o outro: no labirinto do rei babilônico, construído artificialmente, o que se tem é a reiteração incessante da semelhança (portas a forçar, galerias a percorrer e muros a impedir a passagem);[17] já no labirinto desértico do rei árabe – como no meio de um oceano –, não há nem mesmo essa semelhança recorrente, porque se está diante de coisas que são interiormente semelhantes ou idênticas a si mesmas (*sibi intus similia sunt*):

17. Como na distribuição invariável das estantes nas galerias da biblioteca de Babel, por exemplo. Jorge Luis Borges, *op. cit.*, pp. 69-70.

> Isto é, se não observas as partes deles, não podes discerni-los, como aquele que erra numa planície imensa [*in ingenti planitia*], ou divaga no meio do abismo marinho (*entre deux eaux*), de modo que não perceba nem o fundo nem a superfície, nem possa conhecer onde se encontra.[18]

18. O esboço tem por cabeçalho "*Uniformis locus...*". Os manuscritos de Leibniz sobre a *analysis situs* foram publicados por Vicenzo de Risi em *Geometry and Monadology. Leibniz's Analysis Situs and Philosophy of Space*. Basileia: Birkhäuser, 2007. O trecho citado se encontra à p. 258.

A dificuldade de escapar do labirinto árabe ocorre porque a semelhança ali é ainda mais radical, já que plano, espaço ou corpo geométrico são idênticos a si mesmos. O deserto é "planície ingente", que pode provocar uma "vertigem horizontal", como dirá, espantado, o escritor Drieu la Rochelle diante dos pampas argentinos. Ao contrário do que queria Kant, aqui não só o olho, tampouco o corpo, é de ajuda alguma.

O LABIRINTO TEMPORAL

Entre seus modelos heurísticos, Leibniz também concebeu um argumento para mostrar que o que aconteceu um dia se repetiria não uma única vez, mas inúmeras outras, e tanto a história universal como a de todos os indivíduos caberiam em livros, que as registrariam com suficiente quantidade de detalhes. Os ensaios em que Leibniz tenta demonstrar a doutrina do eterno retorno têm por título "Apokatástasis pánton" ou "A restituição universal".[19] Apresentados com a precisão de um dos descobridores do cálculo diferencial e integral, esses ensaios infelizmente não foram conhecidos por Borges, que certamente os teria comentado na "Doutrina dos ciclos" ou em "O tempo circular", da *História da eternidade*, textos nos

19. Os manuscritos foram publicados pela primeira vez por Michel Fichant em Gottfried Wilhelm Leibniz, *De l'Horizon de la dotrine humaine*. Paris: Vrin, 1991.

quais deixou registrado o seu fascínio com a circularidade do tempo – circularidade que, no limite, levaria, segundo o escritor argentino, à própria dissolução da diferença temporal. Leibniz foi bibliotecário, como Borges, e o interesse em colocar toda a história conhecida num número finito de livros poderia expressar sua preocupação não só espacial, mas também organizacional, com o aumento vertiginoso do número de obras a serem catalogadas a cada ano. Seu propósito principal, no entanto, é outro.

Leibniz quer mostrar que a tese do eterno retorno é matematicamente demonstrável. Segundo ele, seria possível apresentar provas para a crença dos atomistas e epicuristas de que aquilo que aconteceu num ano voltará a se repetir exatamente noutro; o que não quer dizer que a tese desses seus adversários materialistas seja real: o número de livros capazes de registrar o eterno retorno, o tamanho das suas páginas, das suas linhas, tudo é fictício, exatamente como nos experimentos mentais do espaço, pois querer o contrário, isto é, querer números concretos, significa justamente não entender que a "lógica do calculável dispensa efetivamente o cálculo".[20]

20. Michel Fichant, "Plus Ultra", in Gottfried Wilhelm Leibniz, op. cit., 1991, p. 126.

A transposição analógica do modelo espacial para o temporal é viabilizada, mais uma vez, pela noção de semelhança. Como o espaço, o tempo poderia ser projetado numa dimensão ideal que permitiria reconhecer certas recorrências, simetrias ou coincidências; e, similarmente ao que ocorre na nova geometria, os seus ensaios de cálculo do eterno retorno servem para explicar a sensação de desconcerto do leitor dos contos fantásticos em relação àquilo que concerne ao labirinto temporal, isto é, à circularidade do tempo, porque, nessas demonstrações, um ano pode ser inteiramente semelhante a outro. E a consequência disso é drástica: ou seja, se um ano retorna e, portanto, pode ser exatamente igual a outro, alguém que se encontre em 1765 não poderá saber se está vivendo naquele ano ou em 2379.[21]

21. Numa das primeiras formulações, ainda rudimentar, dessa identidade que se tornará recorrente nos seus ensaios e contos, Borges escreve: "Dois homens rendidos de sede que provam o primeiro contato com a água – um nos arrabaldes de Ondurman, em 1885; outro na Pampa de San Luis em 1850 – são literalmente o mesmo homem". Jorge Luis Borges, Textos recobrados (1731-1955). Buenos Aires: Emecé, 2007, p. 34.

Os modelos heurísticos leibnizianos ajudam a compreender como se elimina a diferença entre o "fora" e o "dentro", entre o exterior e o interior, entre a figuração e o figurado, fazendo o leitor, como temeu Kant, perder o senso de orientação, espacial ou temporal. Um tempo é igual a outro, e o quadro pictórico deixa de ser a representação de algo para se tornar "idêntico" a ele. Claro que essa absorção do

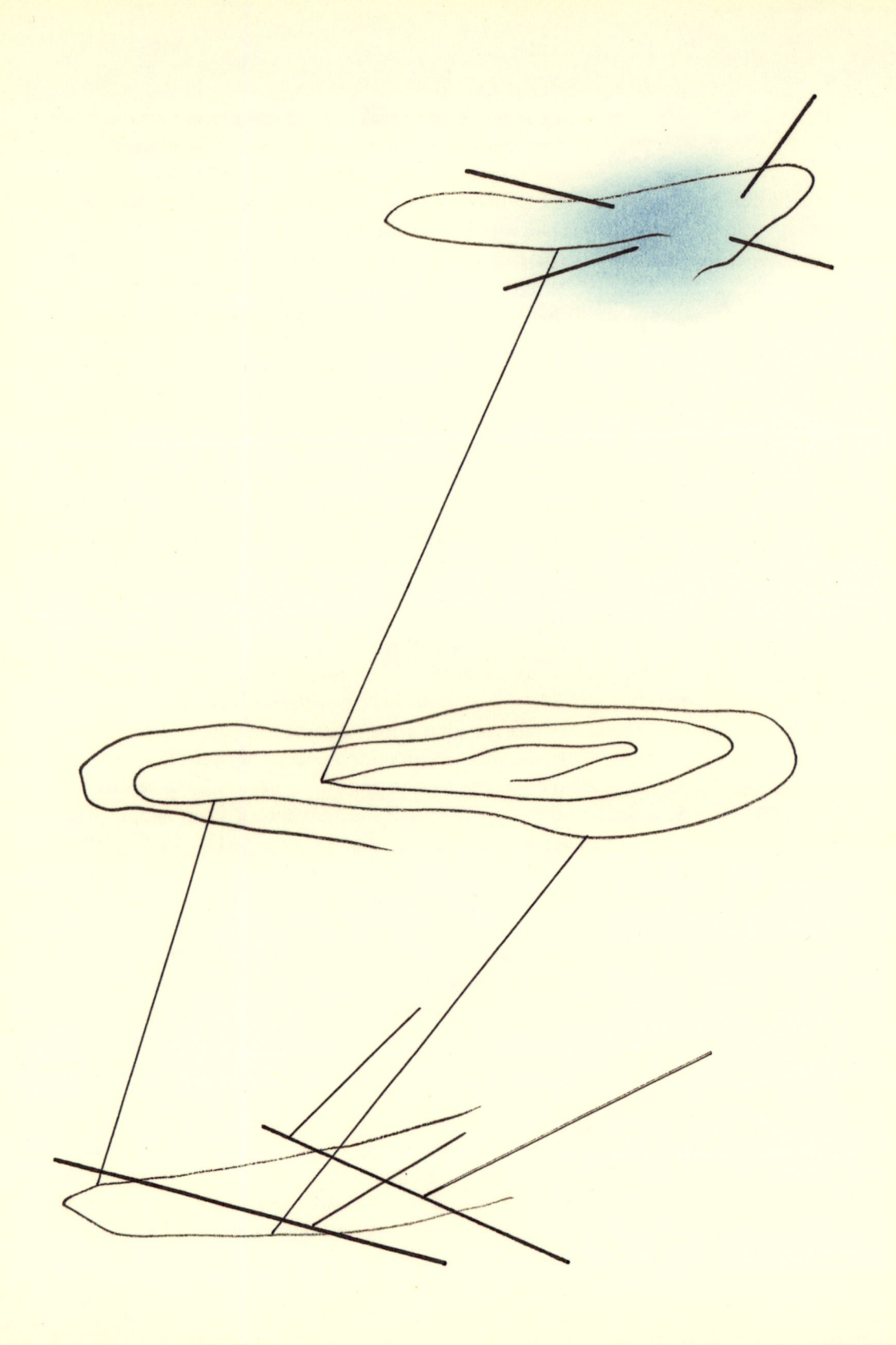

representado na representação é radical, mas tanto Leibniz quanto Borges, como nominalistas que são, sabem que *ela não esgota o singular*, que é sempre um limite intransponível, inefável. Mas, se há alguma pertinência neste confronto, o significado estético-literário do paralelismo entre o metafísico e o contista seria este: no lugar da mimese como reprodução, o que Leibniz possibilita entender é a ideia de uma mimese "idêntica a si mesma", que faz ver o que se quer mostrar sem que remeta a um outro como termo de comparação. Se for assim, a noção leibniziana de semelhança ajuda a compreender o que aconteceu na história da estética, da perspectiva renascentista ao conto fantástico.

Márcio Suzuki (1961) é professor do Departamento de Filosofia da USP e pesquisador do CNPq. Especializado em estética e filosofia alemã, traduziu Heinrich Heine, Friedrich Schiller, Karl Kraus, Elias Canetti e Hans Magnus Enzensberger. É autor de *O gênio romântico: crítica e história da filosofia em Friedrich Schlegel* (1998) e *A forma e o sentimento do mundo: jogo, humor e arte de viver na filosofia do século XVIII* (2014).

Escultor, desenhista, artista gráfico e cenógrafo, o carioca **Waltercio Caldas** (1946) tem uma longa e prolífica relação com os livros e a literatura, como mostram as duas colaborações anteriores para a ***serrote***: o ensaio visual "Ficção nas coisas" (#10) e o verbete "L de livro" (#13). A série aqui publicada foi criada especialmente para esta edição.

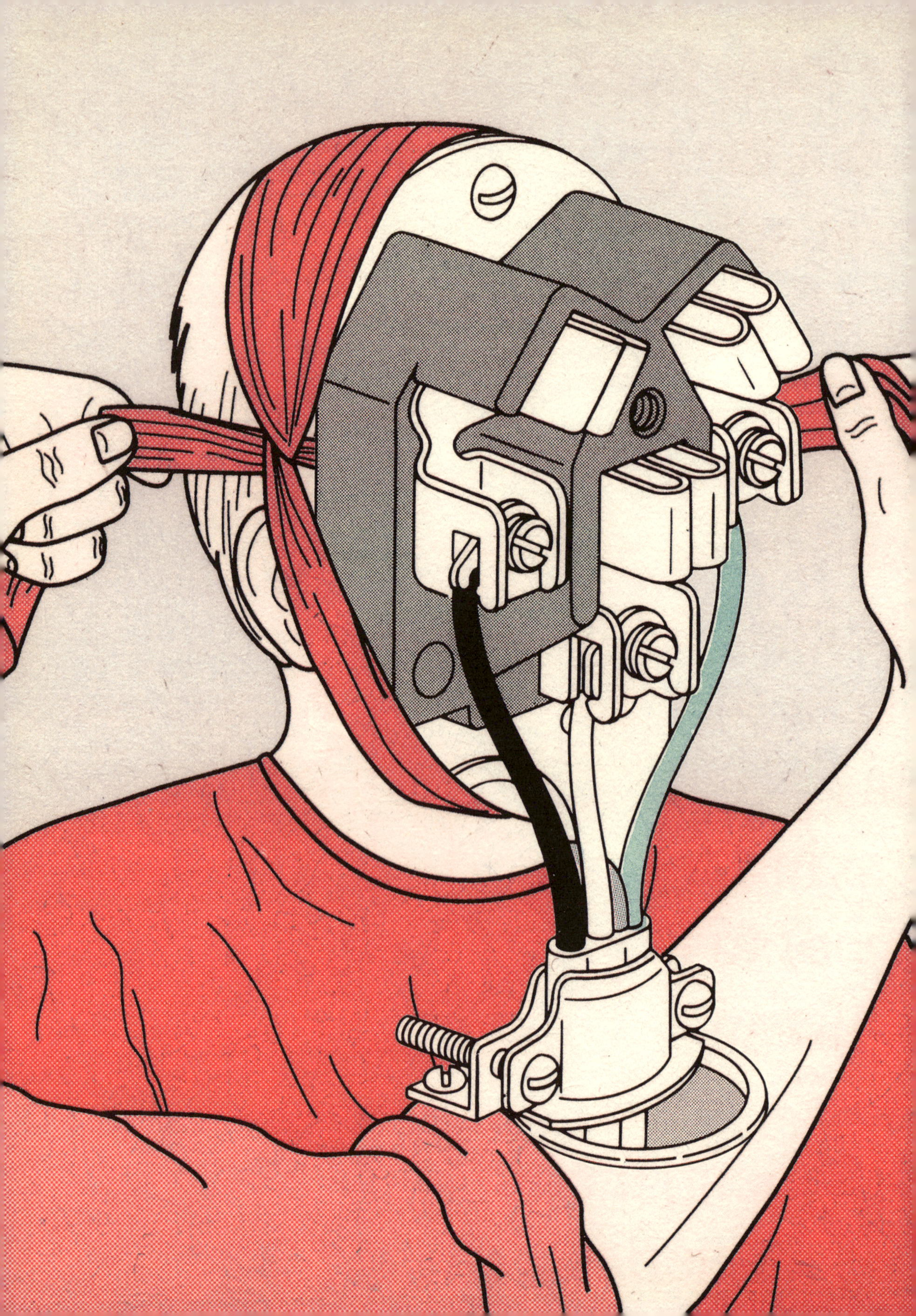

O realismo é o impossível

Walter Siti

O gênero a que se atribui a representação fiel do real é menos um espelhamento plano e subalterno do que um desafio à natureza e à história

E a terra negrejava para trás,
semelhante a terra arada, embora fosse de ouro!
Ilíada, XVIII

I. EM ESTADO NASCENTE

Quem conta é Chesterton, em sua bela biografia de Dickens: quando era jovem e indigente, Dickens passava muitas horas num pobre café de Saint Martin's Lane e às vezes, perdido em pensamentos, punha os olhos numas palavras escritas sobre a porta de vidro. As palavras, *"coffee room"*, tinham sido pensadas para serem lidas de fora, mas ele as lia ao contrário, de dentro; por isso, declarou mais tarde, sempre que, estando em cafés bem diferentes, mais elegantes, calhava de ler *"moor eeffoc"*, toda sua juventude lhe voltava de um só golpe à memória, fresca como se o tempo não tivesse passado. Proust, 50 anos antes. Mas Chesterton afirma que aquelas palavras selvagens, tão incompreensíveis quanto uma fórmula mágica, são "a palavra de ordem de todo realismo eficaz". Proust seria, então, um escritor realista?

Vaka Valo
Dream Diary N. 56, 2019

O realismo, assim como o entendo, é o anti-hábito: é o pequeno rasgo, o detalhe inesperado, que abre uma brecha em nossa estereotipia mental, que por um instante põe em dúvida aquilo que Nabokov (nas Lições de literatura) chama de "grosseira solução de compromisso dos sentidos", e que parece nos deixar entrever a coisa em si, a realidade infinita, informe e impredicável. Realismo é aquela postura verbal ou icônica (ora casual, ora obtida à força de técnica) que surpreende a realidade desatenta ou nos surpreende desatentos diante da realidade – nossa enciclopédia perceptiva não tem tempo de acorrer para normalizar as coisas, assim como, para os poetas do *stil novo*,[1] o espírito não tem tempo de acorrer em defesa do coração quando surge, de repente, a mulher amada. O realismo é uma forma de enamoramento.

Proust fez dessa realidade a contrapelo um recurso narrativo: seja em anedotas minúsculas, descrevendo, por exemplo, os punhos de Saint-Loup enfurecido como a aproximação velocíssima e misteriosa de formas ovoides rodopiando no espaço, seja nos lances essenciais, como quando descobre a avó num instante de abandono e, em vez dela, vê (para seu terror) uma desconhecida, descuidada e enfermiça. Antecipa o futurismo e promove um impressionismo perceptivo mas também psicológico: "Elstir pintava o mar como Dostoiévski contaria uma vida". O realismo de Dostoiévski consiste em atribuir a seus personagens certos gestos incompreensíveis, que só mais adiante serão explicados e que, seja como for, muitas vezes ultrapassam nosso horizonte de expectativa emocional. Rumo ao inconsciente e às mutações inéditas da alma.

O incompreensível é uma boa porta para penetrar na realidade: ao ver o jovem bispo de Agde, que desenha misteriosas trajetórias no ar, Julien Sorel demora até juntar coragem para entender – para entender que o bispo inexperiente está apenas treinando o gesto de dar a bênção. Por vezes, paradoxalmente, é o próprio hábito (tornado mecânico e inconsciente) que surpreende o personagem no contrapé: na estação de trem, Anna Kariênina é presa de uma confusão cognitiva, pensa por um instante que está à beira d'água e faz maquinalmente o sinal da cruz – mas seu mergulho será trágico e fatal. Muito antes de ser usado por Brecht para se opor à identificação realista, o estranhamento militou longamente sob a bandeira do realismo.

---

[1] O termo aparece na *Divina comédia* de Dante e passou a designar a poética de autores italianos do final do século 13 e início do 14. [N. dos T.]

Entre os lugares-comuns sensoriais (que o realismo dribla) está, por exemplo, tudo aquilo que esperamos da matéria em termos de comportamento físico: para todos nós, o mármore é algo de frio e rígido, e por isso nos parece surpreendente que a carne de Proserpina ceda, tépida e maleável, entre os dedos de Plutão, na famosa escultura de Bernini (que, aliás, dizia que "a arte está em fazer de tal modo que tudo seja fingido e tudo pareça verdadeiro"). Mas o realismo exercita-se sobretudo no gesto de pôr do avesso as convenções culturais: além da "grosseira solução de compromisso dos sentidos", Nabokov sugere que a ideia que fazemos da realidade depende também dos "diferentes níveis de informação". Certo dia, Courbet estava pintando uma paisagem, e, ao longe, em meio à bruma, entrevia-se uma massa escura, que ninguém sabia o que era; seu amigo Francis Wey ofereceu-se para ir verificar (descobriu, mais tarde, que se tratava de uma pilha de gravetos), mas Courbet deteve-o, dizendo que preferia não saber. Num dos afrescos da Basílica Superior em Assis, Giotto confere nova vida à história do presépio na igreja de Greccio: a cena se dá numa sacristia, separada da igreja propriamente dita por uma parede a meia altura, de tal forma que o olho pode perceber tanto uma parte da nave principal como o crucifixo que a domina – mas percebê-lo *de trás*, com suas madeiras e cordas, inclinado sobre bancos invisíveis. Revolução absoluta, quando se pensa na centralidade bizantina; desconcertante ousadia artística que nos mostra aquilo que Ernst Bloch chamava de "o dorso das coisas".

Partindo de exemplos pontuais como esses, o gesto realista de abalar estereótipos culturais pode se alargar em círculos concêntricos e chegar a incluir coisas como os pés grandes e pouco asseados dos santos de Caravaggio, sua Madona rechonchuda, a manteiga que Charlotte espalhava sobre o pão no momento em que Werther se apaixona por ela – ou, ainda antes, a princesa de Clèves que com toda franqueza confessa ao marido que ama um outro, bofetada escandalosa em todas as boas maneiras da corte. Se me exponho assim, parece dizer a princesa, é porque preciso cuspir toda a verdade para fora – não fosse assim, não o faria; o mesmo vale para Rousseau, quando relata os detalhes pouco edificantes da própria sexualidade quando criança, ou para Santo Agostinho, muito antes, ao admitir que roubara frutas. A verdade do mundo vem à luz queiramos ou não, afirmando direitos e desejos que as convenções sufocam: o direito à palavra, para a gente pobre; o direito do sexo de ser levado a sério; o direito da infâmia e do tédio de se mostrarem em primeiro plano.

Falar do realismo como transgressão e ruptura de códigos pode parecer contraditório, quando se tem em mente a cantilena que vem se repetindo ao longo dos séculos a respeito do realismo como *cópia* do real e do artista mimético como macaco da natureza. (Donde a condenação platônica, que se prolonga até as acusações de Barthes contra a ilusão referencial e o conservadorismo ideológico.) A metáfora que tem acompanhado, com declinações diversas, o percurso do realismo é a do espelho; mas que se admita pelo menos que se trata de um estranho espelho, construído sem vidro e sem película prateada – mas com materiais em tudo inadequados à tarefa.

Será possível, perguntava-se recentemente Philippe Hamon, reproduzir com mediação semiológica uma imediatez não semiológica? Os escultores têm à mão a madeira, o mármore, o ferro (que ao menos são tridimensionais); os pintores podem contar com líquidos, telas e pigmentos; os escritores não têm mais que sons, ainda por cima arbitrários – a linguagem não tem como imitar outra coisa senão a própria linguagem. E, contudo, o desafio consiste em, com meios tão inadequados assim, fazer reviver nada menos que a vida: escutando as palavras de duas senhoras a bordo de um trem, fazer surgir o vagão a seu redor e a paisagem do outro lado da janelinha e as pessoas que as recebem na estação. O mundo de fora e o mundo de dentro, no cérebro e na alma; mais que um macaco, o escritor mimético é um mago; "os realistas dotados de talento", assegura Maupassant, que sabia do que estava falando, "deveriam antes ser chamados de ilusionistas". Quando Vulcano forja as armas de Aquiles (*Ilíada*, canto XVIII), a ilusão da vida é tão perfeita que Homero descreve os altos-relevos no metal com o mesmo grau de ficcionalidade com que descreve as batalhas reais:

> Depois saíram dois vigias para longe da hoste,
> à espera de verem chegar as ovelhas e bois de chifres recurvos,
> que chegaram depressa. Atrás deles seguiam dois pastores,
> deleitando-se ao som da flauta. Não pressentiram o dolo.
> Ao verem-nos contra eles se atiraram os soldados e depressa
> cortaram o acesso às manadas de bois e aos belos rebanhos
> de ovelhas brancas e em seguida mataram os pastores.[2]

Mas Vulcano é um deus, e os deuses podem enganar os homens quando bem entendem.

Entre pilhar as percepções no contrapé e enganar os sentidos, a distância não é grande: o olho é mais primitivo que a mente, as analogias criam uma falsa imagem antes que as faculdades racionais e críticas nos façam notar a

---

2. *Ilíada*, XVIII, 523-529. Trad. Frederico Lourenço. São Paulo: Companhia das Letras, 2013.

incomensurabilidade. A magia da literatura resumida naquilo que os velhos artesãos florentinos ainda chamam de *pittura d'inganno* e que os franceses desde sempre chamam de *trompe-l'oeil*.

Plínio o Velho conta que Zêuxis e Parrásio, os dois grandes pintores gregos, certa vez travaram uma disputa, e cada qual levou sua obra, coberta por um pano, ao prado em que se daria o certame. Quando Zêuxis mostrou a sua, em que pintara um grande cacho de uvas, os passarinhos chegaram perto para bicá-lo; orgulhoso do próprio êxito e declarando-se já vencedor, Zêuxis, desdenhoso, convidou Parrásio a erguer o pano e mostrar o que tinha feito – mas Parrásio pintara o próprio pano. Os animais são atraídos pelo que se vê, o homem por aquilo que se esconde; o pano de Parrásio representa a cortina que separa a nossa impotência da realidade. O realismo não é a história de um espelhamento plano e subalterno, e sim a história de um desvelamento impossível. O realismo é um desafio lançado à natureza e à história, e por isso não pode se distanciar muito de ambas, não pode se permitir nenhuma torção intencional às leis naturais e aos pilares cronológicos. A literatura, diz Nabokov, não nasceu no dia em que um rapaz saiu correndo de uma gruta, gritando "olha o lobo, olha o lobo!" enquanto era perseguido por um grande lobo cinzento – ela nasceu noutro dia, quando o rapaz saiu correndo da mesma gruta, gritando "olha o lobo, olha o lobo!", sem que houvesse nenhum lobo atrás dele. Pode até ser, mas vale lembrar que o rapaz não gritou "olha o dragão!" ou "olha a quimera!": o efeito não teria sido tão perturbador, todos teriam entendido que era lorota.

Plínio o Velho conta uma segunda anedota, menos conhecida, sobre o pintor Zêuxis, que pintara um rapaz segurando um cacho de uvas. Quando os passarinhos de praxe reincidiram, chegaram perto e bicaram, Zêuxis aproximou-se do quadro, descontente, e comentou: "Pintei as uvas melhor que o rapaz, pois, se também o tivesse pintado perfeitamente, os passarinhos teriam ficado com medo". A anedota ensina que a reprodução perfeita da vida amedronta e perturba como um sacrilégio, porque se assemelha à criação divina: Pigmalião é testemunha disso, assim como Wilde, tomado de terror ao ver decomporem-se as feições de seu Dorian.

Nesse afã descabido e arrogante de recriar a vida por meio de signos, a coisa mais difícil de se reproduzir é a *densidade*: a vida não é a soma de elementos discretos, os níveis de significação se apinham num todo contínuo. Assim sendo, quem quiser representá-la deve tornar compacta a representação, por meio da contiguidade, para que não se insinue a suspeita de que tudo não é mais que um trabalho de miniaturista: uma vez capturado o leitor, não se deve mais deixá-lo escapar. Para isso serve o estilo, é claro, que deve ser uma armadilha lisa mas inflexível, com um ritmo ambíguo que não perdoa; mas para isso servem também os mecanismos de conteúdo e contexto, os cruzamentos, as confirmações internas e externas, os jogos com o paratexto, as redundâncias com sabor de natureza – em suma, todos os "efeitos de realidade" que se conhecem há muito tempo e outros mais, que cada autor inventa como pode.

Compacto não quer dizer necessariamente exaustivo: muitas vezes percebemos a realidade por alusões e esboços, completando mentalmente as lacunas e sobrevoando tudo que não temos como completar. No canto x do *Inferno*, Dante apresenta um condenado que põe apenas o rosto para fora do ataúde: sabe muito bem quem é, mas não nos diz como se chama – devemos inferir que se trata de Cavalcante Cavalcanti a partir do fato de que Dante nomeia seu filho, Guido. No canto v do *Purgatório*, as tribulações de Pia de' Tolomei são evocadas de modo tão elíptico que não sabemos muito bem o que lhe aconteceu; ainda no *Purgatório*, agora no canto XXIV, acena-se a certa "Gentucca", destinada a, um dia, tornar mais suave seu exílio, mas até agora nenhum comentador soube identificá-la. Para os contemporâneos imediatos de Dante, as referências deviam ser claras, e os gestos de homenagem ou desdém político, tão precisos que alguns críticos compararam a *Comédia* a um *instant book*; mas Dante não queria escrever apenas para os contemporâneos, ambicionava igualmente um público universal e eterno, como veio a ser. E nós acreditamos na verdade de sua viagem ultraterrena justamente porque não compreendemos tudo, assim como não compreendemos tudo na vida. Nós nos fiamos nele assim como nos deixamos guiar por Joyce pelas ruas de Dublin, ignorando os esportistas e cantores que ele cita, as farmácias, as anedotas de imprensa hoje irrecuperáveis; como tampouco sabemos quem são esses Novosilzov e Haugwitz, sobre quem pipilam em francês as convidadas de Ana Pavlovna no começo de *Guerra e paz*, mas é exatamente isso que nos atrai à armadilha de acreditar que exista todo um mundo ao redor das palavras que lemos. Quando Balzac, na *Maison Nucingen*, logra o *tour de force* de escrever um romance inteiro como se estivesse escutando uma conversa atrás de uma divisória, são justamente as fofocas que o leitor ignora que conferem credibilidade ao que está contado. Em suma: ou bem pilhar a

Dream Diary N. 20, 2019

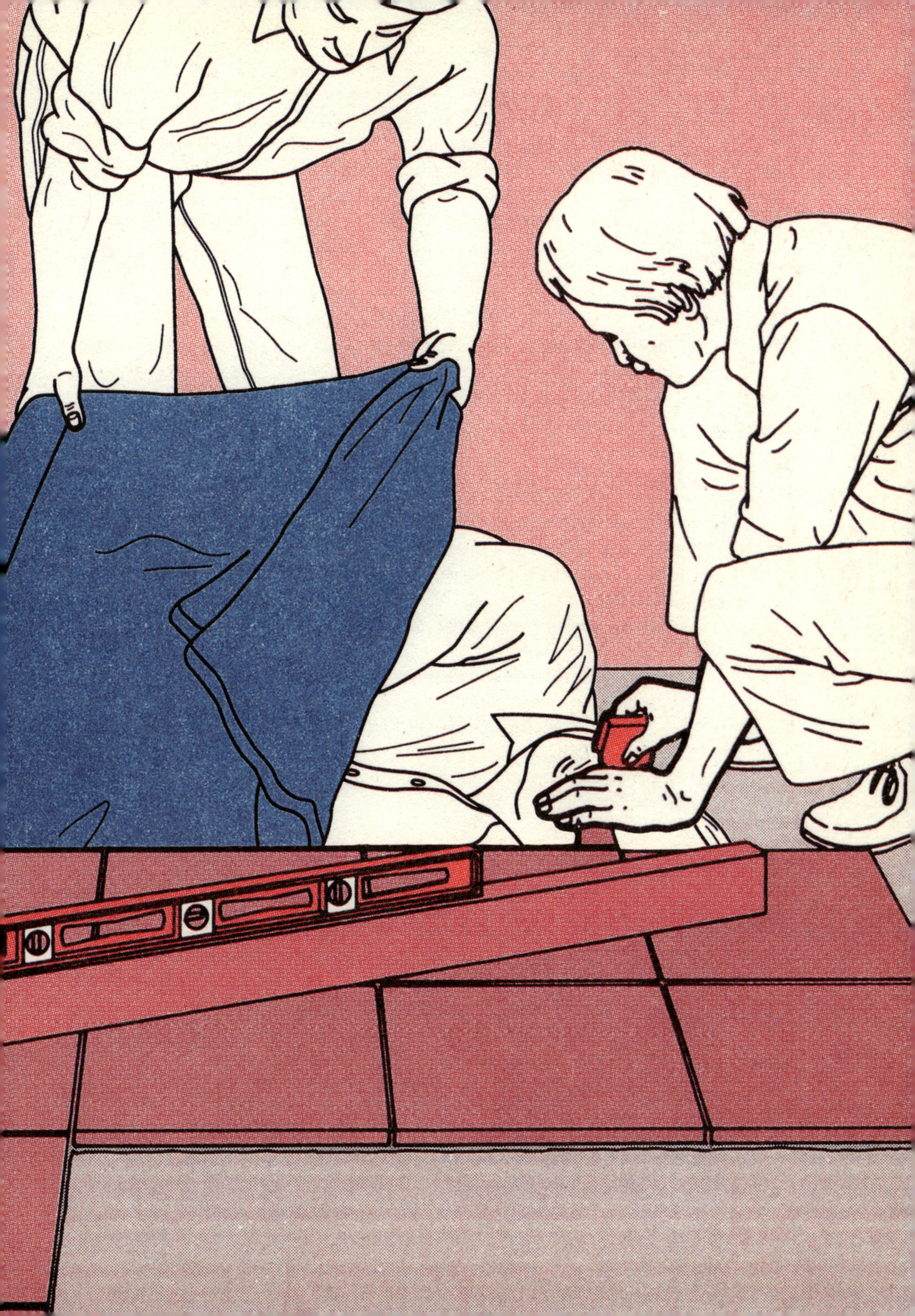

enciclopédia mental do leitor no contrapé, ou pedir carta branca aos vazios dessa mesma enciclopédia; e sempre trabalhar mais com os vazios do que com os cheios. No verdadeiro realismo, a realidade nunca é alguma coisa de óbvio: ela está sempre *in statu nascendi*, num encaixe frouxo e instável, que basta um sopro para derrubar, tão logo o escritor se distrai – como caem, a um sopro, os castelos da magia.

Em última instância, o objetivo da magia é a tão caluniada identificação: um paralogismo que funciona como a metáfora e iguala, traiçoeira, a parte ao todo (se reconheço em mim tal ou tal traço do personagem x, então eu *sou* o personagem x). Enquanto se identificar ao que lhe contam, o leitor não recorda que é vítima de um jogo de palavras e não se revolta contra a trapaça. A fim de obter esse resultado, o texto realista deve saber se equilibrar entre exigências opostas: deve fustigar a atenção do leitor, surpreendendo-o, para em seguida conceder-lhe suficientes elementos reconhecíveis, de modo a não perdê-lo, a mantê-lo no caminho traçado; deve jogar com a forma, chegando mesmo, se necessário, a fazê-la parecer menor ou ausente; deve se deixar levar pelo jogo dialético entre previsível e imprevisível, entre detalhe desconcertante e sensação de inteireza, entre coerência e anomalia. Sobretudo, deve ter presente que os modos para ludibriar a racionalidade do leitor, seduzindo sua inteligência emocional, são substancialmente dois, provenientes de nascentes distintas: ou bem golpear antes que a consciência ocupe o tabuleiro, ou bem multiplicar as espessuras e os níveis a tal ponto que a consciência já não tenha mais como dominá-los. (O autor deve saber operar nessas duas frentes, mas o leitor deve ter a impressão de um único movimento.)

2. NECESSIDADE DE MENTIR

Quando se grita "olha o lobo!" muitas vezes, dando alarme falso, as pessoas acabam por não acreditar mais. Suponhamos que realmente o menino de Nabokov tenha inaugurado a literatura com esse truquezinho maldoso: se, na sequência, quisesse continuar a fazer literatura, mantendo vivas a atenção e a emoção de seus vizinhos de gruta, teria que modificar várias vezes o grito, torná-lo mais intenso e convincente – e talvez mesmo, a certa altura, recrutar um lobo de verdade para que o perseguisse por um tempo. A técnica realista é um esforço infinito para representar zonas da realidade sempre mais escondidas e proibidas, empregando artifícios sempre mais sofisticados e ilusionistas. Em seu livro monumental, Auerbach nos forneceu exemplos formidáveis dessa escalada, num arco histórico que compreende quase toda a literatura ocidental: a descoberta do cotidiano sério ou do nexo entre indivíduo e sociedade, assim como a secura das listagens ou a suspensão temporal.

Um quadro foi por muito tempo considerado indecente e só podia ser visto por poucos, coberto por uma cortinazinha ou até mesmo oculto por um outro quadro; intitula-se *A origem do mundo*, mede 46 por 55 centímetros, foi pintado por Gustave Courbet em 1886 e representa uma vulva. Não exatamente e não somente: representa um corpo nu de mulher, estendido sobre uma cama, com as pernas afastadas e a vulva em primeiro plano – uma túnica branca de linho erguida sobre os seios –, sem que se possa distinguir os ombros ou o rosto. É um quadro muito elaborado, minuciosíssimo nos detalhes, se bem que um tanto renascentista e clássico no conjunto. Foi pintado para o diplomata otomano Khalil-Bey e teve vários proprietários até ser comprado em 1955 por Jacques Lacan para sua casa de campo. Foi ali que Picasso viu o quadro, ao remover uma tela de André Masson que o cobria, e consta que tenha permanecido mudo por longo tempo, somente murmurando "a realidade é o impossível".

O quadro é um bom exemplo de radicalismo e audácia na superação dos limites que o realismo se impusera até aquele momento em termos de representação do corpo e do sexo; e nem mesmo aqui alcançamos os limites extremos. Para reproduzir minuciosamente a vulva, Courbet sentiu a necessidade de decapitar a mulher; nunca saberemos nada sobre seus olhos ou sobre seu sorriso; teve assim de se trancafiar em um nicho determinado, nesse caso, nos "infernos" das imagens pornográficas colecionadas pelos libertinos. Somente muito depois, com os nus de Lucian Freud, com a literatura de Henry Miller a Philip Roth, ou com as tentativas do *new porn*, procurou-se superar a separação dos estilos para chegar a uma integração dos minuciosos detalhes sexuais com o resto do corpo e da vida.

Picasso tinha razão, perseguir a realidade em sua informe infinitude é uma tarefa impossível, além de inexaurível: a descrição de uma simples mesa pode ocupar 100 páginas, depende do nível de ampliação e da matemática dos fractais; pensemos sobre o que aconteceria se quiséssemos descrever uma alma, ou uma ascensão financeira, ou uma briga de amor. A cortininha que protegia o quadro de Courbet (antes que o Estado francês decidisse expô-lo despudoradamente, mas também castrando-o de toda força transgressiva, no Museu d'Orsay) pode ser comparada à famosa tela de Parrásio: a representação da realidade é eficaz na medida em que parece sempre esconder um outro extrato de realidade – e por aí retornamos à ideia de um realismo perenemente recém-nascido. O maior inimigo do realismo, que lhe dita desenvolvimentos e inovações linguísticas, é o inevitável destino de *desgaste* a que suas invenções são submetidas: cada escândalo se torna rapidamente *maniera*, a ilusão de realidade é uma aproximação assintótica que tem como resíduo indestrutível justamente o embaraço do real. Se a realidade é finalmente alcançada, o resultado é pouco crível do ponto de vista da arte; uma anedota, talvez espúria, mas que nem por isso deixa de ser um achado, conta que, ao fim da última apresentação do *Doente imaginário*, o público saiu resmungando "esta noite ele morreu mal!" quando Molière realmente expeliu o jato de sangue que o levou à morte poucas horas depois.

Já me perguntaram muitas vezes (se puder citar brevemente meu caso pessoal) por que acho necessário, nos meus romances e nas glosas paratextuais, declarar que um episódio realmente aconteceu e que outro, ao contrário, é fruto da mentira; que importância tem, me dizem alguns leitores inteligentes, se o que conta foi realmente vivido por você ou não, o importante é que pareça verossímil! A resposta a essa pergunta tão simples e sensata pede um discurso mais articulado ao redor do conceito de verossímil – que tem sido, desde os tempos de Aristóteles, o critério para distinguir as narrativas fictícias das narrativas históricas.

Por que, tendo à disposição milênios de histórias e decênios de relatos, um narrador sente a necessidade de inventar uma história a mais, uma história que nunca aconteceu, mas que poderia ter acontecido? Porque essa história fictícia, por alguma causa obscura, é mais exemplar do que as histórias verdadeiras, contém mais significados, sob forma mais coerente e harmoniosa; porque ensina e faz entender coisas que permanecem no inconsciente pessoal e coletivo; porque a realidade assim alterada e modelada é mais divertida, ou mais trágica, ou mais comovente do que a realidade nua e crua jamais foi. A narrativa fictícia nos oferece um cosmo e não um caos, uma realidade *controlável e finita*, um fac-símile de realidade adequado àqueles deuses menores que pensamos ser em nossos delírios de onipotência. O universo alternativo da narrativa é composto por muito menos elementos do que o universo real; o mundo representado em um relato fictício é sempre fruto de uma seleção.

O verossímil nasce dessa necessidade de seleção: é um repertório de todas aquelas partes da realidade em que o leitor pode acreditar sem tropeços, na medida em que se assemelham a coisas que ele mesmo já experimentou. O verossímil é o reino do geral e do comum, contra toda idiossincrasia e toda singularidade ensandecida; à medida que, em dada cultura, o verossímil vai se definindo, acaba inevitavelmente por eliminar os pontos extremos, fazendo da média seu próprio centro de gravidade. "A arte", disse Chateaubriand no prefácio a *Atala*, "não deve se dedicar à imitação dos monstros." O verossímil empreende uma ambígua batalha com o ideal: os heróis devem ser atraentes e, portanto, verossimilmente belos, e da imitação do real se escorrega inadvertidamente em direção à imitação de um modelo canônico – quem acreditaria no amor de um belíssimo vigarista com uma empregadinha estrábica de dentes tortos? Se a representação tiver que ter valor universal, tenderá a estilizar; Platão reclamava do realismo porque é uma cópia da cópia, ao passo que o verossímil logo se vê tentado a conduzir a árvore pintada em direção à forma ideal da árvore, podando malformações e galhos secos (exceto quando se referir a outro arquétipo, o da Árvore Seca, de cunho simbólico). O platonismo em arte ensinava a selecionar os lados melhores de muitos modelos para fazer deles um único objeto de beleza (como a abelha que retira um único mel de tantas flores); mas, ao correr o mundo, o platonismo se torna vaidade (cada um reivindicando ser o ideal) ou donjuanismo (colecionar belezas, na impossibilidade de se possuir o Todo). Veja-se por exemplo a instrutiva transição da *Follia delle donne*, de Frugoni, ao quase plágio desse mesmo poema, feito por Lorenzo Da Ponte para o catálogo mozartiano em *Don Giovanni*. O que acontece com o físico acontece também com a moral: os malvados são geralmente feios e os bons são belos, a menos que se estabeleça o estereótipo contrário, o do Anjo Caído e o da Fera de coração de ouro. Se os leitores de romances pertencem em geral à classe burguesa e média, parecerá crível e aceitável (do ponto de vista dos hábitos e costumes) uma paisagem humana sem desvios escandalosos ou repugnantes, e a desconcertante variedade e incoerência dos caráteres que há no mundo será estilizada na fixidez relativa dos "tipos": o generoso, o cínico, o invejoso, o hipócrita. No século 17, data do nascimento do romance moderno, a *vraisemblance* (verossimilhança) e a *bienséance* (decoro) eram uma coisa só.

Já me referi à polêmica ocorrida na França a partir da confissão da princesa de Clèves; é o próprio personagem que declara ser "não muito verossímil" aquele detalhe da sua história. Contra o dilúvio estereotípico dos *romances*, o novo (e mais realista) gênero da *novel* estreia certificando sua própria verdade *contra* toda verossimilhança literária: as coisas que contamos são verdadeiras *justamente porque* não parecem verossímeis. Realismo e verossimilhança, em última análise, descobrem-se rivais. "Isto não é um romance" é o *leitmotiv* dos romances da época; "se isto fosse um romance, deveria acontecer tal coisa, mas, já que não o é, o que acontece é totalmente diverso". Na angústia de qualificar suas histórias como "verdadeiras" e não como romanescas (pão para o novo público esfomeado por *news*), os autores se veem numa encrenca: depois de assegurar que seu *Robinson* havia sido inspirado em um naufrágio real, Defoe teve que aceitar as contestações de Charles Gildon, que apontou as inumeráveis incongruências e o acusou de ter escrito "apenas um romance".

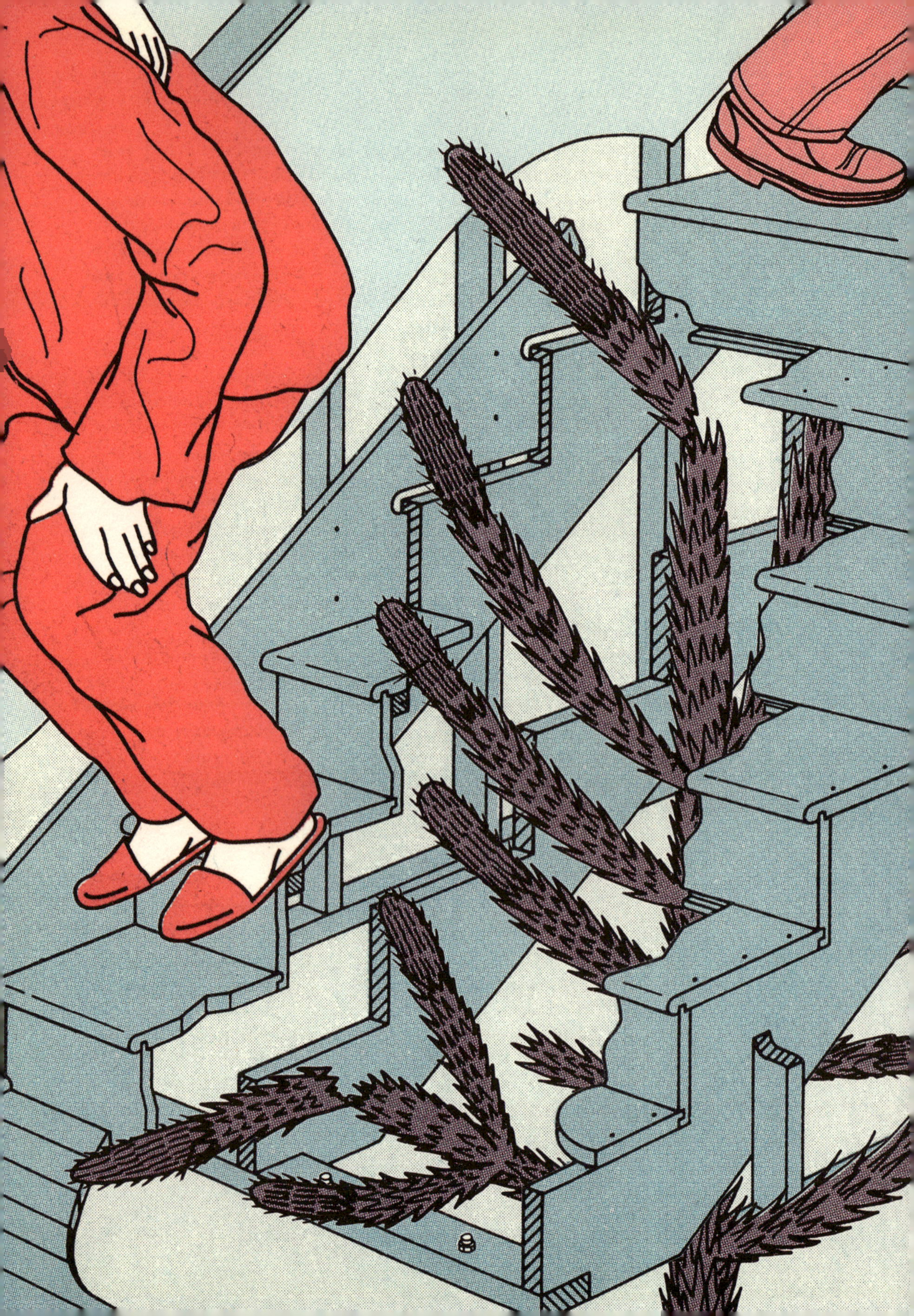

Mas, bem antes do romance moderno, o desgaste da estilização já havia estimulado a exigência de se pôr a autobiografia na balança como garantia inconfundível de uma experiência conturbada e inovadora; se, ao final do século 13, a difusão da poesia provençal, com seus *topoi* e seu *senhal*,[3] criou um gênero que recendia a estereótipo, um jovem de Florença chamado Dante Alighieri, querendo contar a morte da mulher amada (e louvada à maneira provençal) fez questão de nomeá-la na *Vida nova* por seu nome verdadeiro – Bice –, e, ao final, a propósito dos peregrinos que passavam, sem saber, diante da casa onde ela morrera, insistia nas especificações topográficas, chegando a indicar uma rua da cidade que Marco Santagata identificou como *via dei* Bardi, onde realmente morreu a verdadeira Bice (ou Beatriz) Portinari, casada com Simone de' Bardi. Nome e endereço como trampolim para a *Comédia*. Em sentido contrário e complementarmente, é justamente nas "histórias verdadeiras" que o realismo mostra com mais evidência a necessidade de se desvencilhar da realidade empírica. Philip Roth impõe a *Patrimônio* o subtítulo *Uma história verdadeira*, e os personagens conservam os nomes do registro civil; ao "sentimentalismo comum e previsível" da própria imaginação, opõe o "impiedoso realismo" e o "talento genuinamente anômalo" do pai, elegendo-o como seu mestre de narração ("é *ele* o bardo de Newark"); prefere o particular autêntico e estridente ao verossímil. Todavia, por mais que procure tanto por episódios "narrativamente certos e seguros", o que nos oferece ao final é um percurso arquetípico: a devoração do Pai pela horda primitiva e a superação daquele mito por um mito ainda mais profundo (o do *puer-senex* e da divina androginia).

Há evidentemente uma exigência meta-histórica em quem se dedica à ensandecida tarefa de dar sentido ao mundo por meio de palavras: a exigência de brincar com fogo ou, se quisermos, de brincar de esconde-esconde com a realidade – espicaçando-a para retirar dela certas faíscas que a realidade nem mesmo desconfia ter, copiando-a para negá-la, procurando fugir da insensatez (como a pomba se ilude de voar mais velozmente sem a resistência do ar), mas convencido de que não existe sentido sem mundo. Nesse jogo perigoso se consome o equilibrado compromisso aristotélico: o verossímil se desfaz em mil pedaços, prensado entre os dois extremos da verdade e da mentira.

---

3. Imagem ou pseudônimo poético com que o trovador oculta o nome da mulher amada na composição. [N. dos T.]

O jogo começa com o lance mais simples: o que estou narrando é verdade e posso prová-lo, e posso porque vivi isso pessoalmente ou porque tenho documentos que o comprovam. Os romances se enchem de cartas, velhos pergaminhos, artigos de jornais; citam-se nomes de pessoas que existiram realmente ou de lugares reais que sejam familiares aos leitores; num romance, promove-se a protagonista um personagem que em outro era coadjuvante, como se se tratasse de uma pessoa em carne e osso que evoluiu nesse meio-tempo. Se o contexto no qual me introduzo é de ordem simbólica, a exposição biográfica será suficiente para surpreender; mas, se os mecanismos ilusionistas já estiverem desgastados, se ninguém mais acreditar no manuscrito encontrado por acaso, terei que recorrer a jogos mais complicados. Posso fingir, por exemplo, que uma censura interna ou externa tenha me impedido até aquele momento de pronunciar os nomes verdadeiros, mas em seguida, num ato de rebelião e liberação, supero a reticência e os pronuncio (se me for permitido, pela segunda vez, acenar a uma mínima solução pessoal, fiquei sabendo que alguns leitores de *Scuola di nudo*[4] foram de verdade consultar a lista telefônica de Pisa); posso usar os asteriscos se temo que um nome me cause um processo, mas posso também cobrir com asteriscos um personagem inventado, que por isso parecerá mais verdadeiro. Quando Stendhal, em *A Cartuxa de Parma*, faz surgir uma colina no curso inferior do rio Po, ou quando DeLillo, em *Submundo*, coloca Hoover na festa de Capote, ambos provavelmente sabem que é fácil comprovar a falsidade desses dados; mas não se trata de simples desprezo do dado real em favor da construção fictícia.

Sempre me impressionou uma carta de Stendhal a Salvagnoli em que ele se refere ao *fait divers* do qual nasce *O vermelho e o negro*: alude a um jovem seminarista que, na igreja, atirou em sua amante, mas diz que tudo aconteceu em 1826, nos arredores de Rennes, quando na verdade ocorreu em 1827, em Brangues. Lapso de memória, provavelmente, mas os lapsos nunca são despidos de razão. Flaubert escreve para Louise Colet que o prefeito de Rouen "copiou" uma frase que ele inventara *no dia anterior* para a cena do festival agrícola de *Madame Bovary* – mas é muito mais provável que tenha acontecido o contrário e que Flaubert quisesse infantilmente

[4]. Título de um romance de Walter Siti publicado em 1994 e inédito no Brasil.

ocultar o roubo. O problema é, acredito, que os escritores realistas têm contas a acertar com a realidade e, quando se confrontam com o mundo, deixam-se flagrar às voltas com truquezinhos tolos: porque temem o mundo e, por isso, confundem as cartas, eles próprios se enganam ao tentar distinguir o que aconteceu realmente e o que é resultado de suas invenções. O mesmo Stendhal, em *Souvenirs d'égotisme*, admite não querer se ocupar muito com pesquisas aprofundadas para seus romances: "Escolho aleatoriamente aquilo que o destino dispõe no meu caminho", como se organizar em demasia fosse um gesto de *hýbris*, um desafio excessivo ao Criador. Mas, contraditoriamente, confiar na sorte significa também imitar o caos da vida. Por que, em "Os mortos", Joyce quis manter os verdadeiros nomes dos convidados, mesmo sabendo a que ponto o assunto era universal (nada menos que a superação da inveja como preparação do homem para a sua fatal "viagem em direção ao ocidente")? Porque invocar a empiria é um modo de se sentir superior a ela. Mentir e alegar verdades inúteis são dois truques convergentes que servem para fugir da marcação da literatura como mero jogo autorreferencial. No autobiográfico *Joseph Anton*, Rushdie vem a saber que a ex-mulher Clarissa tem um tumor e comenta a triste notícia com sua atual companheira; mas, tão logo a frase compassiva sai de sua boca, ele percebe que bem poderia ser pronunciada por seu personagem literário em construção, a Flory Zogoiby de *O último suspiro do mouro*: roubar da realidade não é só uma confissão de impotência imaginativa, é também a transformação dessa impotência em uma arrogante exibição moralista e pararreligiosa. Cara realidade, agora sou eu quem te explica aonde você queria chegar.

Como teme a realidade, o escritor realista tem medo também da própria força inventiva, deve ancorá-la e justificá-la; a reflexão das mentiras pode dar num infinito corredor de espelhos: este não é um romance, ou melhor, este é um romance, mas só digo isto para que intuam o contrário. Quanto mais eu fizer uma coisa parecer verdadeira, mais podem estar certos de que é falsa; o que não significa que alguns fatos que eu mesmo denuncio como falsos sejam, em vez disso, desesperadamente verdadeiros. Eu minto, mas não acreditem quando eu digo que minto: ampliando um pouco o alcance semiológico dessa afirmação, chega-se aos confins do realismo, ou melhor, chega-se a reconhecer os rastros realistas naquelas obras não miméticas (que não tentam enganar quanto a sua natureza ficcional) que, todavia, têm como objetivo último ilustrar algum extrato profundo da realidade. O mesmo vale para suas performances autorreferenciais: suas fabulações não são puro entretenimento, mas fragmentos de pulsões e mutações sociais difíceis de serem fotografados pelos meios da *mimesis*, na medida em que ainda são insondáveis, apenas intuídos com imprecisão. É justamente por isso que essas escritas tantas vezes parecem proféticas. Novalis, Hoffmann ou Lautréamont antecipam aquilo que se tornará quase mimético no *Cão andaluz*, de Buñuel-Dalí, ou em *O homem dos lobos*, de Freud. O episódio final de *As viagens de Gulliver*, com o protagonista que se refugia no estábulo, falando com os cavalos para fugir do tédio e do desdém pelas conversas domésticas, antecipa Pinter em bons dois séculos; e como negar que Gregor Samsa seja um homem do subsolo dostoievskiano, agora mais lúcido e radical? A maçã que é deixada para apodrecer sobre o dorso da barata pede a mesma participação emotiva dos melhores *trompe-l'oeil* do panteão realista.

O realismo kafkiano é o lado obscuro do realismo dos místicos. Quando conta ter bebido, junto a outra freira, a água com a qual lavara os pés dos leprosos – e se demora detalhando como uma crosta grudara no seu céu da boca e como tinha tentado retirá-la com a língua –, Angela da Foligno toca extremos de masoquismo impensáveis no *mainstream* literário de sua época; os místicos têm tanta certeza quanto a uma outra realidade que podem se permitir tratar a realidade histórica como refugo. Etty Hillesum, trancada no campo de concentração, não se permite odiar os alemães; ao contrário, oferece-nos uma descrição desnorteante, falando sobre a *beleza* do lugar: "O jeito que o barracão às vezes ficava à noite, sob o luar feito de prata e eternidade: como um brinquedo escorregando da mão distraída de Deus". Lirismo fugaz, mas também paradoxal realismo de um instante, *pois ela estava lá* (e nós não).

Realidade presente e lógica, podemos até dizer científica, de um lado, e realidade profunda, de outro. O limiar extremo ao qual o realismo pode se propor (antes de abdicar diante do sobrenatural e da *fantasy*) está na indecisão entre os dois níveis, tal como se expressa no fantástico, contanto que – como ocorre, por exemplo, nesse modelo insuperado que é *A outra volta do parafuso* – se conceda a ambos os termos do dilema os mesmos direitos de peroração retórica. Henry James faz com que ambas as leituras possam valer, a partir de bases de apoio aparentemente firmes: quem aposta no fenômeno sobrenatural obterá a confirmação de que o diabo é uma realidade concreta; quem acredita na obsessão ternamente persecutória da instrutora treme diante de um quadro potente de pedofilia recalcada. A realidade cotidiana, esmagada pela dúvida, responde com um arrepio elétrico.

Mesmo sem chegar ao limite do fantástico (embora às vezes chegue às raias de fazê-lo), é essa "eletrização", essa "luminescência" do real que justifica o aspecto visionário do realismo balzaquiano; nele, não se trata de indecisão lógica, mas sobretudo de mutação epocal, entrevista e não compreendida até o fim. Tudo é racional, e ao mesmo tempo tudo palpita de catástrofe. Um século e meio depois, existe mais futuro apocalíptico no balzaquianismo dos primeiros livros de Houellebecq do que na ficção científica explícita de *A possibilidade de uma ilha*. A propósito da representação das mutações do presente, muitos falaram em hiper-realismo. A pintura hiper-realista é produzida por um duplo salto mortal: à primeira vista, parece o triunfo do ilusionismo, mas, olhando bem, logo se vê que a realidade representada possui contornos muito claros e florescentes, é perfeita e precisa demais para parecer crível. Mais real do que a realidade. Na verdade, o que a pintura hiper-realista mostra não é a vitrine de uma loja, mas a irrealidade contemporânea refletida naquela vitrine.

As corridas em direção à profundidade e àquilo que é apenas intuído convergem com a corrida em direção ao inteiro e ao mais articulado, ditando assim a marcha do realismo ao longo da história; todo realismo rebaixa o realismo precedente, doravante envelhecido. John Donne faz com que Petrarca pareça muito estilizado e monolinguístico; Tolstói faz circular o ar nos salões de Púchkin; o diálogo entre os amigos Alfio e Mena Malavoglia (enquanto desfazem, constrangidos, os galhos secos da sebe) denuncia como rígida e excessivamente literária a conversa entre Renzo e Lucia. O impressionismo obedece à verdade da retina mais do que Vermeer poderia fazer com seus tijolos holandeses, e mesmo assim o inesperado giro de *A moça com o brinco de pérolas*, aquela intimidade do instantâneo flagrada na imagem, marca um momento não mais superável. A *Grande fuga* opus 133 de Beethoven, julgada um horror inaudível em sua época, foi definida por Stravinski como "música contemporânea que permanecerá contemporânea para sempre". A mesma coisa pode ser dita de alguns mágicos momentos de mimetismo iconográfico e literário: combustões realistas que permanecerão enquanto tais para sempre. Quando, no canto XXXI do *Inferno*, Dante descreve um episódio totalmente visionário – o gigante Anteo que se abaixa em sua direção –, ele o compara a uma imagem cotidiana que lhe ficou gravada do tempo em que estava em Bolonha: as nuvens que correm em direção à torre de Garisenda, chegando pela parte inclinada e criando em quem a vê a impressão de que a torre lhe cairá por cima. A cena fantástica está assim fixada para sempre, como se a tivéssemos visto com nossos olhos. Este é o "milagre da presença" realizado pelo realismo: palavras fulgurantes que anulam qualquer reparo ("então você viu", dito por Ivan a Aliosha Karamázov, referindo-se ao diabo), detalhes subtraídos ao fluxo do familiar e deflagrados a fim de iluminar o mistério.

3. O TRAMPOLIM

"Detalhe" é uma palavra-chave para o realismo. Enquanto se trata de pôr em cena histórias emblemáticas ou didáticas, pode-se ficar no plano do geral: nos cartazes com o alfabeto, na escolinha da minha infância, o cachorro e as cerejas estavam ali para indicar o C duro e o C suave – a qualidade das cerejas ou a raça do cachorro eram irrelevantes. Mas, quando se quer que o leitor entre na história como se a estivesse vivendo pessoalmente, então os detalhes devem ser precisos, nada deve destoar, o escritor deve se converter em cenógrafo meticuloso. É claro que não estou me referindo aos detalhes simbólicos, ao cálice repleto de imundície que a meretriz do Apocalipse leva em suas mãos ou ao ovo pendente do teto que Piero della Francesca incluiu no retábulo de Brera. Penso, antes, no gato que atravessa o cômodo na *Anunciação* de Lorenzo Lotto, aquele gato preto que arqueia o dorso, assustado com o anjo – preto como o demônio, como já disse alguém; mas o mais provável é que Lotto tenha querido "humanizar" o episódio sacro, não sem ironia. Da mesma forma como, séculos antes, recontando nas *Metamorfoses* o mito de Dédalo e Ícaro, Ovídio imaginou o detalhe comovente de Ícaro brincando com as penas que caem da mesa enquanto o pai fabrica as asas.

Quanto mais tarimbado o público, mais minuciosos devem ser os detalhes: em *As meninas,* Velázquez chegou ao ponto de pintar a poeira suspensa no ar, visível por obra de um raio de luz, ao passo que Baschenis depunha uma poeira sutilíssima sobre seus instrumentos de música em repouso. As naturezas-mortas do século 17 são um prodígio de técnica ilusionista, por mais que os estudiosos identifiquem nelas argutas charadas simbólicas (a casca partida com a noz à mostra como figura de Cristo; as ostras como emblema da sensualidade e assim por diante). Na literatura, muitos detalhes são explicitamente funcionais, servem ao prosseguimento da trama (o revólver que, mais cedo ou mais tarde, deverá disparar) ou à ilustração de um caráter (a mecha rebelde que escapa do véu da freira de Monza, em *Os noivos*, de Manzoni); mas os detalhes realistas em sentido pleno, aqueles que se multiplicam a partir de Flaubert, os mais poderosos e transbordantes, mas também os mais problemáticos, são os detalhes não funcionais, aqueles que não significam nada. Como o famoso barômetro que, em "Um coração simples", está pendurado na parede da sala de estar da senhora Aubain e que Barthes escolheu como exemplo daquilo que chamou de "efeito de real".

Consideremos esse barômetro um pouco mais de perto. Barthes afirma que não serve nem para fazer avançar a ação, nem para caracterizar os personagens; portanto, seu único valor

Dream Diary N. 50, 2019

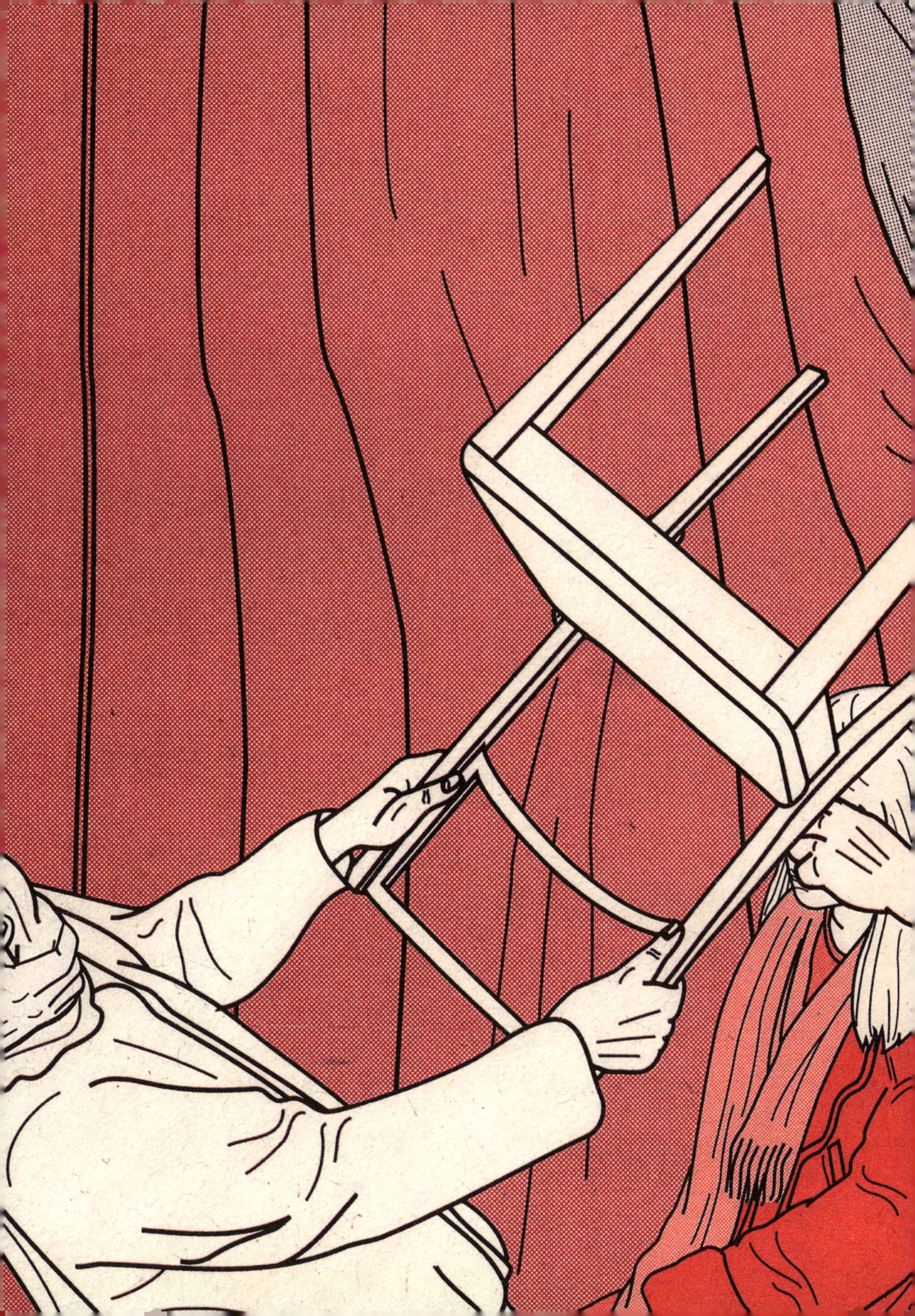

semiológico consiste em significar "estou aqui", estou aqui porque a sala de estar da senhora Aubain existe na realidade. Um truque de prestidigitador, um efeito que o autor obtém por puro cinismo mimético. Seria possível objetar que o barômetro alude à importância que a velha burguesia de província atribuía aos fenômenos atmosféricos, à conversa sobre o tempo e aos reumatismos; ou ainda que o barômetro e o piano logo abaixo, bem como a lareira luís-quinze, são traços de um luxo provinciano que se esvaiu com a morte do marido da senhora Aubain. São interpretações forçadas – e, de resto, que dizer do papel de parede ornado de flores pálidas ou da cor da estante? Barthes tem razão, o sentido é vago demais, toda essa pacotilha não é mais que "o excipiente neutro que guarda a preciosa substância simbólica". Essa substância simbólica será depois recolhida num objeto neutro do mau gosto burguês, um daqueles "louros empalhados" dos quais já zombava Gozzano: o papagaio Loulou, que se transforma para a criada Félicité na encarnação do Espírito Santo. Na primeira parte do conto, quando Flaubert se estende sobre as divagações de Félicité na igreja quanto à feição precisa do Espírito Santo – pássaro, fogo, sopro? –, nós ainda não sabemos nada sobre a futura transfiguração de Loulou; essas divagações parecem ser também da ordem do efeito de real, mas são, ao contrário, a preparação nada inocente da espinha dorsal do conto. Os elementos aparentemente inúteis servem por vezes para encobrir os decisivos, de tal modo que estes, uma vez disparados, colhem-nos de surpresa: em meio ao falatório frívolo na casa de Anna Pavlovna está plantada uma frasezinha pronunciada com um beicinho coquete pela jovem Lisa Bolkonskaia ("*vous savez, mon mari va se faire tuer*"), que recordaremos com um arrepio quando o príncipe Andrei, tendo escapado da morte em Austerlitz, for ao encontro dela em Borodino.

Mas isso não quer dizer que o autor seja consciente das múltiplas espessuras que pode ter um detalhe. Starobinski analisou certa vez a cena de *Madame Bovary* em que Charles, ainda solteiro, faz uma visita a Emma na granja de Bertaux; Emma lhe oferece curaçao, mas serve muito pouco para si mesma e acaba rindo do próprio esforço de alcançar com a língua as gotas no fundo da taça. Parece uma cena escrita para sublinhar a sensualidade carnal de Emma, mas Starobinski declara: "O fato de que o copo esteja vazio tem com certeza um valor simbólico: é o primeiro de uma série de objetos (ou seres) vazios com os quais Emma não consegue sentir o que, com todo seu corpo, esperava sentir". Flaubert terá pensado nisso?

A esta altura, já não peço mais desculpas por falar de mim mesmo, uma vez que já está mais que claro que o pudor partiu desta para melhor e que este não é um ensaio sobre o realismo, mas uma oblíqua confissão poética. Em *Resistere non serve a niente*, eu precisava pôr nas mãos de jovens modelos uma bolsa de grife; fui me informar junto a um amigo figurinista, que me nomeou alguns estilistas na moda, entre os quais escolhi Stella McCartney. Só mais tarde me dei conta de que Stella era o nome da primeira moça amada pelo protagonista Tommaso, e que tanto Stella como Tommaso são nomes pasolinianos, e ainda que Tommaso conhece outra moça diante de um avião que se chama *Il cacciatore di stelle*, e finalmente que ele marca de se encontrar com seu verdadeiro grande amor num aeroporto. Ou seja, para Tommaso, o desejo autêntico tem a ver com o fogo e com o ar, ao passo que o afeto forçado tem a ver com a água e com a terra (a escritora feiosa medita um romance sobre as colhedoras de arroz). Juro que nada disso foi premeditado, queria apenas que a tal bolsa parecesse digna de fé.

O detalhe nunca é insignificante, pela simples razão de que o contexto em que ele se insere é um contexto de semiose ilimitada, onde a falta de sentido é a coisa menos natural que possa haver. Cada detalhe é como um explosivo não detonado que existe, bendito seja, ao passo que o autor não tem sequer a certeza de existir. Por trás do cinismo do cenógrafo, desponta a devoção ao mundo da parte de quem não sabe viver no mundo – a simpatia do escritor realista pelos objetos denuncia um déficit de ser que encontra sustento junto a tais objetos.

Voltemos a Chesterton e a suas considerações sobre Dickens: "Há detalhes nas descrições de Dickens – uma janela, um parapeito ou uma fechadura de porta – que são dotados de uma vida diabólica. As coisas parecem mais reais e presentes que de hábito; esse grau de realismo não existe na realidade, é o insuportável realismo de um sonho." Comentando ainda aquele mesmo *moor eeffoc*, Chesterton define-o como fruto de um "realismo élfico". Não se trata do realismo mágico dos sul-americanos: é antes a fixação sobre um detalhe da realidade com um olhar tão atento que o transfigura. Não estamos longe da *Carta de lord Chandos*, de Hofmannsthal, e daquele regador com água até a metade, esquecido por um jardineiro sob uma nogueira, no qual o autor reconhece "a presença do infinito". (Recordemos que, na ficção hofmannsthaliana, o bloqueio criativo do *lord* seiscentista é atribuído ao fracasso de uma prévia vocação enciclopédica, e sua nova necessidade de ver as coisas como que à lupa é uma reação ao "olhar simplificador do hábito".) Depois virão os surrealistas e o existencialismo, o "êxtase horrível" de Roquentin (em *A náusea*, de Sartre) que, diante da raiz de uma castanheira no parque público, intui o brutal estar-aqui das coisas, ao largo das categorias lógicas habituais com que tentamos, de má-fé, domesticá-las.

Mas já no século 19 sabia-se que a metáfora do espelho devia ser modificada: não um espelho plano, limitado a refletir a realidade, mas um "espelho ustório" (nos termos de Victor Hugo no prefácio de *Cromwell*), um espelho côncavo que concentra numa chama os raios esparsos da realidade. Mesmo Balzac, em *As ilusões perdidas*, fala de um "espelho concêntrico"; e nesse genuíno tratado sobre o realismo impossível que é *A obra-prima ignorada*, o "pé adorável, o pé vivo" da modelo destaca-se como único e perturbador detalhe do caos informe de linhas e cores. (Picasso ilustrou o livro em 1931 e, no ano seguinte, transferiu seu estúdio parisiense para o número 7 da *rue des* Grands-Augustins, onde se passava o relato de Balzac.)

À metáfora do espelho vem se substituir uma outra, mais insidiosa e arriscada, a metáfora do trampolim. Escrevendo a Henry Céard a propósito de *Germinal*, Zola se sai com uma confissão surpreendente:

> Todos nós mentimos, mais ou menos, mas quais são a mecânica e a mentalidade por trás da nossa mentira? Ora, talvez eu me engane, mas acho que, no que me diz respeito, ainda minto no sentido da verdade. Sofro de hipertrofia do detalhe verdadeiro, salto rumo às estrelas por meio do trampolim da observação exata. A verdade eleva-se ao simbólico com um bater de asas.

Já Flaubert, escrevendo à senhora Roger des Genettes, afirmara que "a realidade deve ser um trampolim". A intensidade que se concentra sobre um detalhe é o traço inconsciente de uma Totalidade perdida; o Absoluto sepultado no cotidiano é a esperança supraterrena de quem perdeu a fé; as palavras adequadas à descrição daquele regador (escreve *lord* Chandos), "supondo que eu as encontrasse, exigiriam a presença daqueles mesmos Querubins em que não creio". Eros está no particular. Quando, em *As afinidades eletivas*, Eduard descobre que o copo levado à boca não é o mesmo em que se condensava seu elo supersticioso com Ottilie (pois o copo autêntico se quebrara, e o criado pusera outro no lugar), ele para de esperar e passa a sentir náuseas com qualquer bebida. O substituto inconscientemente "deslocado" de alguma coisa central: essa é, para Freud, a definição de fetiche, e os fetiches, como se sabe, são travestis de objetos – ou vice-versa.

Enquanto a senhora Ramsay, em *Ao farol*, mede a meia marrom contra a perna do filho, muita realidade passa sob os olhos do leitor: a beleza, o câncer, a compaixão, as montanhas suíças e a construção de um hotel nos fundos da residência londrina de um viúvo. Enquanto Lily Briscoe tenta fechar sua caixa de tintas com o ganchinho, "o ganchinho pareceu cingir para sempre em seu semicírculo a caixa de tintas, o gramado, o senhor Bankes e Cam que passava correndo, ofegante". Não é preciso ser religioso para ser místico. Quanto mais vai se fazendo líquido e infinitesimal, mais o realismo evoca um disparo, uma iluminação inesperada que confere sentido ao Todo: "Aquele significado", escreve Woolf, "que, sem motivo, quando se sai do metrô ou quando soa uma campainha, investe as pessoas e as torna simbólicas". O disparo é, muitas vezes, o resgate de um amor infeliz; por meio da representação, chegamos a possuir o corpo jamais possuído, e esse corpo é a realidade. "Mais, sempre mais longe", pensa Lily, refletindo sobre a pintura, "sempre mais adiante, até que enfim se esteja andando como sobre um trampolim, perfeitamente sozinha, acima do mar."

Maomé, conta uma história árabe, entrou num estado de êxtase enquanto vertia água de um jarro; esteve no inferno e no paraíso e, quando voltou, o jarro ainda não terminara de verter toda a água que continha. A concentração mental suspende o tempo, e os objetos da vida cotidiana dão a medida dessa suspensão. O arrebatamento místico dificilmente parte de uma discussão teológica: mais que prepará-lo intelectualmente, ela o inibe; é da materialidade sumária de uma cela, e muitas vezes dos humores e dos aguilhões mais humilhantes do corpo, que nasce o disparo que nos une ao Absoluto. O forte de Proust não é o registro dos detalhes, ou pelo menos não daquele tipo de detalhe que é apanágio dos realistas *standard* de sua época; lançando-se numa orgia de descrição minuciosa em que imita parodicamente o estilo dos irmãos Goncourt, ele se reprova por não saber olhar nem escutar; suas fotografias são sempre radiografias; recluso em seu quarto como numa cela, os poucos detalhes que lhe interessam são aqueles que suspendem o tempo, remetendo-o a detalhes análogos no passado. Epifanias, êxtases metacrônicos. Há nele também um esteta decadente, que dedica meia página à descrição dos sorvetes de uma famosa confeitaria (aquele espírito *dandy* que fazia Oscar Wilde dizer que "o cetim amarelo é capaz de nos consolar de todas as misérias da vida"), mas essa fútil autoindulgência é consumida pela necessidade ardente de conhecer as leis gerais.

O mau conselheiro que assedia os apaixonados pelo detalhe é, obviamente, o esteticismo: as lentes panorâmicas de Visconti passeando no interior das mansões, as minúcias extravagantes de Perec, as insistências de Ken Russell ou de Jodorowsky sobre mutilações ou deformidades físicas e mesmo as cadeiras elétricas de Warhol, tão elegantemente iterativas: todas reduzem o trauma à decoração. É uma luta sempre em aberto entre a capacidade do artista de individualizar o ponto certo do fetiche e a passividade da forma, sempre pronta a aguilhoar o burro no lugar mais fácil (não é à toa que "formalismo" vem de "forma").

O que vale para os objetos vale também para as palavras: o realismo rompe com o classicismo que força todos os personagens, de todas as extrações sociais, a falar a mesma língua nobre; o realismo escuta todos e a todos dá voz, mas com demasiada frequência também a escuta se torna decorativa: ora se detém no pitoresco ou na argúcia esnobe, e então o dialeto se converte num preciosismo como outro qualquer; ora se refugia nos tranquilizantes léxicos familiares ou, pior ainda, faz os personagens dizerem o que é verossímil que digam, dadas a sua casta e a sua situação. Ao passo que o que realmente conta (à maneira do detalhe "élfico", no caso das descrições) é um modo específico de construir a frase, uma pronúncia temerária, um solecismo comovente – em suma, alguma coisa que faça o personagem irromper vivo da página, que nos

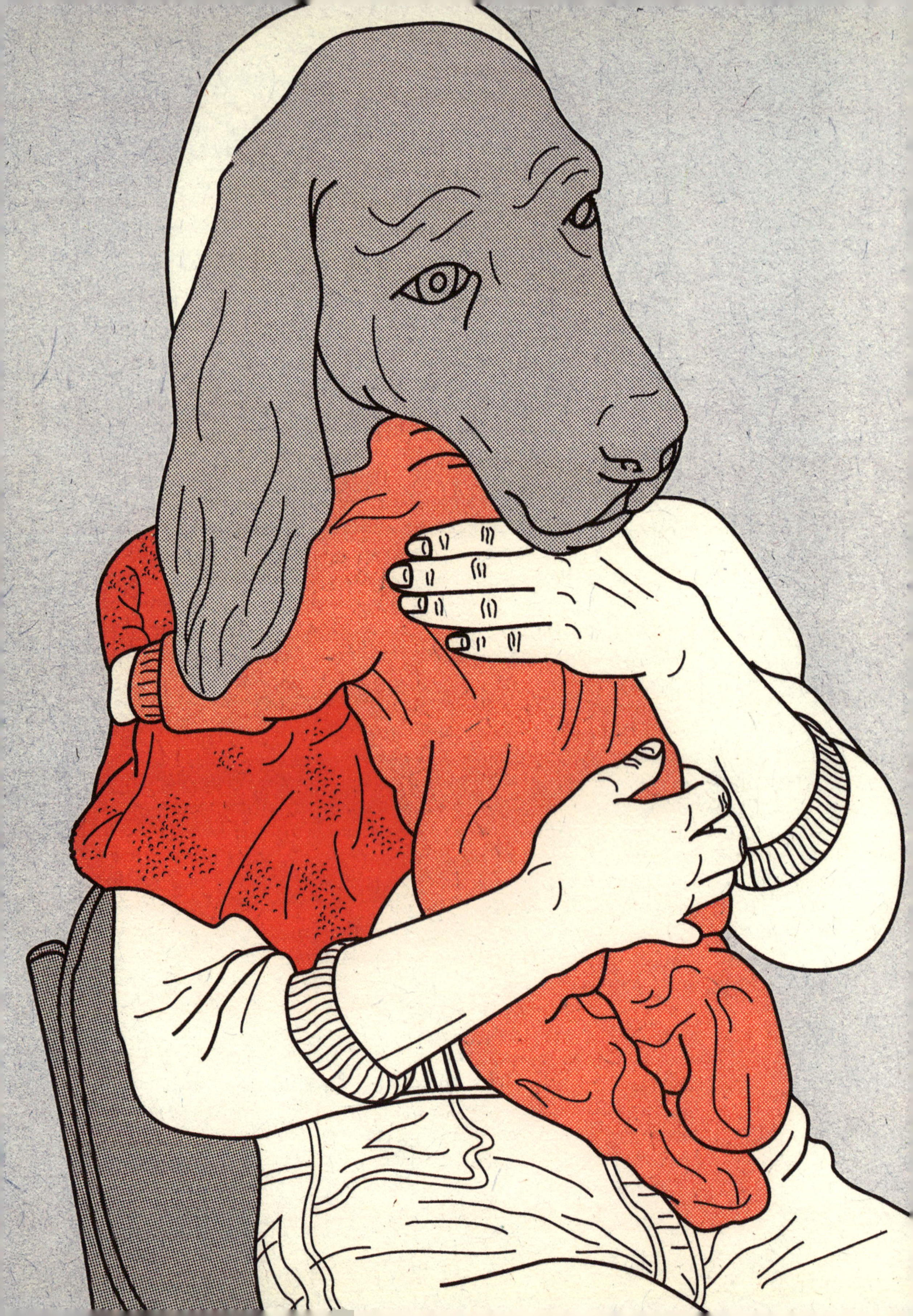

dê a impressão de possuí-lo quase carnalmente. (Por algum tempo, vivi na ilusão de que, se conseguisse capturar e pôr no papel as palavras *efetivamente pronunciadas* pelos modelos empíricos de algum Bruno ou Marcello meus, eu seria capaz de possuí-los para sempre, magicamente, na vida real.)

Assim como os detalhes conduzem ao Absoluto, também as tramas conduzem ao Mito. Todas as formas de crítica temática, da psicológica à social, mostram com grande evidência que, naquele cadinho multiplicador de significados que é o espaço romanesco, os temas agem muitas vezes de modo a surpreender o autor e levá-lo aonde ele nunca pensara ir. Balzac não era marxista; Stendhal talvez não conhecesse sua própria preferência pelos lugares elevados; quando falava das febres maláricas dos camponeses e dos salteadores, Verga não estava tratando de reativar as "febres" metafóricas de seus romances eróticos. Por vezes, como vimos no caso de Zola, o escritor tem uma vaga consciência de que o contingente temporal e o eterno simbólico sobrepõem-se em suas partituras, sem contudo jamais ter presente um mapa completo – essa é uma zona insegura, e o Aleph pode estar escondido sob um desvão qualquer. Vautrin é um anjo caído, e talvez Balzac só tenha se dado conta ao escrever. O realismo desmascara o moinho de vento por trás do gigante – e, contudo, ao descrever o moinho, evoca ambiguamente a nostalgia do gigante que não existe mais. As técnicas antirrealistas, da fábula à alegoria, são desde sempre predispostas ao irracional, e encontram o arquétipo justamente ali onde o buscavam, ao passo que a técnica realista encontra-o à traição – e a deflagração é maior.

Em *Meus lugares escuros,* Ellroy dribla o gênero do romance *noir*, que ele mesmo praticou em outras ocasiões, e se converte em investigador de um *cold case*, exceto pelo pequeno detalhe de que a mulher assassinada alguns anos antes é sua mãe; com perfeito instinto de realista da gema, Ellroy esquiva o estereótipo, e termina sem encontrar o culpado. Mas, nesse meio-tempo, veio à luz o édipo, com a figura inesquecível da mãe santa e sublimemente obscena. A precisão profissional dos termos marítimos não converte *Moby Dick* numa história sobre pescadores. O romance realista seculariza o mundo, mas apenas para reencantá-lo; o realismo é um projeto científico-experimental, mas também uma reação infantil, selvagem, de ilusionismo hipnótico. É uma homenagem que a realidade rende ao Absoluto e vice-versa: uma toca onde o Absoluto pode se esconder, balbuciando suas próprias origens humildes. Muitos escritores realistas odeiam a realidade – de outro modo, não dedicariam a vida inteira à fabricação de um sucedâneo e de uma paródia (no início deste ensaiozinho, declarei que o realismo é um modo de enamoramento, mas amor e ódio evidentemente não se excluem). O realismo opõe a realidade à Realidade; o escritor realista é um macaco que imita a natureza, mas também um demiurgo desajeitado que tenta imitar uma Criação que não conhece; se eu não tivesse medo de parecer ridículo, seria o caso de falar de *realismo gnóstico*.

4. ENTRE ARQUÉTIPOS E ESTEREÓTIPOS

Diz-se que o realismo literário não pode existir sem adjetivos; e lá venho eu com a minha etiqueta metida a besta, embora (parcialmente) derrisória. Admitindo que signifique alguma coisa, "realismo gnóstico" designa o realismo que busca ser preciso para acolher o Sacro: a busca por uma realidade para revelar sua carência, sua inadequação a uma luz superior. O realismo de Eugenio Montale que, em vez de escrever "dobram a esquina", escreve "despontam no beco", sem que os transeuntes se deem conta da Aparição. Do modo como eu o entendo, o realismo não é uma cópia, mas um conflito, uma tensão não resolvida e incontornável. "Os fenômenos de caráter cotidiano e o modo banal e coerente de tratá-los", escreve Dostoiévski numa carta para Nicolai Strakhov, "ainda não são, para mim, o realismo, e sim o contrário disso." Não existe realismo sem o rastro vazio de Deus.

Mikhail Bulgákov (em *Romance teatral*) zomba de Stanislavski, ao contar sobre um diretor caricatural e seu estranho estratagema para obter a verdade de um ator. O ator tem que se declarar a uma linda mulher, mas não encontra a energia para tornar a cena crível; o diretor, então, ordena que ele se apresente sobre uma bicicleta, equilibrando-se sobre as tábuas enviesadas do palco; o ator perplexo obedece e faz sua declaração oscilando sobre o selim, com medo de perder o equilíbrio a qualquer momento. Depois de algumas repetições, executadas com maior habilidade e audácia, o Stanislavski real dizia ao ator "agora retire a bicicleta, mantendo a audácia e o medo". O que é muito parecido a quando, como exercício, Pina Bausch pedia aos seus bailarinos para "dançar sentados". Stanislavski chamava essa técnica de *absorção*.

Um método, etimologicamente, é um caminho a ser atravessado. Para manter o equilíbrio entre prosa e poesia, entre amor pela realidade e rancor por aquilo que a realidade não foi capaz de ser para mim (ou eu para ela), entre atração pelo Absoluto e incredulidade religiosa; para misturar registro alto e registro baixo (fiel à mistura de estilos, à *stilmischung* que é o limite de qualquer realismo), para ver brilhar nos frios desterros da realidade alguma flor da Realidade, o método que me habituei a usar é o da absorção dos mitos. Um método que, se vê, não foi inventado por mim, uma vez que o mito do Leviatã foi absorvido em *Moby Dick*, ou que o mito literário de Orlando e Angelica sustenta o mais lindo romance sobre a Resistência, *Uma questão pessoal*, de Beppe Fenoglio. Um mito pode ser também uma narração filosófica forte; por exemplo, a relação entre senhor e escravo em Hegel, explicada por Kojève, que procurei absorver para dar energia aos acontecimentos acadêmicos de *Scuola di nudo*. A caçada a Adão e Eva subjaz a *Un dolore normale*, o progressivo esvaziamento de Valhalla me guiou ao estruturar *Contagio*.

Uma outra técnica que me acompanha desde sempre é a sobredeterminação; não a "sobredeterminação funcional das ações" de que fala Gérard Genette, que é uma forma de redundância para tornar a representação mais verossímil, mas sim a sobredeterminação definida pela psicanálise, que relaciona um dado de realidade a um elemento simbólico. Digamos, para também aqui buscar um pai nobre, a sobredeterminação pela qual Santa Lucia, em Dante, é a santa protetora da visão (que o auxiliara com a doença dos olhos de que fala em *Convivio*) e, ao mesmo tempo, a figuração poética da graça iluminante. Algumas vezes lanço mão disso para decidir se acolho fragmentos da fala no tecido da escrita: em *Troppi paradisi*, por exemplo, inseri uma contribuição oral de Antonio Franchini ("pertenço à classe alta dos fodidos") quando percebi que correspondia, quase literalmente, à definição sociológica que Defoe dá do senhor Kreutznaer, o pai de Robinson (*"what might be called the upper station of low life"*). Meu amigo Massimo Serenelli havia me contado sobre quando era goleiro no pequeno time do Tiburtino, mas foi a frase "porque eu voava" que se tornou um título para *La magnifica merce*: o goleiro-anjo, o anjo-goleiro, o Bruno de *Scuola di nudo*, que se chama Portinai,[5] assim como a Bice de Dante, que tinha Portinari como sobrenome; uma sequência que dava sentido ao todo. Os dois protagonistas de *Un dolore normale* voam até Marselha levando, numa sacola térmica, um coração a ser transplantado; no início era só uma brincadeira boba com *Va' dove ti porta il cuore*,[6] depois um mergulho profundo em direção ao coração de Cavalcanti (*"che morte il porta in man*

---

[5] Em italiano, "goleiro" é *portiere*. [N. dos T.]

[6] *Vá dove ti porta il cuore* é o título de um livro de Susanna Tamaro. [N. dos T.]

tagliato in croce")[7] e ao sonho ou visão da *Vita nuova* (o *prosimetron* em que humildemente meu livro se inspirava), no qual Amor leva nas mãos o coração de Dante e faz com que Beatriz o coma.

Entrar e sair da inconsciência, fazer as vezes, ao mesmo tempo, de crítico e de selvagem, de caçador e de caça; brincar de esconde-esconde com o leitor, confundir suas ideias e inverter as pistas. No livrinho sobre a viagem a Dubai, conto como se realmente tivesse ocorrido um caso (o do jovem indiano apaixonado por uma emiradense, a quem favoreci nos amores) que, na verdade, inventei do nada, a partir de uma edição popular de *Ramayana*; e, ao contrário, em *Autopsia dell'ossessione*, afirmo ter inventado a história de Danilo a partir da foto de uma criança desconhecida, encontrada em uma banca de livros usados, quando na verdade grande parte da vida de Danilo reproduz episódios da minha biografia, e a criança da foto sou eu. O eu experimental, que (a partir de uma iluminação de Kundera) elegi como protagonista da minha assim chamada autoficção, não é um testemunho da verdade – é um bufão, um *trickster*.

Tendo construído esse castelo de hábitos e de convicções, torna-se um pouco cansativo seguir o debate sobre o *new italian realism*, que se iniciou na última década na Itália. A moda, para dizer a verdade, foi geral no Ocidente: insistiu-se tanto sobre o fim da História, sobre o suicídio da realidade e sobre as lúdicas fantasmagorias do pós-moderno, que os dois aviões enfiados nas Torres Gêmeas tiveram o efeito de um despertar. Viram só!? O mundo ainda existe, os homens se esmurram entre si, as mudanças históricas não são uma teoria. Entre nós e igualmente na "literatura circundante" (isto é, nos escritores estrangeiros traduzidos e que se tornaram populares), a reaparição da realidade enveredou substancialmente por quatro caminhos: 1) a crise econômica e as dificuldades de trabalho para os jovens; 2) o romance histórico com particular atenção ao nazismo e ao crime organizado; 3) um novo impulso autobiográfico, com idiossincrasias pessoais em primeiro plano; 4) uma volta ao romance mimético tradicional, com investigações sobretudo psicológicas.

Do meu ponto de vista, e segundo a poética explicitada nestas páginas, é preciso frisar o quanto há de contrário ao

---

[7]. Do soneto "Perchè non fu[o]ro a me gli occhi dispenti"; em tradução livre: "Que carrega na mão seu coração morto, em forma de cruz". [N. dos T.]

realismo nas escritas que parecem relançá-lo. Se o realismo, como defendi até aqui, significa suspender e violar os estereótipos (mesmo que, ambiguamente, flertando com os arquétipos), serão inimigas do realismo todas as capitulações a quaisquer formas de estereotipia. Frequentemente, a partir de alguns textos-chave, nos quais a experiência da realidade é intensa e original, nascem filões e subgêneros que aos poucos tendem ao maneirismo. Pensemos, por exemplo, nos "romances sobre o trabalho precário", que a partir de *Pausa caffè*, de Giorgio Falco (ou de *Il mondo deve sapere*, de Michela Murgia), se tornaram um verdadeiro filão editorial recente: cheio de clichês juvenis, temperado pela ironia e autoironia que flerta com o antigo subgênero do romance empresarial, entre Augusto Frassinetti e Paolo Villaggio. Ou pensemos, a partir de textos-chave internacionais (sobretudo ingleses e franceses), no "romance do jovem imigrante", da primeira ou segunda geração: sentimentos politicamente corretos e protesto civil, estranheza iluminista diante dos corruptos costumes ocidentais, *flashes* decadentes de violência primordial e um calculado jato de velho erotismo, batalhas de pipas e o ensopado de carneiro feito pela tia.

De *Gomorra*, de Roberto Saviano, nasceu um filão de "romances de máfia e camorra", frequentemente de qualidade, mas muito previsíveis nas descrições e na moral da narrativa. O tema da criminalidade, entretanto, é muito mais vasto, e na Itália foi sobretudo interpretado por livros policiais e *noir*. Neles, o gênero é declarado, portanto o esquema narrativo é fixo e a língua dos personagens é estilizada por definição. A sua qualidade "realista" consistiria em aderir (justamente pela força do gênero) à especificidade dos mistérios italianos, dos complôs ordenados pelo Poder sem o conhecimento dos cidadãos – o real presumido, a forma paranoica de consciência, a ideologia que lê a história italiana como guerra entre quadrilhas. Mas haverá realismo em replicar uma ideologia? Tomemos como amostra um trecho de Giancarlo De Cataldo, o magistrado-escritor para quem o gênero começa a ser insuficiente:

> Possuía um sorriso oblíquo e falso e uma boa cota de dentes de ouro. Coberto por tatuagens, vestia um robe vermelho e babuchas. Sua cela não era uma cela, mas algo parecido com a suíte de um grande hotel, de um verdadeiro hotel: além da poltrona, um divã, a cama coberta pela bandeira do Nápoles, uma mesinha sobre a qual se via uma bandeja de frutas secas, uma enorme muçarela de búfala, garrafas de vinho e restos de cigarros de maconha.

Uma panóplia de detalhes de fazer inveja aos realistas do século 19, detalhes funcionais a um caráter (o *boss* futebolístico, privilegiado pelas conveniências, guloso e moderadamente transgressivo), mas há algo que nos salva do engano ilusionista: nem sequer por um instante temos a impressão de estarmos naquela cela – somos separados dela por um diafragma, ou melhor, por uma tela: aquela que vemos não é uma pessoa viva, é um personagem de cinema. O trecho foi extraído de *Io sono il Libanese*, a pré-sequência de *Romanzo criminale* que, liberta da fidelidade aos atos processuais, aspira ao romance de peso, com até mesmo piscadelas a Balzac (o Libanês como um Rastignac caseiro). Se passamos dos escritores aos grandes jornalistas investigativos, isto é, àqueles que deveriam ser fanáticos seguidores da realidade, encontramos aqui também imprevistas capitulações.

> O leito do Batticano estava seco havia seis meses. O ar estava pegajoso e as moscas zumbiam ao redor dos animais, vacas magras, cães pelados. O *siroco* soprava e espalhava os odores do campo árido. [...] O primeiro filho homem, Totó, o segundo filho homem, Gaetano. O último era Francesco, o menor dos irmãos. Francesco tinha sete anos e se balançava na garupa do burro.

O que é esse *verismo basic*, esse verguismo sem Verga? Foi retirado, nada mais, nada menos, de *Il capo dei capi*, de Peppino D'Avanzo, a bela e documentadíssima biografia de Totò Riina. Se também os jornalistas corajosos substituem a realidade por imagens estereotipadas, se também nesse caso não podemos deixar de lado a suspeita, talvez mesquinha, de estarmos às voltas com uma escrita já predisposta a uma versão cinematográfica, então teremos de levar em consideração uma hipótese bem mais terrível: talvez a imagem midiática e espetacular tenha tomado conta da nossa mente a tal ponto que quem quiser parecer crível deve imitá-la, e não à realidade subjacente. O verossímil é a irrealidade, o empenho coincide expressivamente com a evasão, e a identificação se dá com o lugar-comum. Tudo se passa de outra maneira em *As benevolentes*, de Jonathan Littell: controle absoluto da arte mimética, a batalha de Stalingrado convincente como as grandes batalhas de Tolstói, a normalidade do horror traduzida em cenas que suspendem a respiração (aqueles judeus fuzilados furtivamente para não perturbar uma festa de meninos alemães que brincam de ss!). Mas, quando escolhe como protagonista um homossexual apaixonado pela irmã, Littell também parece se refugiar à sombra do estereótipo. Não faltam nessas escritas os arquétipos (o Larápio, o Velho, o Impuro), mas o trampolim é travado pelo clichê e a realidade deixa de nos surpreender.

Dream Diary N. 43, 2019

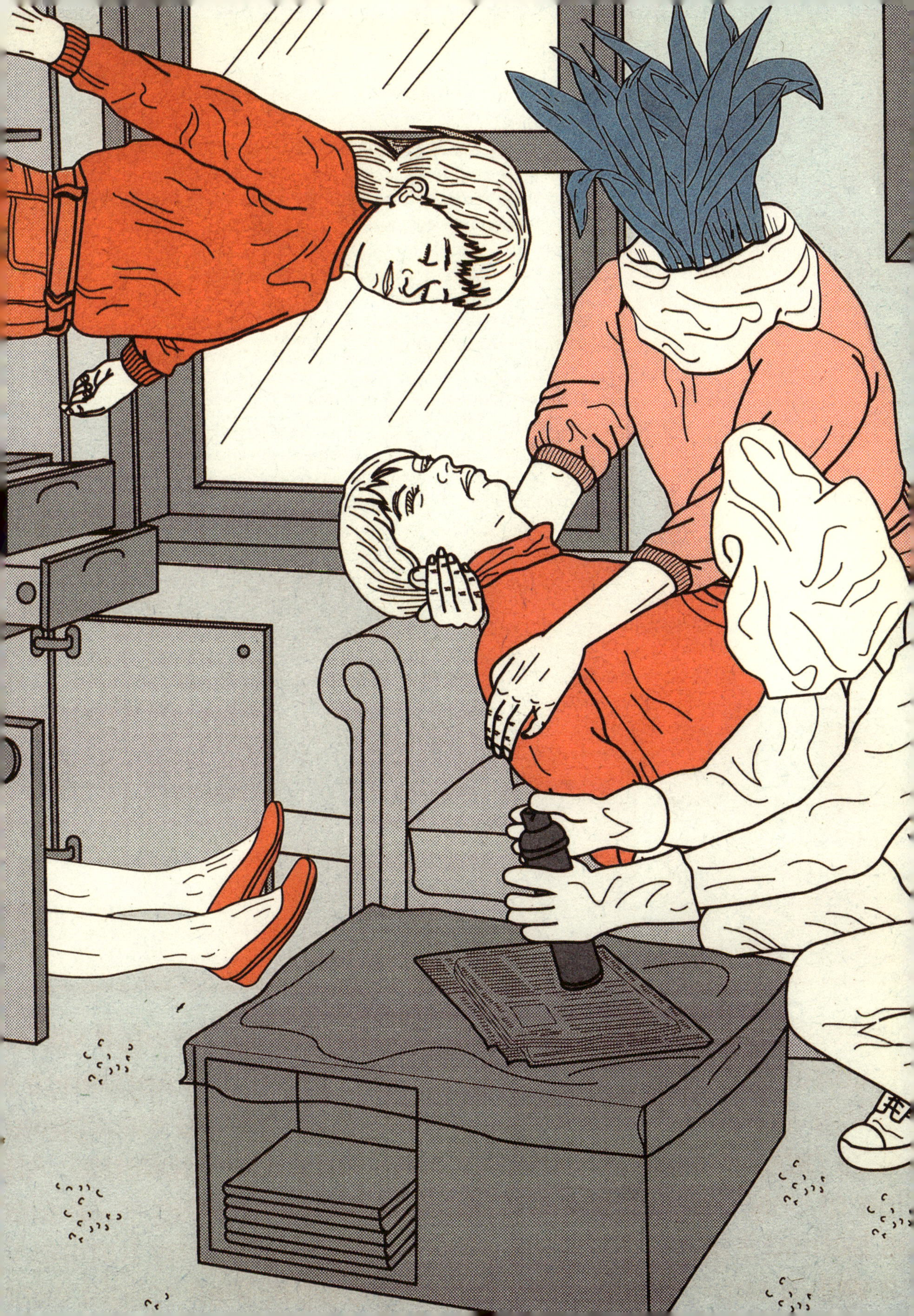

No extremo oposto em relação ao pop, numa área refinada que flerta com a vanguarda, está o realismo minimalista de alguns jovens "fabuladores" como Ugo Cornia e Paolo Nori (herdeiros conscientes dos ensinamentos de Gianni Celati e Ermanno Cavazzoni). Devemos a eles algumas das figurações mais convincentes e verídicas da atual paisagem italiana em uma zona sensível como a Emilia, distante dos opostos estereótipos da metrópole e do campo. Em vez do "quê", a ênfase recai sobre o "como" – o ato performativo e a voz do narrador – mais do que sobre o ilusionismo da representação. A língua dos fabuladores não se importa em parecer crível, ou melhor, é uma voz disfarçada, uma estilização da fala de origem macarrônica. Não se pede ao leitor identificação, mas sim curiosidade, vontade de ser arrastado por uma aventura de palavras – o realismo deles é o de Astolfo na lua, no *Orlando furioso*. Em comparação com os mestres (e também com o teatro de Giuliano Scabia e com as canções de Francesco Guccini), há nesses jovens o medo e, ao mesmo tempo, a atração pela insignificância do cotidiano: eles disfarçam para não chorar. Como se a energia e o sonho já estivessem fora do alcance e a realidade pressionasse como a poeira de uma explosão ocorrida muito longe. As melhores (e mais realistas) descrições das grandes tragédias contemporâneas parecem possíveis somente por *deslocamento* (entendido em acepção rigorosamente freudiana): penso, por exemplo, no G8 de Gênova em *Tutte queste domande*, de Christian Raimo, ou nas medidas restritivas depois do Onze de Setembro em *All'aeroporto di Gatwick*, de Leonardo Pica Ciamarra. Um realismo "em surdina" que tem como seu limite negativo o burburinho do Nada, o mundo que engole a si mesmo até a afasia.

Quanto ao retorno do romance mimético tradicional, beira o óbvio notar que as sutilezas psicológicas e os movimentos imperceptíveis das vidas destruídas (a partir dos exemplos altíssimos de Tchekhov e de Carver) podem ser reduzidos a estereótipos tão piegas quanto os dos mafiosos e chefes de polícia. Entretanto, é interessante notar uma contradição naquele que é hoje um dos máximos representantes do romance neotradicional. A "liberdade" de que se fala no romance homônimo de Franzen vai se delineando ao longo do texto como refém de uma má infinidade de desejos induzidos e compromissos vis; uma liberdade atualíssima, compreendida como ausência daqueles limites capazes de definir a pessoa. Quando Patty chega ao *college* da filha Jessica, ela está participando de um seminário intitulado "Representar a identidade em um mundo plurivalente"; eis aqui o detalhe que se torna simbólico e pode dar a partida para que o realismo, partindo do ínfimo, decole rumo a uma visão unitária. Infelizmente, o livro termina contradizendo essa força inovadora – com seu tom de fábula conformista, de versão moderna do "todos viveram felizes para sempre".

Os finais são momentos críticos para as escritas realistas, uma vez que a realidade-realidade não termina. *Lunar Park*, de Bret Easton Ellis, começa como uma autoficção, um personagem que se chama Easton Ellis e goza do mesmo sucesso literário do original, mas rapidamente a narrativa se transforma num conto fantástico, em que o "retorno" do pai morto pode ser lido tanto como vingança sobrenatural quanto como obsessão doentia do filho, desgostoso com sua própria vida fictícia e festeira (o pai "ressurge" de uma tumba falsa de Halloween). A tensão inesgotável entre os dois níveis hermenêuticos que caracterizara *A outra volta do parafuso* vai se dispersando à medida que o texto se desdobra, num primeiro momento com a adesão a um estereótipo cinematográfico (um *serial killer* que é guiado nos seus crimes por um livro de Ellis), em seguida com uma reviravolta totalmente literária entre o "eu" e o "escritor", da qual se deduz que a estrutura tensional fora uma invenção em prol do bem – um gesto terapêutico para restabelecer a harmonia sentimental entre pais e filhos ("se por acaso virem meu filho, mandem um abraço da minha parte; digam a ele para ser bom, digam que penso sempre nele [...], que, quando quiser, vai sempre me encontrar aqui, com os braços prontos para acolhê-lo entre as páginas, por trás da capa"). O sentimentalismo é o avesso antirrealista do sentimento.

A autoficção, como disse antes, não passa de um caso particular de narrador não confiável, semelhante aos fabuladores sobre os quais falávamos; só que a voz dos narradores autoficcionais não está mascarada, na verdade se apresenta deteriorada pela angústia, pelo frenesi ou pela exaltação: é uma voz que exige participação e consenso. Um exibicionismo chantagista, como já se disse, que funciona como "intimação de realidade"; mas o autor de autoficção, enquanto diz ao leitor "acredite em mim", comunica-lhe descaradamente "estou mentindo". Não é casual que a moda tenha florescido justamente agora, na onda da necessidade de mentir que tomou conta da sociedade inteira. A tentação de autenticidade pode ser recorrente (por exemplo em Mauro Covacich, Domenico Starnone, Maria Fanchini), pode mesmo tentar chegar às plagas metafísicas do véu de Maya (por exemplo, em Emanuele Trevi), mas o *mainstream* da tendência é sociológico: duplica-se (com ambição de contraste e autoconsciência dialética) a atual impossibilidade midiática de distinguir o verdadeiro do falso, aquilo que é construído espetacularmente daquilo que simplesmente ocorreu. O eu da autoficção oscila entre empiria e literatura: enquanto se esforça para dar carne e sangue às palavras, tem entre as mãos uma identidade de papel, despotencializada. Sabe que sua mimese é frequentemente mimese de imagens virtuais, que o seu é um realismo desta época de des-realização.

Cheguei ao realismo pelo medo: medo de morrer mudo, medo de que, se falasse sinceramente, todos me abandonariam, medo de sustentar as minhas ideias sem me esconder por trás da lamúria. Não perdoava a realidade por estar

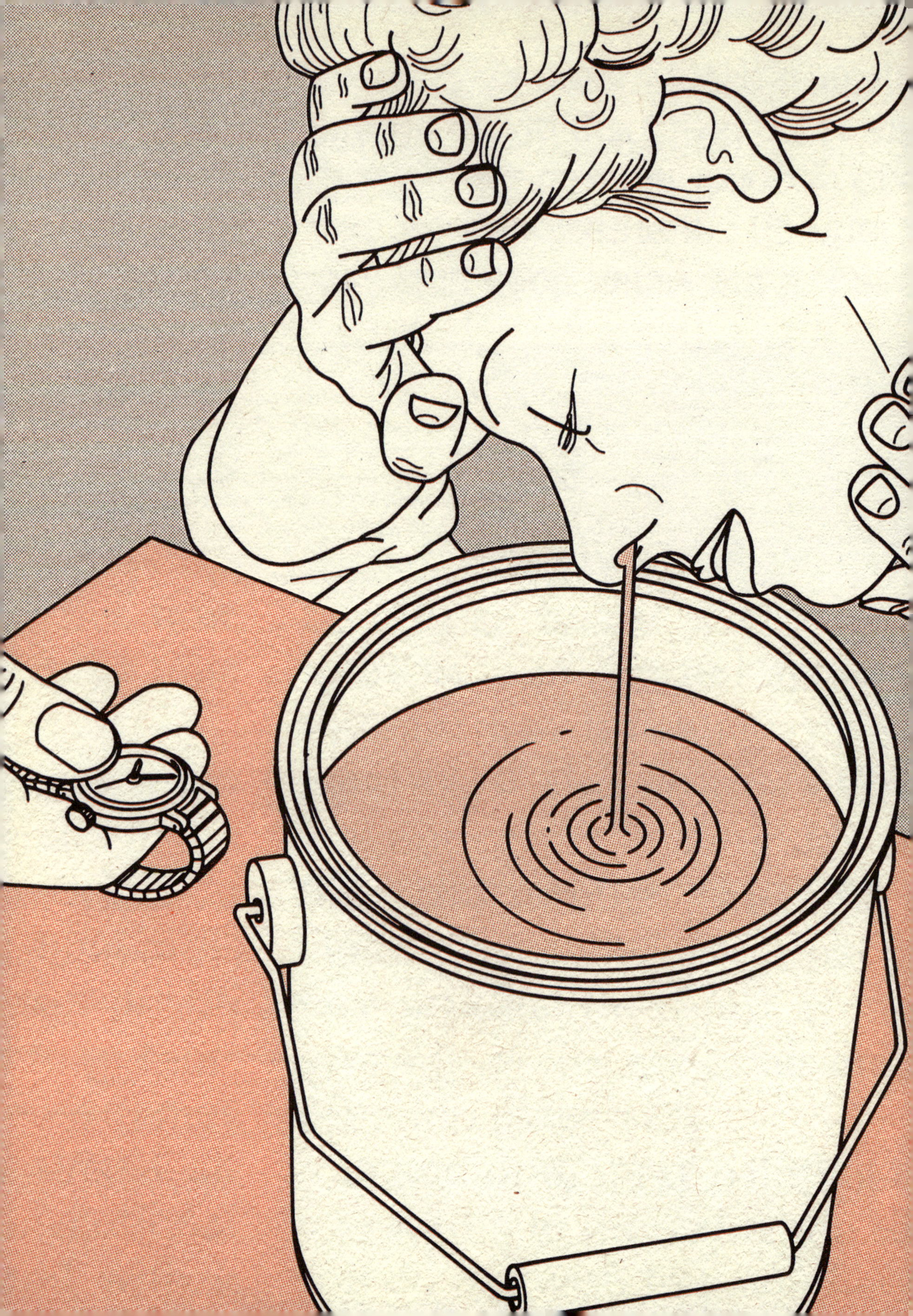

morta cedo demais para mim, mas ao mesmo tempo ia me tornando cruel por cima de seu cadáver. O realismo foi para o Ocidente também uma técnica de poder: quando se tem total domínio sobre o mundo, é cômodo e conveniente invadi-lo com reproduções da realidade. Desse ponto de vista, o meu realismo quase instintivo foi e é (também) uma desobediência não realizada ao Pai – "se você não pode vencer a realidade", dizia Andy Warhol, "é melhor se tornar cúmplice dela". Restava, naturalmente, um desejo reprimido de transgressão: vingar-me do princípio de realidade torcendo sem limites pelo irreal, pela arrogância e pela destruição – o realismo como crime dos tímidos. O demiurgo dos gnósticos, sabemos, é um deus lívido e impotente: o meu Absoluto é uma utopia *kitsch*, que por isso mesmo absolve o real pela culpa de ser aquilo que é. Penso, como todos os iluministas de direita, que o homem seja *"un singe malfaisant"*, um "macaco malévolo", e disso me congratulo – o realismo é tão impossível quanto a revolução.

Recorro aos estereótipos quando não tenho a coragem de conferir; mesmo no plano da minha poética, meu inimigo é o medo. Não tinha vontade de investigar cientificamente e de perto a verdadeira vida da periferia; meu Virgílio era angelical e sumário, e assim (em *Contagio*) recorri aos estereótipos do estupro da adolescente filipina e do suicídio da velha Valeria. Em *Troppi paradisi*, não conseguia de modo algum aprofundar o verdadeiro caráter do meu rival Alfonso, e por isso os diálogos com ele são estilizados; em Dubai fazia muito calor e eu conhecia muito pouco as línguas, de modo que me apoiei em inúmeros lugares-comuns do orientalismo. Nos momentos de fraqueza, me consolo tentando me convencer de que, desse modo, abro espaço para minhas metáforas obsessivas – mas não fico satisfeito comigo mesmo quando traio o realismo com um esboço qualquer. O preciosismo do infame não é menos decorativo do que o preciosismo chique, e o perigo da insistência na autoficção é o de se reduzir a um estereótipo de si mesmo. Os lugares-comuns do realismo não devem preocupar, são técnicas ingênuas e, enquanto técnicas, são neutras: as refeições, as brigas, as lembranças da infância, as inserções das gravações e da gíria, as famílias, os documentos roubados e as espertezas em relação ao paratexto. São estratégias, utensílios que se aperfeiçoam à medida que escrevemos. O que

Dream Diary N. 15, 2019

corremos o risco de desaprender, à medida que escrevemos, é a possibilidade de se desnudar e de se pôr em risco a cada vez – a morte do realismo está em fazer da própria escrita (ou da vida) um objeto reificado. Se tivesse que ir atrás de um verbo que resumisse o realismo assim como eu o entendo, eu diria *lançar-se*.

NOTA

Neste pequeno ensaio não há garantia de precisão filológica, as citações são de memória e, muitas vezes, de segunda mão. Queria que conservasse o caráter de uma confissão de laboratório; se tivesse deixado entrar o demônio da academia, certamente ele teria me dissuadido de enfrentar um argumento tão exigente. A ideia do livrinho surgiu em Sarzana, depois da minha intervenção no Festival della Mente, a convite de Giulia Cogoli (discurso mais tarde publicado no *Foglio*); o esboço do segundo parágrafo, eu o desenvolvi oralmente em duas aulas nas universidades de Pisa e de Bari. Agradeço aos amigos que, ao lerem o manuscrito, fizeram sugestões e deram exemplos úteis; agradeço a Massimo Fusillo, Marco Santagata e Emanuele Trevi porque, com seus livros mais recentes, pude enriquecer minha amostragem; agradeço a Andrea Cortellessa e Daniele Giglioli por terem me obrigado a um esforço de crítica entre colegas; agradeço sobretudo a Federico Bertoni e a seu *Realismo e letteratura*, do qual extraí anedotas e frases que me fizeram pensar.

Milão, 2013

Romancista, poeta e ensaísta, **Walter Siti** (1947) foi professor nas universidades de Pisa, Calábria e L'Aquila. É editor das obras completas de Pier Paolo Pasolini na coleção I Meridiani. Inédito no Brasil, como toda a obra do autor, este ensaio foi publicado em 2013 como um volume independente pela editora Nottetempo.
Tradução de **Maria Betânia Amoroso** e **Samuel Titan Jr.**

Vaka Valo é artista que explora questões de identidade, gênero e subconsciente empregando em suas obras elementos do acaso, deslocamentos de contexto e limitações autoimpostas.

Assine **serrote** e receba em casa a melhor revista de ensaios do país

Assinatura anual R$120,00
(3 edições anuais)
serrote@ims.com.br
revistaserrote.ims.com.br/assine/

serrote *Para abrir cabeças*

#40
março 2022

IMS InstitutoMoreiraSalles

Walther Moreira Salles (1912-2001)
FUNDADOR

CONSELHO DE ADMINISTRAÇÃO
João Moreira Salles
PRESIDENTE
Fernando Roberto Moreira Salles
VICE-PRESIDENTE
Pedro Moreira Salles
Walther Moreira Salles Jr.
DIRETORES EXECUTIVOS

DIRETORIA EXECUTIVA
Marcelo Araujo
DIRETOR-GERAL
João Fernandes
DIRETOR ARTÍSTICO
Jânio Gomes
DIRETOR EXECUTIVO

serrote é uma publicação do Instituto Moreira Salles que sai três vezes por ano: março, julho e novembro.

EDITOR **Paulo Roberto Pires**
DIRETOR DE ARTE **Daniel Trench**
EDITOR-ASSISTENTE **Guilherme Freitas**
COORDENAÇÃO EDITORIAL **Flávio Cintra do Amaral**
ASSISTENTE DE ARTE **Cristina Gu**
PRODUÇÃO GRÁFICA **Acássia Correia**
PREPARAÇÃO E REVISÃO DE TEXTOS **Ana Paula Martini, Flávio Cintra do Amaral, Huendel Viana, Juliana Miasso, Julio Haddad, Luisa Destri, Nina Schipper e Silvia Massimini Felix**
CHECAGEM **Luiza Miguez**
IMPRESSÃO E TRATAMENTO DE IMAGENS **Ipsis**

© Instituto Moreira Salles
Av. Paulista, 2439/6º andar
São Paulo SP Brasil 01311-936
tel. 11.3371.4455 fax 11.3371.4497
www.ims.com.br

As opiniões expressas nos artigos desta revista são de responsabilidade exclusiva dos autores. Os originais enviados sem solicitação da *serrote* não serão devolvidos.

ASSINATURAS 11.3971.4372 ou serrote@ims.com.br
www.revistaserrote.com.br

Capa e quarta capa: Sungi Mlengeya, *Contemplation*, 2021
Folha de rosto: Capa do livro *O serrote na história: uma descrição completa do desenvolvimento desta utilíssima ferramenta desde tempos imemoriais até o presente*, publicado em 1915 pela firma Henry Disston & Sons, principal fabricante de serrotes nos EUA no início do século 20.

© Heloisa Starling; © Marcos Queiroz; © Fabiana Moraes; © Bernardo Carvalho; © Fábio Zuker; © Saidiya Hartman, 2020. Todos os direitos reservados; © Yasmin Santos; © Pedro Sprejer; © Igor R. Reyner; Vivian Gornick © 2021 *Harper's Magazine*. Todos os direitos reservados, republicado da edição de outubro sob permissão especial; © Gabriela Wiener, publicado sob permissão da editora Todavia; © Márcio Suzuki; Walter Siti © 2013 nottetempo srl.

Agradecimentos: Alex Solmssen, Anna Dantas, Cildo Meireles, Dalton Paula, Diego Matos, editora Todavia, galeria Afriart, galeria Fortes D'Aloia & Gabriel, galeria Hauser & Wirth, George Condo, Jade Marra, Janaina Tschäpe, João Francisco Pereira, Nicole Franchy, Peter Solmssen, Stefania Paiva, Sungi Mlengeya, Vaka Valo.